U0407795

M Foucault

声名狼藉者的生活

福柯文选 I

[法] 米歇尔·福柯 著　汪民安 编

北京大学出版社
PEKING UNIVERSITY PRESS

图书在版编目（CIP）数据

声名狼藉者的生活 /（法）福柯 (Foucault, M.) 著；汪民安编 . — 北京：北京大学出版社，2015.11

ISBN 978-7-301-26306-8

Ⅰ . ①声… Ⅱ . ①福… ②汪… Ⅲ . ①福柯（1926 ~ 1984）—哲学思想—文集 Ⅳ . ① B565.59-53

中国版本图书馆 CIP 数据核字 (2015) 第 216118 号

书　　名	声名狼藉者的生活：福柯文选 I
著作责任者	[法] 米歇尔 · 福柯 著　汪民安 编
责 任 编 辑	于海冰
标 准 书 号	ISBN 978-7-301-26306-8
出 版 发 行	北京大学出版社
地　　址	北京市海淀区成府路 205 号　100871
网　　址	http://www.pup.cn　新浪微博：@ 北京大学出版社　@ 培文图书
电 子 信 箱	pkupw@qq.com
电　　话	邮购部 26752015　发行部 62750672　编辑部 62750883
印 刷 者	天津光之彩印刷有限公司
经 销 者	新华书店
	880 毫米 ×1230 毫米　32 开本　12.625 印张　230 千字
	2016 年 1 月第 1 版　2021 年12月第 11 次印刷
定　　价	42.00 元

目 录

编者前言 | # 如何塑造主体

汪民安

福柯广为人知的三部著作《古典时代的疯癫史》《词与物》和《规训与惩罚》讲述的历史时段大致相同：基本上都是从文艺复兴到十八九世纪的现代时期。但是这些历史的主角不一样。《古典时代的疯癫史》讲述的是疯癫（疯人）的历史；《词与物》讲述的是人文科学的历史；《规训与惩罚》讲述的是惩罚和监狱的历史。这三个不相关的主题在同一个历史维度内平行展开。为什么要讲述这些从未被人讲过的沉默的历史？就是为了探索一种“现代主体的谱系学”。因为，正是在疯癫史、惩罚史和人文科学的历史中，今天日渐清晰的人的形象和主体形象缓缓浮现。福柯以权力理论闻名于世，但是，他“研究的总的主题，不是权力，而是主体”[1]。即，主体是如何形成的？也就是说，历史上到底出现了多少种权力技术和知识来塑造主体？有多少种模式来塑

[1] 见《主体与权力》一文，载《自我技术：福柯文选 Ⅲ》第105页。

造主体？欧洲两千多年的文化发明了哪些权力技术和权力/知识，从而塑造出今天的主体和主体经验？福柯的著作，就是对历史中各种塑造主体的权力/知识模式的考究。总的来说，这样的问题可以归之于尼采式的道德谱系学的范畴，即现代人如何被塑造成型。但是，福柯无疑比尼采探讨的领域更为宽广、具体和细致。

由于福柯探讨的是主体的塑形，因此，只有在和主体相关联，只有在锻造主体的意义上，我们才能理解福柯的权力和权力/知识。权力/知识是一个密不可分的对子：知识被权力生产出来，随即它又产生权力功能，从而进一步巩固了权力。知识和权力构成管理和控制的两位一体，对主体进行塑造成形。就权力/知识而言，福柯有时候将主体塑造的重心放在权力方面，有时候又放在知识方面。如果说，《词与物》主要考察知识是如何塑造人，或者说，人是如何进入到知识的视野中，并成为知识的主体和客体，从而诞生了一门有关人的科学的；那么，《规训与惩罚》则主要讨论的是权力是怎样对人进行塑造和生产的：在此，人是如何被各种各样的权力规训机制所捕获、锻造和生产？而《古典时代的疯癫史》中，则是知识和权力的合为一体从而对疯癫进行捕获：权力制造出关于疯癫的知识，这种知识进一步加剧和巩固了对疯人的禁闭。这是福柯的权力/知识对主体的塑造。

无论是权力对主体的塑造还是知识对主体的塑造，它们的历史经历都以一种巴什拉尔所倡导的断裂方式进行（这种断裂在阿尔都塞对马克思的阅读那里也能看到）。在《古典时代的疯癫史》中，理性（人）对疯癫的理解和处置不断地出现断裂：在文艺复兴时期，理性同疯癫进行愉快的嬉戏；在古典时期，理性对疯癫进行谴责和禁闭；在现代时期，理性对疯癫进行治疗和感化。同样，在《规训与惩罚》中，古典时期的惩罚是镇压和暴力，现代时期的惩罚是规训和矫正；古典时期的惩罚意象是断头台，现代时期的惩罚意象是环形监狱。在《词与物》中，文艺复兴时期的知识型是“相似”，古典时期的知识型是“再现”，而现代知识型的标志是“人的诞生”。尽管疯癫、惩罚和知识型这三个主题迥异，但是，在18世纪末19世纪初，它们同时经历了一个历史性的变革，并且彼此之间遥相呼应：正是在这个时刻，在《词与物》中，人进入到科学的视野中，作为劳动的、活着的、说话的人被政治经济学、生物学和语文学所发现和捕捉：人既是知识的主体，也是知识的客体。一种现代的知识型出现了，一种关于人的新观念出现了，人道主义也就此出现了；那么，在此刻，惩罚就不得不变得更温和，欧洲野蛮的断头台就不得不退出舞台，更为人道的监狱就一定会诞生；在此刻，对疯人的严酷禁闭也遭到了谴责，更为"慈善"的精神病院出现了，疯癫不再被视作是需要惩罚的罪恶，而被看做是需要疗救的疾病；在此刻，无论是罪犯还是疯人，都重新被一种人道主义的目光所打量，同时也以一种人道主义的方式所处置。显然，《词与物》是《古典时代的疯癫史》和《规训与惩罚》的认识论前提。

无论是对待疯癫还是对待罪犯，现在不再是压制和消灭，而是改造和矫正。权力不是在抹去一种主体，而是创造出一种主体。对主体的考察，存在着多种多样的方式：在经济学中，主体被置放在生产关系和经济关系中；在语言学中，主体被置放在表意关系中；而福柯的特殊之处在于，他将主体置放于权力关系中。主体不仅受到经济和符号的支配，它还受到权力的支配。对权力的考察当然不是从福柯开始，但是，在福柯这里，一种新权力支配模式出现了，它针对的是人们熟悉的权力压抑模式。压抑模式几乎是大多数政治理论的出发点：在马克思及其庞大的左翼传统那里，是阶级之间的压制；在洛克开创的自由主义传统那里，是政府对民众的压制；在弗洛伊德，以及试图将弗洛伊德和马克思结合在一起的马尔库塞和赖希那里，是文明对性的压制；甚至在尼采的信徒德勒兹那里，也是社会编码对欲望机器的压制。事实上，统治–压抑模式是诸多的政治理论长期信奉的原理，它的主要表现就是司法模式——政治–法律就是一个统治和压制的主导机器。因此，20世纪以来各种反压制的口号就是解放，就是对统治、政权和法律的义无反顾的颠覆。而福柯的权力理论，就是同形形色色的压抑模式针锋相对，用他的说法，就是要在政治理论中砍掉法律的头颅。这种对政治–法律压抑模式的质疑，其根本信念就是，权力不是令人窒息的压制和抹杀，而是产出、矫正和造就。权力在制造。

在《性史》第一卷《认知意志》中，福柯直接将攻击的矛头指向压制模式：在性的领域，压制模式取得了广泛的共识，但福柯还是挑衅性地指出，性与其说是被压制，不如说是被权力所造就和生产：与其说权力在到处追逐和捕获性，不如说权力在到处滋生和产出性。一旦将权力同压制性的政治–法律进行剥离，或者说，一旦在政治法律之外谈论权力，那么，个体就不仅仅只是被政治和法律的目光所紧紧地盯住，进而成为一个法律主体；相反，他还受制于各种各样的遍布于社会毛细血管中的权力的铸造。个体不仅仅被法律塑形，而且被权力塑形。因此，福柯的政治理论，绝对不会在国家和社会的二分法传统中出没。实际上，福柯认为政治理论长期以来高估了国家的功能。国家，尤其是现代国家，实际上是并不那么重要的一种神秘抽象。在他这里，只有充斥着各种权力配置的具体细微的社会机制——他的历史视野中，几乎没有统治性的国家和政府，只有无穷无尽的规训和治理；几乎没有中心化的自上而下的权力的巨大压迫，只有遍布在社会中的无所不在的权力矫正；几乎没有两个阶级你死我活抗争的宏大叙事，只有四处涌现的权力及其如影随形的抵抗。无计其数的细微的权力关系，取代了国家和市民社会之间普遍性的抽象政治配方。对这些微末的而又无处不在的权力关系的耐心解剖，毫无疑问构成了福柯最引人注目的篇章。

这是福柯对十七八世纪以来的现代社会的分析。这些分析占据了他学术生涯的大部分时间。同时，这也是福柯整个谱系学构造中的两个部分。《词与物》和《临床医学的诞生》讨论的是知识对人的建构，《规训与惩罚》和《古典时代的疯癫史》关注的是权力对人的建构。不过，对于福柯来说，他的谱系研究不只是这两个领域，“谱系研究有三个领域。第一，我们自身的历史本体论与真理相关，通过它，我们将自己建构为知识主体；第二，我们自身的历史本体论与权力相关，通过它，我们将自己建构为作用于他人的行动主体；我们自身的历史本体论与伦理相关，通过它，我们将自己建构为道德代理人。”显然，到此为止，福柯还没有探讨道德主体，怎样建构为道德主体？什么是伦理？“你与自身应该保持的那种关系，即自我关系，我称之为伦理学，它决定了个人应该如何把自己构建成为自身行动的道德主体。”[1]这种伦理学，正是福柯最后几年要探讨的主题。

在最后不到10年的时间里，福柯转向了伦理问题，转向了

[1] 见《论伦理学的谱系学：研究进展一览》一文，载《自我技术：福柯文选 Ⅲ》第139页。

基督教和古代。为什么转向古代？福柯的一切研究只是为了探讨现在——这一点，他从康德关于启蒙的论述中找到了共鸣——他对过去的强烈兴趣，只是因为过去是现在的源头。他试图从现在一点点地往前逆推：现在的这些经验是怎样从过去转化而来？这就是他的谱系学方法论：从现在往前逆向回溯。在对17世纪以来的现代社会作了分析后，他发现，今天的历史，今天的主体经验，或许并不仅仅是现代社会的产物，而是一个更加久远的历史的产物。因此，他不能将自己限定在对十七八世纪以来的现代社会的探讨中。对现代社会的这些分析，毫无疑问只是今天经验的一部分解释。它并不能说明一切。这正是他和法兰克福学派的差异所在。事实上，十七八世纪的现代社会，以及现代社会涌现出来的如此之多的权力机制，到底来自何方？他抱着巨大的好奇心以他所特有的谱系学方式一直往前逆推，事实上，越到后来，他越推到了历史的深处，直至晚年抵达了希腊和希伯来文化这两大源头。

这两大源头，已经被反复穷尽了。福柯在这里能够说出什么新意？不像尼采和海德格尔那样，他并不以语文学见长。但是，他有他明确的问题框架，将这个问题框架套到古代身上的时候，古代就以完全的不同的面貌出现——几乎同所有的既定的哲学面貌迥异。福柯要讨论的是主体的构型，因此，希腊罗马文化、基督教文化之所以受到关注，只是因为它们各自以自己的方式在塑造主体。只不过是，这种主体塑形在现代和古代判然有别。我们看到了，17世纪以来的现代主体，主要是受到权力的支配和塑造。但是，在古代和基督教文化中，权力所寄生的机制并没有大量产生，只是从17世纪以来，福柯笔下的学校、医院、军营、工厂以及它们的集大成者监狱才会大规模地涌现，所有这些都是现代社会的发明和配置（这也是福柯在《规训与惩罚》中的探讨）。同样，也只是在文艺复兴之后的现代社会，语文学、生物学、政治经济学等关于人的科学，才在两个多世纪的漫长历程中逐渐形成。在古代，并不存在这如此之繁多而精巧的权力机制的锻造，也不存在现代社会如此之烦琐的知识型和人文科学的建构，那么，主体的塑形应该从什么地方着手？正是在古代，福柯发现了道德主体的建构模式——这也是他的整个谱系学构造中的第三种主体建构模式。这种模式的基础是自我技术：在古代，既然没有过多的外在的权力机制来改变自己，那么，更加显而易见的是自我来改变自我。这就是福柯意义上的自我技术："个体能够通过自己的力量，或者他人的帮助，进行一系列对他们自身的身体及灵魂、思想、行为、存在方式的操控，以此达成自我的转变，以求获得某种幸福、纯洁、智慧、完美或不朽的状态。"[1]通过这样的自我技术，一种道德主体也因此而成形。

这就是古代社会塑造主体的方式。在古代社会，人们自己来改造自己，虽然这并不意味着不存在外在权力的支配技术（事实上，城邦有它的法律）；同样，现代社会充斥着权力支配技术，但并不意味不存在自我技术（波德莱尔笔下的浪荡子就保有一种狂热的自我崇拜）。这两种技术经常结合在一起，相互应用。有时候，权力的支配技术只有借助于自我技术才能发挥作用。不仅如此，这两种技术也同时贯穿在古代社会和现代社会，并在不断地改变自己的面孔。古代的自我技术在现代社会有什么样的表现方式？反过来也可以问，现代的支配技术，是如何在古代酝酿的？重要的是，权

[1] 见《自我技术》一文，载《自我技术：福柯文选 Ⅲ》第 1 页。

力的支配技术和自我的支配技术是否有一个结合？这些问题非常复杂，但是，我们还是可以非常图式化地说，如果在70年代，福柯探讨的是现代社会怎样通过权力机制来塑造主体，那么，在这之后，他着力探讨的是古代社会是通过怎样的自我技术来塑造主体，即人们是怎样自我改变自我的？自我改变自我的目的何在？技术何在？影响何在？也就是说，在古代存在一种怎样的自我文化？从希腊到基督教时期，这种自我技术和自我文化经历了怎样的变迁？这就是福柯晚年要探讨的问题。

事实上，福柯从两个方面讨论了古代的自我文化和自我技术。一个方面是，福柯将自我技术限定在性的领域。即古代人在性的领域是怎样自我支配的。这就是他的《性史》第二卷《快感的运用》和第三卷《关注自我》要讨论的问题。对于苏格拉底和柏拉图时代的希腊人而言，性并没有受到严厉的压制，并没有什么外在的律法和制度来强制性地控制人们的欲望，但是，人们正是在这里表现出一种对快感的主动控制，人们并没有放纵自己。为什么在一个性自由的环境中会主动控制自己的欲望和快感？对希腊人而言，这是为了获得一种美的名声，创造出个人的美学风格，赋予自己以一种特殊的生命之辉光：一种生存美学处在这种自我控制的目标核心。同时，这也是一种自由的践行：人们对自己欲望的控制是完全自主的，在这种自我控制中，人们获得了自由：对欲望和快感的自由，自我没有成为欲望和快感的奴隶，而是相反地成为它们的主人。因此，希腊人的自我控制恰好是一种自由实践。这种希腊人的生存美学，是在运用和控制快感的过程中来实现的，这种运用快感的技术，得益于希腊人勤勉的自我训练。我们看到，希腊人在性的领域所表现出来的自我技术，首先表现为一种生活艺术。或者也可以反过来说，希腊人的自我技术，是以生活艺术为目标的。但是，在此后，这种自我技术的场域、目的、手段和强度都发生了变化，经过了罗马时期的过渡之后，在基督教那里已经变得面目全非。在基督教文化中，性的控制变得越来越严厉了，但是，这种控制不是自我的主动选择，而是受到圣律的胁迫；自我技术实施的性领域不再是快感，而是欲望；不是创造了自我，而是摒弃了自我；其目标不是现世的美学和光辉，而是来世的不朽和纯洁。虽然一种主动的禁欲变成了一种被迫的禁欲，但是，希腊人这种控制自我的禁欲实践却被基督教借用了；也就是说，虽然伦理学的实体和目标发生了变化，但是，从希腊文化到基督教文化，一直存在着一种禁欲苦行的自我技术：并非是一个宽容的希腊文化和禁欲的基督教文化的断裂，相反，希腊的自我技术的苦行通过斯多葛派的中介，延伸到了基督教的自我技术之中。基督教的禁欲律条，在希腊罗马文化中已经萌芽了。

在另外一个方面，自我技术表现为自我关注。它不只限定在性的领域。希腊人有强烈的关注自我的愿望。这种强烈的愿望导致的结果自然就是要认识自我：关注自我，所以要认识自我。希腊人的这种关注自我，其重心、目标和原则也在不断地发生变化：在苏格拉底那里，关注自我同关注政治、关注城邦相关；但是在希腊文明晚期和罗马帝政时代，关注自己从政治和城邦中抽身出来，仅仅因为自己而关注自己，与政治无关；在苏格拉底那里，关注自己是年轻人的责任，也是年轻人的自我教育；在罗马时期，它变成了一个普遍原则，所有的人都应当关注自己，并终其一生。最重要的是，在苏格拉底那里，关注自己是要发现自己的秘密，是要认识自己；但在后来的斯多葛派那里，各种各样的关注自己的技术（书写、自我审察和自我修炼等），都旨在通过对过去经验的回忆和辨识，让既定真理进入主体之中，被主体消化和吸收，使之为再次进入现实做好准备——这决不是去发现和探讨主体的秘密，而是去改造和优化主体。而在基督教这里，关注自己的技术，通过对罪的忏悔、暴露、坦承和诉说，把自己倾空，从而放弃现世、婚姻和肉体，最终放弃自己。也就是说，基督教的关注自己却不无悖论地变成了弃绝自己，这种弃绝不是为了进入此世的现实，而是为了进入另一个来世现实。同“性”领域中的自我技术的历史一样，关注自我的历史，从苏格拉底到基督教时代，经过斯多葛派的过渡发生了一个巨大的变化：我们正是在这里看到了，西方文化经历了一个从认识自己到弃绝自己的漫长阶段。到了现代，基督教的忏悔所采纳的言词诉说的形式保留下来，不过，这不再是为了倾空自我和摒弃自我，而是为了建构一个新的自我。这就是福柯连续三年（1980、1981、1982）在法兰西学院的系列讲座《对活人的治理》《主体性和真理》以及《主体的解释学》所讨论的问题。

不过，在西方文化中，除了关注自我外，还存在大量的关注他人的现象。福柯所谓的自我技术，不仅指的是个体改变自我，而且还指的是个体在他人的帮助下来改变自我——牧师就是这样一个帮助他人、关注他人的代表。他关心他人，并且还针对着具体的个人。它确保、维持和改善每个个体的生活。这种针对个体并且关心他人的牧师权力又来自哪里？显然，它不是来自希腊世界，希腊发明了城邦–公民游戏，它衍生的是在法律统一框架中的政治权力，这种权力形成抽象的制度，针对着普遍民众；而牧师权力是具体的、特定的，它针对着个体和个体的灵魂。正是在此，福柯进入了希伯来文化中。他在希伯来文献中发现了大量的牧人和羊群的隐喻。牧人对于羊群细心照料，无微不至，了如指掌。他为羊群献身，他所做的每一件事情都有益于羊群。这种与城邦–公民游戏相对的牧人–羊群游戏被基督教接纳了，并且也做了相当大的改变：牧人–羊群的关系变成了上帝–人民的关系。在责任、服从、认知和行为实践方面，基督教对希伯来文化中的牧师权力都进行了大量的修改：现在，牧人对羊的一切都要负责；牧人和羊是一种彻底的个人服从关系；牧人对每只羊有彻底的了解；在牧人和羊的行为实践中贯穿着审察、忏悔、指引和顺从。这一切都是对希伯来文化中的牧人–羊群关系的修改，它是要让个体在世上以苦行的方式生存，这就构成了基督教的自我认同。不过，这种从希伯来文化发展而来，在基督教中得到延续和修正的牧师权力，同希腊文化中发展而成的政治–法律权力相互补充。前者针对着个体，后者针对着全体；前者是拯救性的，后者是压抑性的；前者是伦理的和宗教性的，后者是法律和制度性的；前者针对着灵魂，后者针对着行为。但是，在18世纪，它们巧妙地结为一体，形成了一个福柯称之为的被权力控制得天衣无缝的恶魔国家。因此，要获得解放，就不仅仅是要对抗总体性的权力，还要对抗那种个体化的权力。

显然，这种牧师权力的功能既不同于法律权力的压制和震慑，也不同于规训权力的改造和生产，它的目标是救赎。不过，基督教发展出来的一套拯救式的神学体制，并没有随着基督教的式微而销声匿迹，而是在十七八世纪以来逐渐世俗化的现代社会中以慈善和救护机构的名义扩散开来：拯救不是在来世，而是在现世；救助者不是牧师，而变成了世俗世界的国家、警察、慈善家、家庭和医院等机构；救助的技术不再是布道和忏悔，而是福利和安全。最终，救赎式的牧师权力变成了现代社会的生命权力；政治也由此变成了福柯反复讲到的生命政治：政治将人口和生命作为对象，力图让整个人口，让生命和生活都获得幸福，力图提高人口的生活和生命质量，力图让社会变得安全。就此，救赎式的牧师权力成为对生命进行投资的生命权力的一个重要来源。

以人口–生命为对象，对人口进行积极的调节、干预和管理，以提高生命质量为目标的生命政治，是福柯在70年代中期的重要主题。在《性史》的第一卷《求知意志》（1976），在法兰西学院讲座《必须保卫社会》（1976），《安全、领土、人口》（1978）、《生命政治的诞生》（1979）中，他从各个方面探究生命政治的起源和特点。我们已经看到了，它是久远的牧师权力技术在西方的现代回声；同时，它也是马基雅维利以来治理术的逻辑变化：在马基雅维利那里是对领土的治理，在16世纪末至17世纪初变成了对人的治理，对交织在一起的人和事的治理，也即是福柯所说的国家理性的治理：它将国家看成一个自然客体，看成是一套力量的综合体，它以国家本身、国家力量强大作为治理目标。这种国家理性是一种既不同于基督教也不同于马基雅维利的政治合理性，它要将国家内的一切纳入到其治理范围之内（并为此而发展出统计学），它无所不管。显然，要使国家强大，就势必要将个体整合进国家的力量中；要使国家强大，人口，它的规律、它的循环、它的寿命和质量，或许是最活跃最重大的因素。人口的质量，在某种意义上就是国家的质量。人口和国家相互强化。不仅如此，同这样的促进自己强大的国家理性相关，国家总是处在同另外国家的对抗中，正是在这种对抗和战争中，人口作为一个重要的要素而存在，国家为了战争的必要而将人口纳入到考量中。所有这些，都使得人口在18世纪逐渐成为国家理性的治安目标。国家理性的治理艺术是要优化人口，改善生活，促进幸福。最后，国家理性在18世纪中期出现了一个新的方向：自由主义的治理艺术开始了。自由主义倡导的简朴治理同包揽一切的国家理性是如此不同，以至于它看上去像是同国家理性的决裂。自由主义针对“管得太多”的国家理性，它的要求是尽可能少的管理。它的质疑是，为什么要治理？治理的必要性何在？因为自由主义的暗示是，“管得过多”虽然可能促进人们的福祉，但也可能剥夺人们的权利和安全，可以损害人们的利益，进而使人们置身于危险的生活——在整个19世纪，一种关于危险的想象和文化爆发出来。而自由主义正是消除各种危险（疾病的危险、犯罪的危险、经济的危险、人性堕落的危险等）的方法，它是对人们安全的维护和保障。如果说，17世纪开始发展出来的国家理性是确保生活和人口的质量，那么，18世纪发展起来的自由主义则是确保生活的安全。"自由与安全性的游戏，就位居新治理理性（即自由主义）的核心地位，而这种新治理理性的一般特征，正是我试图向大家描述的。自由主义所独有的东西，也就是我称为权力的经济的问题，实际上从内部维系着自由与安全性的互动关系……自由主义就是通过对安全性/自由之间互动关系的处理，来确保诸个体与群体遭遇危机的风险被控制在最低限度。"[1]正是在这个意义上，福柯将自由主义同样置放在生命政治的范畴之内。

就此，十七八世纪以来，政治的目标逐渐地转向了投资生命：生命开始被各种各样的权力技术所包围、所保护。福柯法兰西学院讲座的标题是：社会必须保护！生命政治，是各种治理技术、政治技术和权力技术在18世纪的一个大汇

[1] 见《自由主义的治理艺术》一文，载《什么是批判：福柯文选 Ⅱ》第247页。

聚。由此，社会实践、观念和学科知识重新得以组织——福柯用一种隐喻的方式说——以血为象征的社会进入到以性为象征的社会，置死的社会变成了放生的社会，寻求惩罚的社会变成了寻求安全的社会，排斥和区分的社会变成了人道和救赎的社会，全面管理的社会变成了自由放任的社会。与此相呼应，对国家要总体了解的统计学和政治经济学也开始出现。除此之外，福柯还围绕生命政治，从各个不同的角度来谈论18世纪发生的观念和机制的转变：他以令人炫目的历史目光谈到了医学和疾病的变化、城市和空间的变化、环境和自然的变化。他在《认知意志》中精彩绝伦的（或许是他所有著作中最精彩的）最后一章中，基于保护生命和保护社会的角度，提出了战争、屠杀和死亡的问题——也即是，以保护生命为宗旨的生命政治，为什么导致屠杀？这是生命政治和死亡政治的吊诡关系。正是在这里，他对历史上的各种杀人游戏作了独具一格的精辟分析。这些分析毫无疑问击中了今天的历史，使得生命政治成为福柯在今天最有启发性的话题。

在这里，我们看到了福柯的塑造主体的模式：一种是真理的塑造（人文科学将人同时建构为主体和客体）；一种是权力的塑造（排斥权力塑造出疯癫，规训权力塑造出犯人）；一种是伦理的塑造（也可以称为自我塑造，它既表现为古代社会的自我关注，也在古代的性快感的领域中得以实践）。后两种塑造都可以称为支配技术，一种是支配他人的技术，一种是支配自我的技术，“这种支配他人的技术与支配自我的技术之间的接触，我称之为治理术”[1]。它的最早雏形无疑是牧师权力，经过基督教的过渡后转化为国家理性和自由主义，最终形成了现代社会的权力结构。这就是福柯对现代主体谱系的考究。

这种考究非常复杂。其起源既不稳定也不单一。它们的线索贯穿于整个西方历史，在不同的时期，相互分叉，也相互交织；相互冲突，也相互调配。这也是谱系学的一个核心原则：起源本身充满着竞争。正是这种来自开端的竞技，使得历史本身充满着盘旋、回复、争执和喧哗。历史，在谱系学的意义上，并不是一个一泻千里、酣畅淋漓的故事。

显然，在主体的谱系这一点上，福柯对任何的单一叙

[1] 见《自我技术》一文，载《自我技术：福柯文选 Ⅲ》第1页。

事充满了警觉。马克思将主体置于经济关系中，韦伯和法兰克福学派将主体置于理性关系中，尼采将主体置入道德关系中。针对这三种最重要的叙事，福柯将主体置于权力关系中。这种权力关系，既同法兰克福学派的理性相关，也同尼采的道德相关。尽管他认为法兰克福学派从理性出发所探讨的主题跟他从权力出发探讨的主题非常接近，他的监狱群岛概念同韦伯的铁笼概念也非常接近，并因此对后者十分尊重，但他还是对法兰克福学派单一的理性批判持有保留态度。他探讨的历史更加久远，绝不限于启蒙理性之中；他的自我支配的观点同法兰克福学派的单纯的制度支配观点相抗衡；他并不将现代社会的个体看做是单面之人和抽象之人（这恰恰是人们对他的误解），同样，尽管他的伦理视野接续的是尼采，他的惩罚思想也来自尼采，但是，他丰富和补充了尼采所欠缺的制度维度，这是个充满了细节和具体性的尼采；尽管他对权力的理解同尼采也脱不了干系，但是，权力最终被他运用到不同的领域。正如德勒兹所说的，他把尼采射出来的箭拣起来，射向另一个孤独的方向。

事实上，福柯的独创性总是表现在对既定的观念的批判和质疑上面。针对希腊思想所发展的普遍性的政治–法律权力，福柯提出了缘自希伯来文明中针对个体的牧师权力；针对国家对民众的一般统治技术，福柯提出了个体内部的自我技术；针对权力技术对个体的压制，福柯提出了权力技术对个体的救助；针对着对事的治理，福柯也提出了对人口的治理；针对着否定性的权力，福柯提出了肯定性的权力；针对着普遍理性，福柯提出了到处分叉的特定理性；针对着总是要澄清思想本身的思想史，福柯提出了没有思想内容的完全是形式化的思想史；针对着要去索取意义的解释学，福柯提出了摈弃意义的考古学；针对着往后按照因果逻辑顺势推演的历史学，福柯提出了往前逆推的谱系学。针对自我和他人的交往关系，福柯提出了自我同自我的关系；针对着认知自己，福柯提出了关注自己。他总是发现了历史的另外一面，并且以其渊博、敏感和洞见将这一面和盘托出，划破了历史的长久而顽固的沉默。

福柯雄心勃勃地试图对整个西方文化作出一种全景式的勾勒：从希腊思想到20世纪的自由主义，从哲学到文学，从宗教到法律，从政治到历史，他无所不谈。这也是他在各个学科被广为推崇的原因。或许，在整个20世纪，没有一个人像福柯这样影响了如此之多的学科。关键是，福柯文化历史的勾勒绝非一般所谓的哲学史或者思想史那样的泛泛而谈，不是围绕着几个伟大的哲学家姓名作一番提纲挈领式的勾勒和回顾。这是福柯同黑格尔的不同之处。同大多数历史学家完全不一样，福柯也不是罗列一些围绕着帝王和政权而发生的重大历史事件，在这些历史事件之间编织穿梭，从而将它们贯穿成一部所谓的通史。在这个意义上，福柯既非传统意义上的哲学家，也非传统意义上的历史学家。他也不是历史和哲学的一个奇怪的杂交。他讨论的是哲学和思想，但这种哲学和思想是在历史和政治中出没；对于他来说，哲学就是历史和政治的诡异交织。不过，福柯出没其中的历史，是历史学无暇光顾的领域，是从未被人赋予意义的历史。福柯怎样描述他的历史？在他这里，性的历史，没有性；监狱的历史，没有监狱；疯癫的历史，没有疯子；知识的历史，没有知识内容。用他的说法，他的历史，是无源之水、无本之木的历史——这是他的考古学视角下的历史。他也不是像通常的历史学家那样试图通过历史的叙述来描写出一种理论模式。福柯的历史，用他自己的说法，是真理游戏的历史。这个真理游戏，是一种主体、知识、经验和权力之间的复杂游戏：主体正是借助真理游戏在这个历史中建构和塑造了自身。

他晚年进入的希腊同之前的海德格尔的希腊完全是两个世界，希腊不是以一种哲学起源的形象出现。在福柯这里，并没有一个所谓的柏拉图主义，而柏拉图主义无论如何是尼采、海德格尔、德里达和德勒兹都共同面对的问题。在希腊世界中，福柯并不关注一和多这样的形而上学问题，甚至也不关注城邦组织的政治问题；尽管在希腊世界，他也发现了尼采式的生存美学，但是这种美学同尼采的基于酒神游戏的美学并不相同，这是希腊人的自由实践——福柯闯入了古代，但决不在前人穷尽的领域中斡旋，而是自己新挖了一个地盘。他的基督教研究的著述虽然还没有完全面世（他临终前叮嘱，他已经写完的关于基督教的《肉欲的告白》不能出版，现在看到他讨论基督教的只有几篇零星文章），但毫无疑问同任何的神学旨趣毫无关联。他不讨论上帝和信仰。基督教被讨论，只是在信徒的生活技术的层面上，在自我关注和自我认知的层面上被讨论。他谈到过文艺复兴，但几乎不涉及人的发现，而是涉及一个独特的名为“相似”的知识型，涉及大街上谈笑风生的疯子。他谈及他所谓的古典时期（17世纪到18世纪末），他谈论这个时期的理性，但几乎没有专门谈论笛卡尔（只是在和德里达围绕着有关笛卡尔的一个细节展开过争论）和莱布尼兹，他津津乐道的是画家委拉斯贵支。作为法兰西学院的思想系统史教授，他对法国的启蒙运动几乎是保持着令人惊讶的沉默——即便他有专门的论述启蒙和批判的专文，他极少提及卢梭、伏尔泰和狄德罗。而到了所谓的现代时期，他故意避免提及法国大革命（尽管法国大革命在他的内心深处无所不在，大革命是他最重要的历史分期）。他谈到了19世纪的现代性，但这个概念同主导性的韦伯的理性概念无关。他的19世纪似乎也不存在黑格尔和马克思。他几乎不专门谈论哲学和哲学家（除了谈论过尼采），他也不讨论通常意义上的思想家，不在那些被奉为经典的著述的字里行间反复地去爬梳。福柯的历史主角，偏爱的是一些无名者，即便是被历史镌刻过名字，也往往是些声名狼藉者。不过，相对于传统上的伟大的欧洲姓名，福柯倒是对同时代人毫不吝惜地献出他的致敬：不管是布朗肖还是巴塔耶，不管是克罗索夫斯基还是德勒兹。

在某种意义上，福柯写出的是完美之书：每一本书都是一个全新的世界，无论是领域还是材料；无论是对象还是构造本身。他参阅了大量的文献——但是这些文献如此地陌生，似乎从来没有进入过学院的视野中。他将这些陌生的文献点燃，使之光彩夺目，从而成为思考的重锤。有一些书是如此地抽象，没有引文，犹如一个空中楼阁在无穷无尽地盘旋和缠绕（如《知识考古学》）；有一些书如此地具体，全是真实的布满尘土的档案，但是，从这些垂死的档案的字里行间，一种充满激情的思想腾空而起（《规训与惩罚》）；有一些书是如此地奇诡和迥异，仿佛在一个无人经过的荒漠中发出狄奥尼索斯式的被压抑的浪漫呐喊（《古典时代的疯癫史》）；有一些书如此地条分缕析，但又是如此艰深晦涩，这两种对峙的决不妥协的风格引诱出一种甜蜜的折磨（《词与物》）；有一些书如此地平静和庄重，但又如此地充满着内在紧张，犹如波澜在平静的大海底下涌动（《快感的运用》）。福柯溢出了学术机制的范畴。除了尼采之外，人们甚至在这里看不到什么来源。但是，从形式上来说，他的书同尼采的书完全迥异。因此，他的书看起来好像是从天而降，似乎不活在任何的学术体制和学术传统中。他仿佛是自己生出了自己。在这方面，他如同一个创造性的艺术家一样写作。确实，相较于传承，他更像是在创作和发明——无论是主题还是风格。我们只能说，他创造出一种独一无二的风格：几乎找不到什么历史类似物，找不到类似于他的同道（就这一点而言，他和尼采有着惊人的相似），尽管在他写作之际，他的主题完全溢出了学院的范畴，但是，在今天，他开拓的这些主题和思想几乎全面征服了学院，变成了学院内部的时尚。他的思想闪电劈开了一道深渊般的沟壑：在他之后，思想再也不能一成不变地像原先那样思想了。尽管他的主题征服了学院，并有如此之多的追随者，但是，他的风格则是学院无法效仿的——这是他的神秘印记：这也是玄妙和典雅、繁复和简洁、疾奔和舒缓、大声呐喊和喃喃低语的多重变奏，这既是批判的诗篇，也是布道的神曲。

门槛与钥匙

编者按

本文选自《死亡与迷宫：雷蒙·鲁塞尔的作品》*Death and the Labyrinth: The Work of Raymond Roussel,* trans. Charles Ruas, London: The Athlone Press, 1987, pp. 1-11.法文原作出版于1963年。福柯是在巴黎的一个书店里偶然看到鲁塞尔的作品，并马上被他所吸引。鲁塞尔（1887—1933）死于自杀或是吸毒过量，他的文学和生活都古怪而离奇，他有一种特殊的词语应用方式，“每一个词语都被一种可能性同时激发和耗尽，同时充满和掏空”，同时是这个意义和那个意义，同时是有意义和无意义。

作品在临终之际由一份试图解释“如何……”的言述，四分五裂地给予了我们。这本在别的一切都已经写下之后才呈现的《我如何写我的一些书》（*Comment j'ai écrit certains de mes livres*）[1]，承载着一种同作品的古怪关系：在一种草率、谦逊、严谨的自传叙事中，通过对作品机制的遮蔽，它同时揭示了这种机制。

鲁塞尔似乎尊重编年次序；在作品的解释中，他遵循一条从其早年故事直接引向刚出版的《新非洲印象》（*Nouvelles Impressions d'Afrique*）的线索。但话语的结构似乎受限于其内部的逻辑。在前景中，显而易见地，是他用来构思其早年写作的程式；接着，在越来越狭窄的层阶上，是他草草勾勒的、用来创作小说《非洲印象》（*Impressions d'Afrique*）和《荒芜之地》（*Locus Solus*）的机制。而在语言最终消失的地平线上，他最新的文本，戏剧《阳光下的尘埃》（*La Poussière de soleil*）和《前额之星》（*L'étoile au front*）只是污斑。至于延伸到视界以外的诗歌《新非洲印象》，它只能通过它所不是的东西来辨认。这种“揭示”的基本几何学颠倒了时间的三角。通过一种彻底的揭示，切

[1] 英译见 Raymond Roussel, *How I Write Certain of My Books*, trans. Trevor Winkfield, New York: SUN, 1975, 1977。

近之物变得遥远，仿佛鲁塞尔只能扮演迷宫外圈的向导。正当道路接近他本人所处的中心时，他便停下了脚步，持守着所有相互纠缠的，或者——谁知道呢？——最简单明白的线索。在其死亡的时刻，通过一个谨慎的、启迪的姿态，鲁塞尔把他的作品投到了一面具有奇异魔力的镜子上：它把核心的形象推入线条模糊的背景，将揭示的点置于最远，同时，仿佛是出于极度的近视，它又把一切离叙说时刻最远的东西带到面前来。但随着主体的临近，镜子愈发地深藏于秘密之中。

秘密仍是更加晦暗的：其形式的庄严结局，以及在作品里把它始终隐瞒，只有死亡之际才能放下的那种关照，把被揭示出来的东西变成了一个谜。

在《我如何写我的一些书》中，抒情性被小心翼翼地排除掉了（鲁塞尔在谈论那毫无疑问的是其生命之核心体验的东西时，从让内［Pierre Janet］医生那里进行引述的做法，证明了这种排除的严格性）；在文章里，有的是信息，但没有信任；某些东西一定要通过这种由死亡来保存并揭示的秘密的古怪形式，才得以吐露。“因为想要改善，我在这样的希望中得到了宽慰：或许，就我的著作而言，我会有些许死后的声名。”鲁塞尔在其最终的、揭示性的作品之题目中铭刻的“如何”，不仅引介了其语言的秘密，也引介了他和这样一个秘密的关系，但不是把我们引向它，而是当它开始确定那样一个在一种被突然抛弃了的预留中持守秘密的沉默之本质的时候，让我们一无所措、困惑不已。

他的第一句话，“我总打算解释我如何写我的一些书”，清楚地表明，他的陈述不是偶然的，也不是在最后一刻做出的，而是作品的一个本质组成，是其意向的最恒定的方面。既然他最终的揭示和最初的意向如今变得不可回避，成为了我们开始进入其作品并形成其结论所经过的一道模糊的门槛，它无疑是迷惑性的：通过给予我们一把解释作品的钥匙，它提出了第二个谜。它指定了一种阅读作品的不安的意识：一种焦躁不安的意识，因为秘密无法在鲁塞尔如此喜爱的谜语和谜底中被发现；它被小心翼翼、巨细无遗地陈述给一位渴望在游戏结束前意愿沉默的读者，但正是鲁塞尔让读者缄默不言。他迫使读者学到一个他不曾认识的秘密并感到自己陷入了一个无名、无形、若隐若现、无法真正证实的秘密类型当中。如果鲁塞尔凭自己的自由意志说，曾有一个秘密，那么，人们会以为，当他承认他并说出它是什么的时候，他已经完全地泄露了秘密，或者，他改变了秘密，拓展了秘密，让它成倍地增加，同时保留着秘密及其隐瞒的原则。在此，做出一个决定的不可能性将一切有关鲁塞尔的话语，和犯错及被骗的普遍危险联系了起来：既是被一个秘密欺骗，也是被秘密之存在的意识欺骗。

1932年，鲁塞尔把一部分文本，发给了印刷商；这部分文本将在他死后成为《我如何写我的一些书》。自然，这些文稿不会在他有生之年出版。文本并不等待他的死亡；这个决定毋宁已内在于文本，并且，毫无疑问是因为它们所包含的揭示的紧迫性。1933年5月30日，当鲁塞尔决定书的结构将是怎样之时，他早已做出永不回巴黎的计划。6月，他定居巴勒莫，每天吸食幻药，沉浸于一种强烈的欢迷状态。他尝试自杀，或让人把他杀死，仿佛他已经品尝到了“他一直恐惧的死亡的滋味”。那天清晨，当他要离开旅馆前往克罗茨林根接受药物治疗的时候，人们发现他死了：虽然他极度病弱，但他还是拖着自己和被褥，依靠在连通其同伴杜弗伦（Charlotte Dufrêne）所住的相邻房间的那扇门上。这扇之前一直敞开的门，从内部反锁了。死亡，锁，这扇禁闭的门，在那一刻，永远地，构成了一个谜一般的三角，鲁塞尔的作品就在那里呈奉于我们，又逃离我们。鲁塞尔的语言中，一切可以理解的东西都从一道门槛上对我们言说，一道其通达无法和其阻塞相分离的门槛——在这不可破译的行动中，问题依旧是，其本身就模棱两可的通达和阻塞，为了什么？为了释放这曾久久恐惧而今又突然渴望的死亡吗？或许，是为了重新发现这个生命，这个他曾试图暴烈地从中解脱的生命，这个他曾长久地梦想着通过其作品和作品本身不断地、严谨地、幻想地建构，而将它投入永恒当中的生命？除了这最终的文本，还有别的钥匙吗，在那里，直立于门旁？它是敞开的标志，抑或封闭的示意？它持有一把及其暧昧的简单钥匙吗，一把在转动中准备锁闭或打开的钥匙？它小心翼翼地封堵了一场不可挽回的死亡吗，或者，它超越死亡，传达了心灵的一种激奋状态，这种激奋状态的回忆从19岁那年就一直陪伴着鲁塞尔，令他徒劳地试图重新发现其光亮——或许，除了那一晚？

有趣的是，语言精到的鲁塞尔说过，《我如何写我的一些书》是一个“秘密的和死后的文本”。难怪，除了显而易见的意义，他还暗示了一些秘密的、直到死后才揭露的东西：死亡是秘密的仪式组成，是秘密的预备门槛和它庄严的结局。或许，他暗示了，秘密将持留为秘密，甚至在死亡当中，它被赋予了一种额外的扭曲，以便“死后”之物能够强化并确定“秘密”；更确切地说，死亡将会揭示，秘密存在而不展示它的隐瞒，它展示的只有使其晦暗且深不可测的东西。通过揭示秘密的存在，他保持了秘密，只给我们一个别名，却保留了实体。我们追问一个令人费解的泄密之举，追问一把自我锁闭的钥匙，追问一个解密又加密的谜码，但无所得获。

《我如何写我的一些书》所隐藏的东西，和它承诺揭示的东西，一样地多——如果不是更多。它只给我们一段记忆之分解的碎片，而分解，用鲁塞尔的话说，使“遗漏”的使用成为了必然。不论其疏忽是多么普遍，相比于一种由其整个作品系列的不加评论的纯粹排斥所任意指明的更加根本的疏忽，它还显得肤浅。“无疑，我的其他著作，《替身》（*La Doublure*）《视景》（*La Vue*）和《新非洲印象》，绝对不在这道程式之中。”同样不在秘密之中的还有三篇诗歌文本，《悲痛欲绝者》（*L'Inconsolable*）《精致的狂欢节纸板头》（*Les Têtes de Carton du Carnaval de Nice*），以及鲁塞尔写的第一首诗，《我的灵魂》（*Mon Âme*）。他弃置了这些作品，满足于一种简单地提及而不加丝毫的解释，这样的行为下面藏着什么样的秘密？这些作品隐藏着一把本质不同的钥匙吗，或者，那是同一把钥匙，只是被加倍地藏匿起来，以至于否认了它的存在？有一把万能的钥匙吗，它会揭示一种沉默的规律，来确认鲁塞尔加密又解密的作品，以及那些其密码没有任何明显编码的作品？钥匙的观念，一旦得到了明确的表达，就逃避了它的承诺，更确切地说，它让它的承诺超出了能被它交付于一个点的东西，而鲁塞尔的全部语言就在那个点上遭受质疑。

在这篇以“解释”为目的的文本中，有一种古怪的力量。它的状态，它的起点，是如此可疑——它做它的揭示，确定它的边界，确定它既支撑又瓦解的空间——以至于最初令人眼花缭乱的文字过后，只有一个效应：创造疑惑，通过一种无端的一致疏忽来扩散它，使它潜入应当远离它的东西，甚至把它植入其自身之根据的坚实基础。《我如何写我的一些书》终究是他的一部著作。这个揭示秘密的文本，不也持有它自己的秘密吗：当它照亮其他的作品时，它的光芒不就同时暴露并掩盖了这个秘密吗？

从这模棱两可的情境里，我们可以确定某些形式，鲁塞尔的作品将提供它们的模型。（它，归根结底，不就是秘密的秘密吗？）或许，在这最后的文本所揭示的程式之下，有另一套甚至更加隐秘的法则，并以一种完全不可预见的方式支配着。结构将完全是《新非洲印象》或《荒芜之地》的结构。在“无上剧场”的舞台上表演的场景，或玛迪亚尔·坎特拉尔园子里的机器，都具有一种表面的、替插曲辩护的叙事解释：一个事件，一段传奇，或一本书；但真正的钥匙，或无论如何，一个更加深刻的层面上的另一把钥匙，用其全部的力量打开了文本，并揭示了奇迹之下变幻莫测的句子隐隐约约发出的爆破之音。或许，他的全部作品最终都以此为模型：《我如何写我的一些书》具有和《新非洲印象》的第二部分，以及《荒芜之地》的典型叙事，一样的功能：把他的语言从中诞生的潜在力量，隐藏在给出一种解释的托辞之下。

同样可能的是，《我如何写我的一些书》中所做的揭示只有一种预备的价值，讲述了一个有用的谎言，一个部分的真相，它暗示着我们必须看得更深更远。那么，作品建立在多层秘密之上，一个秘密编定另一个秘密，但没有一个秘密拥有一种普遍的价值，或者是绝对揭示性的。通过在最后的时刻给我们一把钥匙，这最终的文本将成为对作品的带有双重目的的第一次回视：它在最接近表象的层面上打开了某些文本的结构，但也为这些作品和其他作品指明了对一连串钥匙的需要，每一把钥匙都将打开其自身的暗盒，但那还不是里头包含的最精小、保护最严密、最有价值的暗盒。这种封闭的图像在鲁塞尔的作品中随处可见。它在《充当画布的文档》（*Documents pour Servir de Canevas*）中得到了极度细致的运用；《阳光下的尘埃》把它恰到好处地当作一个发现秘密的方法。在《新非洲印象》里，它采取了不断延展解释的古怪形式，这样的解释总是被主语上新添的补充说明的括号所打断。每一个补充反过来又被另一个从前一个补充而来的补充的括号所打断，每一个补充都长久地保持悬置和破碎。这一连串断裂的、爆炸性的解释形成了一段谜一般的、既明澈又晦暗的文本，被这些编定了的敞开转变成一座无法攻克的堡垒。

这一程式可以充当文本的开端和结尾，这是他年轻时用来构架简短叙事的同一而模糊的句子的作用。它能够形成必要的周界并同时释放语言的内核，即想象的领域，从而无需任何的钥匙，只需它自身的游戏。程式的作用是保护和释放。它描绘一个特殊的位置，一个遥不可及的位置，其严格的向外的形式将它从一切外部的限制中释放出来。这样的自我包含让语言从一切的接触、感应、秘密交流和影响中脱离，赋予它一个绝对中立的、能够完全发展的空间。程式并不决定作品的核心配置，而只是它的门槛，是作品被描画的时候要被跨越的门槛——更像一个净化的典礼，而非一种建筑的结构。从而，鲁塞尔用它来构架其整个作品的宏大仪式，一旦为他自己完成了圆环，就庄严地为每一个人重复。程式环绕作品，只允许刚入门者进入仪式化作品的空虚和完全谜样的空间，即被孤立的、不得解释的空间。《我如何写我的一些书》可被比作《视景》（*La Vue*）里的透镜：一个微小的表面，它必须被透视所穿越，以使一个与之不成比例的维度变得完全地可见，并且，没有它，这样的维度既无法被固定，也无法被审查或保存。或许，程式类似于作品本身，正如透镜类似于《视景》中被启亮、揭露并持守的海景——只要其本质的门槛被一道瞥视的目光跨越了。

在作品程式的行动之描述中，鲁塞尔的“揭示性”文本是如此克制，反过来，它在破译的类型中，在门槛和门锁的位址上，又如此地繁琐，以至于《我如何写我的一些书》很难和这些特定的著作以及其他的著作联系起来。给予一种解释乃至一个公式（“对我来说，揭示似乎是我的责任，因为我有一个印象，即未来的作家或许能够富有成果地探索它”）的肯定性运作很快就成为了一场从不终结的犹豫不决的游戏，类似于鲁塞尔临终之夜的不定姿态：门槛上的鲁塞尔或许想开门，或许想把它锁上。某种意义上，鲁塞尔的态度是卡夫卡态度的反面，但同样难以解释。卡夫卡把手稿托付给马克斯·布罗德（Max Brod），让他在自己死后将手稿付之一炬——但布罗德说他从不会烧毁它们。围绕着他的死亡，鲁塞尔组建了一篇纯粹解释性的文章，但这篇文章，因为文本，因为他的其他著作，甚至死亡的情境，而显得疑点重重。

只有一件事情可以肯定：这部“死后的、秘密的”著作是鲁塞尔语言的最后的、不可或缺的元素。通过给予一个“解答”，他把每一个词语变成了一个可能的陷阱，它和一个真实的陷阱一样，因为一个虚假根底的纯粹可能性，为那些倾听者，敞开了一个无限的不确定的空间。这并不质疑解码程式的存在，或鲁塞尔一丝不苟的事实陈列；但在追溯中，它的确把一种令人不安的性质，赋予了他的揭示。

所有这些视角——令人欣慰的做法是把它们隔绝起来，压制所有的开口，并允许鲁塞尔从我们的——寻求喘息的——良知将赋予他的一个出口中逃离。

安德烈·布列东（André Breton）在《拐道之墙》（*Fronton Virage*）[1]中写道：“一个脱离一切开创之传统的人不是有可能应该认为自己注定要把另一命令的秘密带入他的坟墓吗……这样认为不是更加诱人吗，即鲁塞尔，带着一种开创的能力，遵从了一个无法反驳的命令之词？”那么，

[1] 见费里（J. Ferry）主编的《雷蒙·鲁塞尔研究》（*Une Etude sur Raymond Roussel*, Paris: Arcones），1953 年。

当然，一切会被奇怪地简化，而作品会围拢一个秘密，并且只有这个秘密的被禁止的本性将指明它的存在、本质、内容和必要的仪式。在同这个秘密的关系里，鲁塞尔的全部文本只是如此富有修辞性的技巧，并且，对任何一个知道如何阅读文本所说的东西的人而言，这样的技巧揭示了一个无比慷慨的事实，即文本没有说出它。

在绝对的界限上，《太阳下的尘埃》的"事件链"能够——以它的形式——和炼金术实践当中的进程有某种共同之处，即便戏剧表演所指明的科学的二十二种变化几乎没有可能对应一张塔罗牌桌上的二十二张大阿卡那牌。秘仪进程的某些对外的符号有可能会被当作模型来使用，这些模型的对象是词语的双关游戏，恰当时刻的巧合与相遇，情节的扭曲与转折的关联，以及穿越平庸对象、拥有非凡故事的教导之旅，而这些故事之真正价值的定义是通过描述它们的起源，通过在每个故事中揭示将它们引向实际自由之承诺的神话的变身。

但如果鲁塞尔的确使用了这样的材料，并且他这么做是一点也不确定的，那么，他是以《非洲印象》中"趁着月光"（Au clair de la lune）和"我有优质烟草"（J'ai du bon tabac）这两个诗节的方式来使用的，目的不是通过一种外在的和象征的语言来传达内容，以便对内容进行伪装，而是在语言内部设置一种额外的障碍，作为隐形道路、闪避和巧妙防御的整个体系的一部分。

如同一支箭，鲁塞尔的语言——更多的是通过它的方向，而不是通过它的实体——和一种神秘的语言对立了起来。它得以建立的基础不是这样一种确信，即存在着秘密，唯一一个被明智地保持沉默的秘密；它表面上发出了一种耀眼之怀疑的火光，并隐藏了一种内在的空虚：要知道是否存在着一个或多个的秘密，并且知道秘密是什么，是不可能的。对秘密之存在的任何肯定，对秘密之本性的任何定义，都从源头上让鲁塞尔的作品枯竭了，阻止了他的作品从这个空虚中获得生机，作品激活了空虚而没有满足我们的困惑之无知。他的作品在阅读中不承诺任何东西。只有一种内心的意识，即通过阅读如此平滑而均衡的词语，我们被暴露给一种纯粹的危险，那就是阅读既差异又同一的他类词语。他的作品，作为一个整体，是由《我如何写我的一些书》以及那个文本所散播的全部暗中破坏的怀疑支撑起来的，它系统地强加了一种无形的焦虑，这既分岔又离心的焦虑，没有指向被隐瞒得最多的秘密，而是指向最可见之形式的模仿和变形：每一个词语都被一种可能性所同时激发和耗尽，同时充满和掏空，那可能性就是存在着另一个意义，这个意义或那个意义，或者，既不是这个意义，也不是那个意义，而是第三个意义，或者，根本没有意义。

（尉光吉　译）

通往无限的语言

编者按

这篇文章首次发表在1963年的《如是》（*Tel Quel*）杂志上面。福柯在这篇文章中讨论了文学语言的问题。语言不再是作为一种再现的工具出现，相反，它是一种无限的自我重复，是一种没完没了的镜子般的反射游戏。语言的这种无限重复能够抵制死亡。这是福柯“文学时期”的重要作品。在60年代，福柯对文学和文学评论非常感兴趣，这篇文章实际上同当时法国的结构主义以及后来的解构主义文学批评有一些相互呼应的观点。同《僭越序言》和《外界思想》一样，这篇文章体现了福柯早期的华丽、晦涩和玄妙的语言风格：既然语言是不能再现的，它就有自己的神秘厚度，它要延长自己的死亡时刻。

布朗肖说，写作是为了永生。[1]也许，甚至，说话也是为了永生。无疑，这是一项同词语一样古老的任务。那些最宿命的决定在故事的进展中不可避免地被悬置起来。我们知道话语有这个能力，能在稍纵的时间与恰当的空间抓住疾飞的箭。很有可能，如荷马曾经说过的，诸神把灾难撒到人世是为了让人们能够谈论他们，在这一可能之下言谈有了无尽的资源。可能，死亡的临近——其统驭一切的态势及其在人们记忆中的显要位置——在现时和生存中挖出了一个虚空，这虚空正是我们言谈的对象和来源。不过，虽然《奥德赛》中也确认了语言对于死亡的能力，其尤利西斯返家的故事却是颠倒过来讲的：它反复讲述的是每次面临死亡威胁，而要避开这一死之危险时，他是如何（通过诱惑和诡计）成功地保证，只要他一开口讲话，卷土重来的新的危险，或威胁姿态，只能处在一种临近状态，而不能真正地伤害他。当他，斐西安人中的一个陌生人，听到别人讲述那已有千年之久的关于他自己历史的故事，好似在倾听自己的死亡[2]：他掩面而泣，那姿态正如一个妇人面对一具从战场上带回的

---

[1] 这也是 Francaise Collin 关于布朗肖的一本著作的主题:《布朗肖以及有关写作的问题》（巴黎：迦俐玛出版社，1971）。比如，“死亡是布朗肖写作的核心，对布朗肖来说也是一切写作的核心”（46 页）；还有第 150—159 页，以及整个第四章“消极与消极性”（第 190—221 页）。

[2] 见《奥德赛》第八章。

战死英雄的尸首。这宣告他死亡的讲述，发自那新的旅程的深处，如同发自一个更加古老的时代。针对这样的讲述，尤利西斯必须以语言之前的某种语言，唱出他的身份，讲出他的不幸，从而逃脱摆在面前的命运。那虚构的讲述，他在证明其力量的同时也将其力量驱散，他追随这讲述进入到既与死亡接壤也与死亡相抗衡的空间，正是在这里故事确定了它的自然领地。诸神将灾难撒到凡人中间以让人们能够谈论他们，但人类谈论他们是为了让不幸永远不要全部实现，于是在词语的另一端诸神并未得到满足，在那里他们的[意图]被静止，本性被否定。不幸无边无际，诸神无所不能，而语言于此肇始；但死亡之界限在语言面前，甚或语言之内，开启了一个无限的空间。面临死亡，语言喷薄而出，但它是从头再来的语言，它讲自己，讲故事的故事，并发现这样的阐释可能永无终止。[1]朝着死亡进发，语言背对自己；它所遭遇的好似镜子：要制止这意图制止自己的死亡，它只能拥有一种能力，那就是在多重镜子的无限游戏中生出自己的形象。从镜子的深处——正是在这里，它启程重新到达了它的出发点，但这样做最终是为了摆脱死亡——另一种语言听到

[1] 这对博尔赫斯来说是定义奇幻文学的语言架构之一；见《迷宫》[*Labyrinths*]（纽约：新方向出版社，1967），第 18 页 [p. xviii]。

了——真实语言的形象，但是以缩微、内在、虚拟的模式被听到。这就是那吟游诗人的歌谣；在尤利西斯的漫长旅程之前，在尤利西斯面前（因为尤利西斯听到了这首歌），吟游诗人已在唱述关于尤利西斯的歌谣，并在其死去以后仍会无休止地唱他（因为对吟游诗人来说尤利西斯已经跟死人一样了）。而那活着的尤利西斯，接受了这首歌，如同一个妻子接受了她被杀害的丈夫。

也许，在言谈中，死亡、无尽的争斗、语言的自我表述之间存在着一种本质上的亲近。也许，自语言决定在它的路径上留下痕迹的那一刻开始，那面对死亡之黑墙而矗立的通往无限的镜子的形象，是所有语言的根本特征。但是语言并非自发明写作之后才假装寻求其自身的无限；也非某一天因了对死亡的恐惧才决定设想出一幅可见的和永恒的符号之躯。毋宁说，在发明写作之前，有某种改变开启了写作的空间，令写作流畅自如并确立了自己；荷马以最原初的形式向我们标示的这种改变，形成了语言一些最具决定性的本体论事件：它镜子般地反射死亡，并从这反射构建出一个虚拟的空间，在这空间中，言谈发现它自身的影像拥有无穷无尽的资源；在这空间中，它可以主动超越自己，作为它自己后面的存在物，来无限地再现自己。一件语言作品之可能，正是在这样的复制中找到其原初折叠。从这一意义来说，死亡无疑是语言（它的界线和它的中心）最根本的事故。自从人们面对死亡说话并反抗死亡的那一天，为了抓住并囚禁死亡，某样东西诞生了；一种低语无止尽地重复、重述、重迭自己，它经历了放大和加厚的离奇过程。至今我们的语言依然居留并隐藏在这低语之中。[1]

（有一种并非必需的假设：字母式的书写，本身已经是一种复制，因其再现的不是所指而是语音元素，而它自身又为语音元素所指；另一方面，表意文字则直接再现了所指，从而独立于语音系统，后者属于另一再现形式。在西方文化中，写作自动地要求我们将自身置于自我再现与复制的虚拟空间中[2]；因为写作指向的不是事物而是言谈，一件语言作品只能向镜子那无以触及的稠密深处前行，唤起已然双重的写作之双重性，以发现那可能的无限以及不可能的无限，不停地为言谈奋斗，保有它，越过诅咒它的死亡，释放出低语的细流。写作中的这种可见的重复言谈，无疑赋予我们所谓的语言作品一种本体论的地位。写作指向事物本身［而非语音］的那些文化，对此并不了然。后者以恰当而可见之

［1］ 见《僭越序言》一文，见本书第41页。
［2］ 参考雅克·德里达，《论文字学》。

躯，坚持不受时间的影响。）

博尔赫斯讲述了一个被判处死刑的作家的故事，正在他要被处决的时刻，上帝又赋予了他一年的生命让他完成已然开始的工作。[1]这项悬置于生死之间的工作，是一个戏剧，其中一切都必定要重复：（尚未完成）的结局逐字逐句地接续着（已经写下的）开端。采用这种方式，就是为了表明，从第一幕开始我们就知道的，并且一直在说话的主角，并非他本人而是一个冒名顶替者。在迈向死亡的这一年中，一滴雨水滑过了作家的脸庞，他最后的香烟的烟雾也消逝殆尽。在这一年中，赫拉迪克用谁都读不懂，连上帝也读不懂的言词，书写了重复的迷宫，语言的迷宫。迷宫庞大而隐秘，而语言则自我切割，变成自己的镜像。当最终的绰号被发现之时（这也是自戏剧再次开始以来的第一次），步枪在此之前不到一秒钟齐发，划破了他心底的沉默。

我想知道，是否能够依稀地建构，或至少勾勒出一种文学本体论：它始自语言的自我表述。这些形象，看起来属于狡计或娱乐的层面，它们隐藏了，也就是说背叛了语言同死亡建立的关系，死亡即是界线，语言既向它讲述着自身，也

[1] 见《迷宫》，“隐秘的奇迹”，第88—94页。

同它保持着平衡。有必要对西方文学中所发现的一切语言复制形式进行普遍分析。没有理由怀疑，这些形式数量有限，完全能够将它们全部列举出来。它们极其谨慎，因为机缘或者疏忽，偶尔藏匿或者浮现，但这不应欺骗我们。或者，更恰当地说，我们应该从它们身上辨识出幻觉的力量，即语言（似一单弦乐器）作为一件作品而矗立的可能性。即使被隐藏起来，语言的重迭也组成了它作为一件作品的本身，而在这里出现的那些征兆则必须被解读为本体的指征。

这些征兆经常难以察觉，近乎微不足道。它们设法将自己表现为一些失误——作品表面的一些小瑕疵：我们可以说它们无意之中向我们开启了探之不尽的深处；它们正是来自那些深处。我想起《修女》中的一段情节，苏珊的母亲向人解释她的一封写给苏珊的信的历史（它的成文，藏匿的地方，未遂的小偷，以及最终一位朋友得以保管并递出这封信）——而她的解释恰恰也在这封信里。[1]当然，有人认为狄德罗的叙述是混乱的。但要点在于，这里显现出了一个语言讲述自己的征兆，即那信并不是信，而是在现实的同一系统中将它重迭起来的语言（因为它们在同样的时间讲话，

[1] 见《修女》。

使用同样的词语，并毫无二致地共有同一个身体；语言是那信的血与肉）；可是，语言同时又不在场，但这并不是因为我们归功于作家的主权；而是因为语言穿过了虚拟的空间，在这个空间内，语言被制成自己的形象，并通过在镜中重迭自己，僭越了死亡的界限。狄德罗的“过失”并非因了他的热心干预，而是因为语言敞开了它的自我再现的系统：《修女》中的信仅仅是对一封信的模拟，方方面面都相像，除了它自己变为难以察觉地错位的替身（只有当语言结构的某个地方被撕裂的时候，这错位才可以见到）。我们发现有一个特征与这样的失误[1]（此指严格意义上的“失误”一词）既相似也相反，那是在《一千零一夜》中。里面有一段情节是山鲁佐德讲她自己为什么要固守那一千零一个夜晚，等等。在这样的情境下，镜子结构显然是规定好的：作品的中心总有一面镜子（即“心灵”：空间虚构而灵魂真实），在那里故事以自身的缩影出现，并走在自己前面，因为它把自己的故事当作过去的诸多奇事之一，过去的那些夜晚之一。在这个特定的夜晚，这夜晚与其他的夜晚如此相像，其开启的空间仿佛只是一个无足轻重的偏差，而它所揭示的也是同

[1] “失误”原文作 lapsus，指笔误或口误。在弗洛伊德早期的精神分析理论中，lapsus 代表的是暗藏着某种无意识欲望的动作失误。

一片天空的同一些星斗。我们可以说有太多这样的一个夜晚，一千个已经足够了；我们也可以反过来说，在《修女》中应该有一封丢失的信（由那封信来讲出这封信的历史，而不是要这封信来讲它自己的冒险经历）。由此看来，在任何情况下，在同一个维度内，存在着从一方面讲是丢失的一天，从另一方面讲则是太多的同一晚：这正是语言讲述自己的宿命空间。

在每一件作品中，可能语言是以一种隐秘的垂直性重迭于自己之上，在此，这种双重正如二者之间的细微空间——那窄窄的黑线。只有在那些有意无意地恍惚的瞬间，才能对它有所察觉。此刻，山鲁佐德这样的人物形象，将雾笼罩着自身，退回到时间的诸多起源，他出现了，并在一个明亮、深邃、虚幻的圆平面的中心被无限地化约。一件语言的作品是为死亡所穿越的语言的身体，目的是为了开启这种无限空间：语言的双重性在此得以相互回应。它们重迭的那些形式——对构建任何作品都至关重要——无疑只能在这些相邻、脆弱并稍许怪异的人物中得到解释，他们一分为二的特征表明了自己［的双重］；对这些形式进行准确的列举和分类，并建立支配他们运转或转变的各种法则，足以引导出一个正规的文学本体论。

在我看来，语言与它自己不确定的重复之间的关系在18世纪末期——那正巧也是语言作品变成现在我们面前的所谓文学的时刻[1]——产生了一种变化。正是（或者接近）这个时期，荷尔德林——几乎是不自觉地——开始意识到他只能在诸神消失的空间讲话，而语言也只能依靠其自身的力量与死亡保持一定的距离。自此我们的言语不断向前发展，而开端正是在这个地平线上显露。

很长一段时间——自荷马史诗式诸神的降临至《恩培多克勒》的片断中的神的远离——谈话以免于死亡的含义对现在的我们来说已经陌生了。言说英雄或者以英雄的角度言说，意欲将某事说得仿似一件作品，言说以便他人也无穷尽地言说，为“荣耀”而言说，这其实都是为了靠近或远离由语言所维系的死亡。像一个神圣的预言家那样言说以警示死亡，以［死亡］这超越所有荣耀的终极来威胁人们，这是给死亡缴械以应允永生。换句话说，每件作品都意图在无限的词语重新树立其主导的地位[2]之时结束，将自己悄悄静止在那里。在一件作品之中，语言通过这种隐含的言说来保

［1］ 见《词与物》，第300页，第306页［英文版］。
［2］ 参考本书《僭越序言》以及《词与物》中题为“国王的位置”一章，第325—359页［英文版］。

护自己免于死亡；这言说同时处于任何可能的时间之前与之后，由此言说将自己变成自我封闭式的反射。那照向无限的镜子——也是所有语言都生产的镜子——一旦将自己矗立起来面对死亡，必会显示一种逃避：作品将无限放置在自身之外：一种真实且威严的无限，在这无限中，作品变成一个虚拟、循环的镜子，结束于一种美丽地封闭的形式。

在我们的今天，写作已经在无限地靠近它的源泉，靠近这发自语言深处的令人不安的声音——只要我们关注它——我们既从这源泉寻求庇护也朝着它对我们自己讲话。好似卡夫卡的动物，语言现在从它自己的地洞的底部倾听这无可避免且日益增长的噪音。[1]为了保护自己，它必须追随它的举动、变成它的忠实敌人、保证在二者之间只有一个矛盾对立的薄薄的分界，透明且牢不可破。我们必须不停地说话，与这个含混且振聋发聩的噪音同样大声、同样持久——甚至比它更大声持久，以便我们的声音与其相混时我们能胜出——如果不是控制它使其沉默的话——将噪音的虚无调制为无尽低语——我们将这低语称之为文学。自此时起，一件作品的意义仅仅是自我封闭地表达它的荣耀，已不

[1] 见《地洞》，Nahum M. Glatzer 编《故事全集》(New York: Schocken Books, 1971)，第 325—359 页。

再可能。

这种转变的发生，大概在18世纪末期萨德的作品与恐怖传言同时出现的时候初露端倪。这里我们所关心的并不是二者对残酷的共同偏爱；也并非发现了文学与邪恶之间的连结。而是某种乍看起来更为隐蔽、似是而非的东西：这些由于无法抵挡之物、不可言说的东西、激动、麻木、销魂、沉默、纯粹的暴力、无语的手势而不断地从自身抽离的语言，这些语言用最伟大的经济学、用制造效果的精确度来衡量（这样，这些语言在它们所奔赴的语言界线上尽可能地令自己透明；这种语言，它们想说的是词语之外的东西，那才是它们独一无二的君主，为此，它们在写作中擦掉了自己）——这语言以一种缓慢、小心翼翼、无限延伸的仪式非常怪异地再现自己。这简单的语言，它是命名性的并让人去看的，它是令人惊奇的双重。

无疑，直至今日，我们依然要花很长时间去理解萨德的语言：我所说的不是关于这个囚犯不停地写一些没人能读的书的目的及其可能的意义（有些像博尔赫斯《迷宫》中的人物，不为任何人书写的语言只为一种重复，但无尽地延长了他死前那一秒的时间）；而是这些词语在当下的性质，以及它们延展自己的生命直至今日的存在。这种语言号称自己能讲述所有的事情，它并非简单地打破禁忌，而是寻求这种[讲述所有事情的]可能的各个限度；寻求在一个被系统地转化的网络中，所有产生分支、介入、交叠的方案，它们来自人类的结晶，目的是产生宏大、闪亮、灵活，并能无限延伸的各种组合；寻求从本性隐匿到心灵暴露于两次电闪雷鸣[1]（第一次闪电是嘲弄、戏剧性的，它击中了茱丝汀，而第二次则是隐蔽并绝对迟缓的——这一次没有藏尸所在场——它令茱丽叶消失在渐近死亡的永恒之中）的漫长历程。[2]这些元素规划了所有可能的以及将来的语言，令它们服从这独一无二、甚至也许没人能够听到的话语的实际主导。令如此多的肉体在它们切实的存在中达到圆满，这种萨图恩式的语言吞噬一切将来的词语，即所有那些还未诞生的词语。[3]如果说每一个场景，就其可见的层面来说，都是一种重复自己、并给予自己某种普遍性的价值的重复表达，那是因为这

---

[1] 这里指萨德著名的姊妹作品《茱丝汀或美德的不幸》(*Justine ou les Malheurs de la vertu*)与《茱丽叶或邪恶的喜乐》(*Histoire de Juliette, ou les Prosperites du vice*)。其中，前者的茱丝汀在经过一系列被侵犯和蹂躏后，以为终于能逃脱不幸的命运，岂料却遭到雷击，由胸腔贯穿下体。而后者的茱丽叶无恶不作，从社会底层逐步到上层，平安终老。——译注

[2] 见莫里斯·布朗肖的“萨德”一章，选自《萨德侯爵》(New York: Grove Press, 1965)，第37—72页。

[3] 萨图恩(Saturn)是古罗马神话中的农神，朱庇特的父亲，相当于希腊神话的科罗努斯(Kronus)。因为有预言说将来他的儿子会与他争夺王位而总是吃掉自己刚刚出生的儿子来防止此事的发生；后来他的妻子将第六个儿子朱庇特藏了起来没被吃掉，最终是朱庇特将他赶走成为宇宙的主宰。这里福柯用萨图恩的故事来比喻这种吞噬性语言的特点。——译注

第二次的话语表达基于另一种模式，消耗的并非总是将来的语言，而是已经讲过的有效语言：在萨德的时代以及之前，所有与人、上帝、灵魂、身体、性、自然、神父、女人有关，所有可能被想过、说过、做过、渴望过、称赞过、鄙视过、谴责过的一切，都发现自己已经被无可挑剔地重复过（这在历史学或民族学的层面不胜枚举，尽管它们并非支持萨德的解释，而是为他划出了其解释能够成立的空间）。因而，那重复、组合、分离、颠倒以及再次颠倒，并非某种辩证的成果，而是一种彻底的消耗。圣冯德[1]精彩的宇宙否定论被罚以沉默、克莱威尔[2]被扔进一座火山、茱丽叶在无语中达到生命的巅峰，这些时刻记载了对语言的熔炼。萨德那不可能的书忝列于所有书籍之中——自时间的起始直至终结，它成为这些书中的不可能。在这对18世纪所有的故事与哲学的明显模仿之下，在这并非与《堂吉诃德》毫无二致的巨大双重性之下，在以下两个不可分离的特征的单独但一致的运作之下，语言的总体性失去了效用：对已经说过的东

[1] 圣冯德(Saint Fond)是萨德作品《茱丽叶或邪恶的喜乐》中的人物，达官贵人的代表。圣冯德是一位50岁的百万富翁，与女儿乱伦，谋杀父亲，将年轻女孩折磨至死，甚至还策划了一个野心勃勃的阴谋要制造一场饥荒以减少一半的法国人口。——译注

[2] Clairville也是《茱丽叶或邪恶的喜乐》中的人物，性格残忍，主要的激情在于谋杀年轻男子。——译注

西的严格而反向的重复；以及对我们所能说话的极限的简单命名。

确切来说，“虐待狂”的对象并非他者，非自己的身体，也非主权：而是可能已经被谈论过的一切。就此，稍稍拉开点距离来看，那对象是语言摆布自己的一个无声的圆圈：对于被［萨德的作品］俘获的读者群来说，萨德作为被俘获的囚犯，阅读[他的作品]的可能性已经被否定了。这个做法是如此地有效，以至于我们如果要问萨德的作品当时是写给谁看（以及今天为谁表达），答案只有一个：无人。萨德所有的作品都存在一个奇怪的界限，但这些作品又都坚持对这些界限的僭越——或者更准确地说，它们僭越这些界限是因了它们说话这样的事实：这些作品否认自己具备语言的空间——并且以一种重复挪用的姿态没收这空间；它们回避的不仅是它们的意义（时刻被它们所建构的意义），还有它们可能的存在；作品内部的这种含混的游戏难以破译，而这游戏不是别的，正是迫使这些作品成为每一个语言的双重（而语言又在重复中被它们纵了火）与它们自身的缺席（它们一直在表达这缺席）之间的冲突的严肃征象。严格意义上，这些作品可以而且应当以一种低语的方式不间断地继续下去，其本体的状态，只能是相似的冲突状态。

略去表面不说，简单明了的惊悚小说也能达到非常相似的目的。它们本来就是要被读的，并且事实也曾经如此：《瑟琳娜》（或《神秘之孩子》）自1798年出版至1814年波旁王朝复辟，共售出了120万册。这意味着当时每个会读书而且一生中至少已经读过一本书的人，都读了《瑟琳娜》。这是理想的“书”——一个绝对的文本，读者的数目与可能的读者群完全吻合。由于几乎是在瞬间就达到它的目标，这也是一本没有未来的书，它没有为没听过这本书的人们留出些许的空隙。而历史条件是促成这一新现象的必要条件（据我所知，这样的现象再也没有被重复过）。尤其必要的是：这本书拥有一种准确的功能有效性；同时，它无需任何筛选或改变、无需将自己一分为二，就能与它非常简单的目标相吻合，即可读性。而这种类型的小说并不要求读者在写作的层面上，或在它们特有的语言维度内去阅读；它们期待的阅读，就是它们所讲述的事情，它们的词语以一种纯粹简单的透明性所力图传达的情感、担心、恐惧或同情。语言应当要求的，是故事的单薄以及绝对的严肃性；在令自己尽可能灰色的过程中，语言也要求把某一事件传达给它顺从而且被吓坏的读者，而这个事件不过是情感的中性元素。这就是说，语言永远不自己呈现自己；在它的话语的厚度中没有楔入那可能会打开它自身形象的无限空间的镜子。相反，语言在所说的事物与它所叙述的人物之间，将自己擦掉；遵从严格的经济学原理，并且以一种绝对的严肃性，语言接受了它自己作为平面语言的角色、传播的角色。

然而，这些惊悚小说也与一种讽刺性活动相伴，这个讽刺性活动既重复也分离这些小说，它既非历史反弹的结果也非某种无聊引发的效应。这在文学语言的历史上是一个相当罕见的现象：讽刺作品正与其嘲讽的情景处于同一时期。[1] 好比两个孪生且互为补充的语言自同一中心来源同时出生——其存在的样式，惊悚小说天真质朴，讽刺小说滑稽模仿；一个仅只为了读者的眼睛而存在，另一个则从读者头脑简单的迷恋转移至作者耍弄的简单把戏。但事实上，这两种语言并不仅是单纯的同时性；它们互为依存，分享同一个处所，不断地交互缠绕，形成一个单一的言词之网。它们好似一种分叉的语言，它的密度，充满了毒性，就此，它从内部转而反对自己，在自己的身体内部摧毁自己。

故事之所以幼稚单薄，很可能与某种秘密的毁灭，某种内部斗争紧密相连。而这种毁灭和斗争正是故事发展、

---

[1] 譬如 Bellin de Labordiere 的《英国一夜》，其文本与惊悚故事的关系，就想要等同于《堂吉诃德》与骑士浪漫故事之关系；但等同的恰恰是它们的同时期性。

扩散以及用之不竭的法则。这种“太多”（too-muchness）与萨德的过度(excess)在功能上有些相似，但后者已经进行到命名的简单动作以及对所有语言的复苏；而前者则依赖于两个不同的特征。一是一种修饰的极大丰富，在此，一切无不同时展现其明确、共时、矛盾的特征——它并非是一个要借助词语来显身并刺穿词语的武器，而是一个无害而齐全的甲胄（根据一种经常重复的情节，我们不妨称此特征为“血淋淋的骨架”效应——死亡的形象是由咔咔作响的白色骨头，以及这光滑的骨架上同时流出的对比鲜明的黑色血迹来表现的）。第二个特征是那“波浪般地接续至无限”——每一情节必须跟随上一情节以保持简单但绝对必要的递增法则。通过每一个孱弱的词语，恐怖得以出现，就是在此刻，语言表明了它的绝对权力，这一时刻，必须无限地去接近。但这一时刻，也是语言无可避免地变得无能的时刻，它的呼吸被切断；它自己静止下来，甚至都没有说它不再说话了。语言必须将它自身担负的这种限度推回到无限，同时，这也指出了它的王国和它的界限。因而，在每一部小说里，都有一个指数级的无止尽的情节系列；除此之外，同样地，是一个无止尽的小说系列。惊悚的语言就致力于无穷无尽的支出，尽管它只追求一个单一的效果。它将自己赶出了任何可能休止的地方。

萨德和惊悚小说将一种基本的不平衡性引入到语言的运作之中：它们迫使自己总是必要地过度与匮乏。过度是因为语言要不可避免地自我繁殖——好似被某种增殖疾病从内部所击中；它总是越过自己的界限；语言只是作为一种增补物而说话（这种增补缘自一种错位），就此，与增补物分离的语言，增补物所恢复的语言，看起来是无效的，过度的，应当被清除。但这同样的转换，它的另一个结果是，它反过来卸掉了所有本体论的重量；正是在这一点上，它是过度的，并且，它的密度如此之小，它注定要延伸自己至无限，不求得到任何可能令它动弹不得的重量。但是，这难道不也暗示着它的匮乏，或者说它被双重伤害所打击？它真的会让语言在镜子的虚拟空间中（在真正的僭越中）复制它，首先创造出一面新的镜子，然后又一面，然后无穷无尽？这个确实且无穷尽的幻觉，在其空虚中形成了作品的厚度——而吊诡的是，作品矗立起自己，正因为内部是空缺的。

也许，我们严格意义上的"文学"就是在这个时期开始存在。在18世纪末，一种语言出现了，它电光火石般地挪用并消耗其他所有的语言，诞生出一个模糊但主导的特征，在那里，死亡、镜子、双重性、波浪般无穷无尽的词语接续，都在扮演它们的角色。

在《巴别塔图书馆》[1]中，每样可能被说的事物都已经被说过：它包含所有被感知和被想象的语言，甚至包括那些可能被感知和被想象的语言；一切都被说过，甚至那些没有含义的东西也是如此，因此，要发现哪怕一点点正式的［故事］连贯性，机率也微乎其微，这已经被那些坚持搜索也从来没有得到过例外的人证实。然而，站在所有这些词语之上的，是恢复它们、讲述它们的故事、实际上为它们的诞生负责的那个严格的自主性语言：一个将自己置身于反抗死亡的语言，因为正是在落入一个无底的六角形通道的刹那，最清醒（也是最后的）的图书管理员吐露说，即便是无限的语言也要繁殖自己至无限，在“同一物”（the same）的分裂的特征中无止境地重复自己。[2]

这个布局与经典修辞学中的正好相反。修辞学不阐明某一语言的法则或形式，而是在两种形式的言谈之间建立关系：第一个是静默的，不可解释的，完全对自己展现的、绝对的；另一个则是唠叨的，只根据形式、运作、连接来为第一种言谈形式发声，而那连接的空间可以衡量出它与第

［1］ 见《迷宫》，第51—58页。
［2］ 见《词与物》，第328页，第334页。

一个听不到的文本之间的距离。对于有限的生物以及终有一死的人来说，修辞学总在重复那关于无限的永不结束的言谈。修辞在自己的空间内，其每一个特征，都透露出一种距离，但是在表征那第一个言谈的时候，它将那种临时性的厚密启示借给了第二种言谈：它显示。如今，语言的空间不是由修辞学，而是由图书馆来定义的：通过排列无限的各种碎片语言，以简单、连续、单调的语言之线取代修辞学的双重链条，这些语言交给了它自己的诸多设施。某种语言注定会是无限的，因为它不再让自己依赖于无限的言谈。但也是在它内部，它发现有可能会自我分裂和重复，并有能力生发出一套镜子、自身影像、类比的垂直体系。这是一个不重复其他言谈、其他承诺，只通过不停地开启一直与自己类比的空间，来无限推迟死亡的语言。

图书馆是被两个主要的困难所迷恋的地方。如我们所知，那困难已经被数学家和暴君（也许并非一起）解决了。也有一种两难：要么所有这些书已经被包含在“词”（Word）之内，因此，它们必须被烧毁；要么这些书相互矛盾，因此它们还是应烧毁。修辞学是一种手段，它暂时地推迟对图书馆的烧毁（但它也为不远的未来秉持这样的承诺，也就是时间的终结）。由此产生了悖论：如果我们制造出一本讲述所有其他书的书，那书自己还是不是书？它必须讲它自己的故事，仿佛自己是其他书籍中的一员吗？并且，既然它的目的是作一本书，但如果它不讲自己的故事，那么它可能会是什么？既然要求它谈论所有的书，它为什么要略过自己的故事？当悖论取代了两难，文学开始了。此刻，书不再是这样一种空间——言谈在其中采用了某种形式（风格形式、修辞形式、语言形式），而是一种场所，即书在其中被俘获被消费的场所。这种场所不存在于任何地方，因为它把所有过去的书籍都搜集在这不可能的“卷册”中，这“卷册”搁在书架上，置身于如此之多的其他卷册中——在所有那些卷册之前，在所有那些卷册之后——喃喃低语。

（赖立里　译）

僭越序言

编者按

这篇文章发表在法国《批判》（*Critique*）（1963）杂志“纪念乔治·巴塔耶”（Georges Bataille）专号上。巴塔耶于1962年去世。他是《批判》杂志的创刊人，对福柯产生了很大的影响。福柯这篇文章致力于讨论巴塔耶对现代哲学和文学的意义。尤其是对上帝之死和主体之死的宣判，使得语言作为一种独立的物质性开始出现在哲学和文学的地平线上。同本书编选的其他几篇文学评论文章一样，语言、文学和主体的关系是这个时期福柯的一个兴趣点。这些观点，在1966年出版的《词与物》中有更详细的讨论。

我们倾向于认为，性在当代经验中已被重新证实为一个自然过程，这一事实长期以来笼罩在阴影里，并被各种伪装所掩盖——直到现在才结束，如今，我们对性的正面认识使我们能够对其加以解释，使之终于可用语言直白表达。然而，对性最直接的自然理解，最恰当的表述，莫过于基督教世界的堕落身体论和罪过说，对此的证据可举其整个神秘主义和灵性论传统。这个传统无法对由欲望、销魂、插入、狂喜，以及使我们筋疲力尽的泻出所构成的连贯形式进行分段划分，（在它看来）所有这些体验似乎无中断、无界限地直接导向一个神圣之爱的中心，其各个阶段则既是那种爱的感情迸发，又是自我回归的源头。从萨德到弗洛伊德的现代性论特征并不在于它们找到了语言来描述性的逻辑或本质，而在于，借助语言暴力和对性所进行的“解自然化”，而将性投入到一个空洞地带，在此，性所取得的任何贫乏形式都是由对其进行限定的制度所赋予的，且它只指向自身，除那将之中断的疯狂，它无延伸的部分。我们根本就没有对性进行解放，尽管，确切地说，我们已经将之进行到各种极限，包括意识的极限，因为性最终制约着对无意识解读的可能性；法律的极限，因为性似乎是普遍禁忌的主要内容；语言的界限，因为性追索到了那表明语言可在沉默的沙滩上走出去多远的界限。综上，我们并不是借助性而与井然有序、令人愉悦的动物的世俗世界进行交流，相反，性是一个裂隙——但它并不是作为我们孤独或个体性之基础而环绕我们，而是标示出内在于我们的界限，并表明，我们本身就是那个界限。

或许，我们可以说，在一个将所有的物体、存在和空间都清理出来以供俗用的世界里，性已经变成了唯一一个可能的分界线，这并不是指它为我们的千禧年业绩提供了什么新内容，而是它使一种无目标的渎神成为可能，这是一种空洞并向内回归自身的渎神，其工具是被用来互相印证，除此之外，别无他用。在一个已经不认可任何神圣之物的正面意义的世界中的渎神，这难道不是一种我们差不多可称之为僭越的现象吗？在那个由我们的文化为我们的姿态和言语承担后果的地带，僭越不仅指定了发现神圣之物的直接内容的主要方式，还指明了重新填充其空洞形式、其缺失的一种途径，借此，使它变得更加璀璨。一种来自于性的严谨语言，将不会揭示人类自然存在的秘密，也不会表达人类学意义上的真理的澄明，它要表明的是，人类的存在没有上帝相伴，对性的言说与宣告上帝之死的言说在时间和结构上都是同期发生的，从萨德说出关于性的话语的第一句、并在这独一无二的话语中标示出那顷刻间成为其王国的疆界的那一刻起，这个话语就将我们提升到了上帝缺场的黑夜，在此，我们的所有行为都以渎神的方式指向这种缺场，我们的渎神同时认同这种缺场，驱散它，在缺场中自我耗尽，再将其复位到它已被僭越的空洞纯洁性中。

的确存在一种现代的性的形式，这便是那出现在关于性的浅薄话语中的性，即实在的、自然的兽性，同时又暗自指向缺场（Absence），这大写的缺场正是巴塔耶在一个不会很快结束的黑夜置放*Eponine*这部小说中所有人物的最高领域：

> 在这令人紧张的宁静中，由于惬意的陶醉，我仿佛感到风已悄然停止，漫长的静默来自广袤的天空。牧师轻轻地跪下来，他开始以失望的声调唱起来，唱得很慢，好像在某人死亡的场合，他唱着：*Misercre mei Deus, secondum misericordiam magnam tuam.* 他以哀悼的调子唱着感性曲调的方式令人生疑，因为他在肉体欢愉面前却如此奇怪地表白痛苦。一个牧师本应用他对这一切的拒绝来征服我们，但他竭力使自己谦卑的姿态却使他更加执着，他可爱的歌声，映衬着静谧的天空，把他环绕在一种与世隔绝的带忧郁色彩的快乐中，我的遐想被一声快乐的欢呼所打破，这是一声当时已惘然的无限的欢呼。Eponine看着牧师，渐

> 渐从梦中醒来，感官仍因梦境而晕眩，她开始大笑，笑得如此激烈，以致浑身发抖，她转过身来，倚靠在栏杆上，颤抖得像个孩子。她双手抱住头大笑，此时，牧师憋不住而发出“咯咯”一声，抬起头，举起双手，却发现在他身后的裸体，风掀起了她的衣服，而正大笑的她已无力防卫，她已无法扣上衣服。[1]

或许，在我们的文化中，性的重要性，以及自萨德以来它总是与语言的重要决策关联在一起这样一个事实，都来自这种对应，而这对应又将之与上帝之死相关联。当然无需将上帝之死理解为上帝在历史领域的终结，也无需理解为对他之不存在的最后宣布，而应理解为，这是我们经验的当下－常态空间。由于上帝之死为我们去掉了一个无限存在物的限制，因而产生了一种经验，在这种经验中，再无任何东西可宣告存在的外在性，因此便产生了一个内在性和自我主宰的经验。但这样一个由上帝之死而构成其爆炸性现实的经验，也敞开了自己的秘密并加以澄清，这便是它自己的内在限度，界限的无界限领域，以及那些过分行为的空洞性，其空

[1] Georges Bataille, *L'Abbé C.*, part two: “Recit de Charles” (1950), in *Oeuvres complètes* (Paris: Gallimard, 1971), vol. 3, pp.263-264.

洞性就在于，它在其中消耗了自我，但发现它其实在那里是缺失的。在这种意义上，内在经验，自始至终，都是对一种不可能性的体验（这不可能性既指我们所体验的东西，又指那构成这种体验的东西）。上帝之死不仅只是一个我们现在所理解的、形成当代经验的“事件”，它还在继续无限地追踪它伟大轮廓的痕迹。

巴塔耶完美地意识到了上帝之死给思想所带来的种种可能性，以及它扰乱思想的种种不可能性。上帝之死究竟意味着什么，如果不是对他之不存在的震惊认识和将他灭掉的行为之间的奇特关联？但是如果上帝本来就不存在，灭掉他，灭掉那从来就没存在过的上帝，又有何意义？或许这就意味着灭掉上帝，这既是因为他本来就不存在，也是因为要确保他今后也将不存在——这当然是个好笑的原因：灭掉上帝，以便把生活从由上帝存在而设的限制中解放出来，但也是把生活带回到那些被这无限存在所取消的限制中去——以此作为一种牺牲；灭掉上帝，以便把他还原为乌有，同时又在一个亮得如同一个在场的光焰中心展现其存在——这是因为狂喜；灭掉上帝，以便让语言迷失在一个震耳欲聋的夜晚，而因此必然使他（上帝）出血，直至他发出“一个巨大的迷失在无尽沉默中的哈利路亚”——这是交流。上帝之死并没有为我们恢复一个受到限制的、实证主义的世界，而是恢复了一个由经验而揭示出其各种限制的世界，这个世界被那僭越它的过分行为既制造又拆解。

无疑，正是过分行为发现了性与上帝之死是拴在同一个经验上的；抑或，这如同用“一本最不合适的书”，再次向我们表明，“上帝是个娼妓”。从这个视角，与上帝相关的思想和与性相关的思想在一个相同的形式中被关联在一起，无疑，这是自萨德以来的做法，但在我们的时代却从未如此，这个时代所碰到的阻碍和困难正如巴塔耶所碰到的那样。如果有必要给出一个与性相对立的、关于性欲的确切定义，那只能是下面这个定义：一种性经验，它为了自身的目的而将打破限制与上帝之死关联在一起。“性欲可说出神秘主义永远无法说出的事情（神秘主义只要尝试去说，便力不从心）——所谓上帝，不过就是在完全低俗的存在中、在恐惧和不纯洁中，并最终在虚无中对上帝的超越，除此之外，上帝什么都不是。”[1]

由此，性之根本就是一种不受任何限制的运动（因为，

[1] Georges Bataille, *L'Erotisme*, part two:“Etudes diverses”, VII:“Preface to Madame Edwards”(1957), in *Oeuvres complètes*, vol. 3, pp.263-264 [Eroticism, trans. M. Dalwood (San Francisco: City Lights, 1986), p.269].

从其根源与总体来看，它与限制打交道），同时，关于上帝的话语，西方文化一直坚持至今——从未意识到如此不假思索地在语言中加入一个凌驾于所有词汇之上的词有何不妥，也没有清醒地意识到，这将我们放到了所有可能的语言的极限处——这从其根源上就形成了一种独特的经验：即僭越。或许，有一天，它在我们文化中的决定性作用和如同土壤之一部分的不可或缺性，将正如矛盾经验对于早期辩证法一样。但尽管有许多零星表达，那能够给僭越以表达空间和给其存在以明确阐述的语言还有待在将来才能存在。

无疑，从巴塔耶的著作中还能找到其烧焦的根部所留下的给人以希望的灰烬。

僭越是与界线打交道的行为，这界线即那个被划界区域的界线，僭越在这区域中展现它从中穿越时的闪光，或许也展现了它的整个轨迹，甚至本原。很有可能，属于僭越的整个空间就是它所逾越的界线，界线与僭越之间的对抗游戏由一简单的顽固性所调控：僭越行为无休止地逾越和再逾越那条界线，而那界线则以极端的快速关闭如此被打开的门户，于是使僭越行为再次回到那不可逾越的地平线上。但这游戏极为复杂：这些因素都处在不确定的、或确定性转瞬即逝的语境中，其结果是，每当思想试图抓住它们时，便立即失效。

界线与僭越，由于它们本身所具有的复杂性而相互依存：如果一个界线绝对无法被逾越，它将不能存在，反过来，如果僭越行为所针对的界线只是虚设，僭越也毫无意义。但是，除了被外力僭越和否定，界线有自己的生命吗？在被僭越之后，它命运如何？在此之前，又可能如何？就僭越行为来说，它是否在僭越界线的过程中已经耗尽了自己的本质、在这一点之外便什么都不是了？而这一点——这是在两种存在中的奇怪交界点，而那两种存在在它之外全然不存在，其存在全由在它之内的互相交换而取得——不也正是从它的各个方面流溢出来的所有一切吗？它的功能就在于赋予它所排除的东西以荣耀：在那无界线处突然开出界线，让自己突然被自己拒绝的内容所左右，并在这进入到自己存在之核心处的陌生完满感中感到满足。僭越行为把界线一直带到其存在的界线处，它迫使界线直面自己的内在消失，发现自己存在于自己所排斥的东西中（说得更确切一些，或许可以说，这是它第一次认清自己），在自己的堕落中体验自己正面的真实性。然而，当僭越行为释放其纯粹暴力的运动时，他的针对物除了那囚禁他的东西，那界线以及界线所包括的因素，还能是什么？受其冲击最强的是什么？其完全不受限制的存在完整性，除了属于它以暴力行为而僭越的疆界，还能属于怎样的未知领域？这是它的命运，它冲出了它所消除的界线。

于是，僭越行为与界线的关系不是黑与白、禁忌与法、外与内，或建筑外部与关闭的内部的关系，相反，它们的关系是螺旋上升性质的，不会仅因违规就被耗尽。或许，这如同黑夜闪电，从一开始就给了它所拒绝的黑夜以浓密的黑暗，然后从内部照亮黑暗，从顶端照向底部，而同时，其刺眼清晰的展现、其令人伤心而又危险不定的特性又全归功于黑暗。其闪亮消失在它以至高无上的权威所标示出来的这个空间中，在为那无法被言说的东西命名后，它便沉默了。

由于这种存在如此纯粹、如此复杂，所以，如果我们要去理解它、从它开始进行思考、在它所打开的空间进行思考，就必须将它与令人怀疑的伦理问题相隔离，必须将它从令人反感和暗中破坏的东西中解放出来，即从任何引起对之否定的关联中解放出来。僭越行为并不是要拿一个事情与另一个事情相对立，也不是借嘲讽或颠覆基础的坚实性来达到自己的目的，它并不是要将镜子的另一面，在不可见和不可逾越之外的领域，转换为一片光明。僭越行为既不是在一个分裂的世界（一个伦理的世界）中的暴力，也不是（在一个辩证或革命的世界）对各种限制的胜利，而正因如此，它的功能在于，去测量它在界线的中心所打开的过长的开口，并追索那让界线出现的闪亮疆界。僭越行为不带有任何否定因素，而是肯定受限定的存在——即肯定由它破天荒第一次所打开、并跃入其中的这个领域。但是，与此相对应，这种肯定不包括任何实证因素，它不被任何内容所束缚，因为，按其定义，没有任何界限可限定它。或许，它就是对分裂的肯定，但这个分裂不应被理解为一种一刀两断姿态、或另立山头、或测定距离，这个分裂只意味着内在于它的东西，即指出差异的存在。

或许，当当代哲学发现了非实证性的肯定之可能性时，它便开始了重新定向的过程，唯一够得上这种重新定向的操作当属康德在对“否定虚无”（nihil negativum）与“肯定虚无”（nihil privativum）相区分时所开启的转向——这种区分开辟了通达批判思想的道路。[1]这关于非肯定之肯定的哲学，换用界线测试的语言来说，我认为那就是布朗肖借助他自己的“争议”原则所界定的东西。争议并不意味着全面否定，而是对什么都不肯定的肯定，是对及物性的彻底粉碎。争议不是一个否认存在或价值的思想过程，而是将它们

[1] See Immanuel Kant's *Critique of Pure Reason* (1781), trans. and ed. Norman Kemp Smith (London: MacMillan, 1933), p.295-Ed.

全部推向其极限的行动，推向那标志着本体论意义上的确定性之终结的界线上。争议就意味着运作过程，直至到达一个空洞的核心，在此存在取得了界线，而界线又界定了存在。在这里，在被僭越的界线处，回荡着争执发出的“yes”（肯定），留下尼采的叫驴所发出的未得到回应的大叫。

因此，争议给了巴塔耶在其著作中想借各种迂回与重复来勾画出来的一种经验以形态，这便是那具有一刻也不停息地对一切进行影射（进行提问）之力量的经验，这种经验在它所出现的地方、以其最本质的形式，指出了“存在的直接性”，与这种经验最为对立的莫过于那“否认一切”的魔鬼角色，这正是魔鬼的本性。僭越行为侵入了一个星光闪耀、总被认可的世界，在这个世界，没有阴影和黄昏，没有撒旦那蛇蝎的“不”（否定）之毒牙咬进苹果而将矛盾植入其内核。这是对撒旦之否定的阳光性颠倒，它的源头是上帝，或者说，从这个由上帝划出的界线处，它打开了上帝发挥作用的空间。那就界线的存在问题而自我质疑的哲学对这样一个范畴的发现，无疑是无数的迹象之一，表明，我们所走的道路是个回归的道路，我们一天天变得更像希腊人。然而，不要将这个回归看作回归家园的希望，或重新发现了那既产生了对立、又将自然解决所有对立的原初土壤。自尼采以来，哲学在重新将对上帝的经验引进思想中心时，都清楚地意识到，哲学质疑无实证性的本原、质疑那对否定之耐性漠然视之的开口（澄明）。任何辩证运动的形式，任何对法规的分析以及它们的超验基础，都不能被用来支持对这样一种经验的思考，甚至获得这种经验。在我们的时代，界线和僭越之间的游戏，不正是对以“本原”为主题的思想的最实质性考验吗？尼采的著作从一开始就将我们贡献给这种思想形式，这也绝对是一种批判和本体论的思想形式，动机亦与之相同，是一种同时对有限性和存在所进行的理解。

是什么可能性生成了这种思想，使得从中生发出的一切，迄今为止，好像一直在转移我们的注意力，但却又似乎把我们领到了回归的界点？又是什么不可能性生成了它对我们的把握？无疑，可以说，它抵达我们，始于康德在西方哲学中发表其形而上学话语、并对我们的理性进行反思时所打开的那个开口，其方式至今仍是个谜团。然而，当康德最终将所有批判的考察都归类为一个人类学问题时，他最后关闭了那个开口。无疑，我们后来把康德的行动阐释为给了形而上学以无期限的延展期，因为辩证法用矛盾和总体的游戏替代了对存在的质疑和界线问题。把我们从辩证法和人类学的交错睡眠中唤醒，需要的是尼采悲剧中的角色，诸如酒神、上帝之死、哲学家的锤子、用鸽子的步伐逼近的超人、永恒回归。但是，为什么在今天，当我们要用话语语言保住这些角色的在场、并借助它们而保住话语语言时，却如此无能为力？为什么这个语言在它们面前几乎沉默，好像被迫放弃自己的声音，以便它们能继续找到自己的语词，好像被迫对这些语言的极端形式让步？而巴塔耶，布朗肖和皮埃尔·克罗索夫斯基正是在这些语言形式中找到他们的家园，并把这样的语言形式变成思想的巅峰。

这些经验的至高无上的权威性终究会得到认可，我们必须尝试同化它们：不是揭示其真理——用给我们设置了各种界线的词语来揭示真理，那将是一种滑稽的装腔作势——而是用作最终解放我们的语言的基础。但我们今天的任务是要把注意力集中在这个非话语语言之上，这个语言两百多年来一直在我们的文化中顽固地坚持其具有瓦解力量的存在，考察这个语言的本质，挖掘这个语言的资源便已足够，尽管这个语言统治着我们，高悬在我们之上，但它既不完整又不能完全自我掌控，这是一个在我们通常称作“性欲”感官中的有时无法调动起来的语言，就在它似乎已失去其基础时，却在一次哲学的混乱动荡中突然被激活。

在萨德的书中，把哲学话语和感官描述裹在一起的做法，无疑是复杂的建筑原理的产物。很有可能，制约着变化、持续、或主题对比的简单规则对于界定下述语言空间不合适：在这个空间，描述与展现被关联在一起，尤其是，主体即被放在各种话语中，又被放在身体的星座中。我们不妨直接说，这个空间完全被一种语言所覆盖，这个语言（即便在叙事时也）是一种话语的、（即便在什么都不指涉时，也是）直言不讳的和连贯的语言（尤其是在叙事线索从一个人物穿插到另一个人物时）：然而这又是一个没有绝对主体的语言，它从来就没有发现那个最终言说的主体，那个在讲述从查士丁在第一次冒险中宣布“哲学胜利”到朱丽亚特的尸体消解到永恒而无影无踪的故事时能够一直牢牢掌控着其言说的主体。但是，巴塔耶的语言，在其空间的中心，不断失控，于是在他无遮掩时、在他狂喜的停顿处，显现出一个可见而急切的主体，想要让语言在把控范围内，但是却发现自己被语言抛到一个他无以言说的沙滩上，精疲力竭。

在所有这些不同的比喻中，如何才能发现那我们漫不经心称作“性欲哲学”的思想形式，且在这种哲学中又有必要认可一个自康德和萨德以来对我们的文化（不是更不，而是更为）至关重要的经验——即，关于限定和存在、界线和僭越的经验？什么才是这个思想形式的合适的空间？它需要采取的是怎样的语言？无疑，还没有发展出来任何反思形式，没有任何建立起来的话语，能够为此提供模版、基础，甚至连词汇都还没有。在任何情况下，以下努力有助于解决问题吗？即，借助类比提出以下论点：正如早期辩证法给矛盾找到了语言，我们也必须要为僭越行为找到语言。但更为有效的努力应该是，尝试言说这种经验，并让它在以下这些层面进行言说，这便是，语言无能为力的深层地带，语言回避它的地带，言说主体刚刚消失了的地方，壮观景象在向上仰视的眼前突然坍塌的地方——被巴塔耶的去世而刚刚置放了他的语言的地方。我们只希望，他的去世让我们能彻底僭越他的文本，希望这些文本能够保护那些试图为关于界线的思想寻找语言的人，希望它们能被用来作为一个已经破产的计划的家园。事实上，难道我们没有借助一种语言而抓住这样一种思想的可能性吗？正是这种语言必然剥去其思想的假象，而将之引向语言的不可能性。不正是在这个界线上，语言的存在变得成问题吗？原因就在于，哲学语言从远远超越于记忆以前（或几乎如此）就与辩证法相关联，而辩证法从康德开始就能够成为哲学的形式和内在运动，借助的是对千禧之年空间的加倍重复，而哲学话语正是在这个空间发出的。我们非常清楚，引用康德总是把我们推向希腊思想的最形式主义的因素上：而这并不是重新捕捉到失去的经验，而是使我们更有可能接近非辩证法的语言。我们所生活的这个充满评论的时代，这种似乎谁也逃匿不开的对历史的加倍重复，并不表明在一个不再有新的哲学目标的领域中语言的周转率、且这些必被一种淡忘而又具有更新力的扫视所一再扫过，更确切地说，它所表明的是，哲学语言被那些找到了其王国的小说家们从其自然因素、从其原初的辩证法中驱赶出来后而表现出来的一种不合时宜和永远的缄默。如果说哲学现在被体验为一种多元化的沙漠，这并不是因为它失去了自己合适的目标和经验的新鲜性，而是因为它突然被剥夺了那有史以来就对它来说是“自然而然”的语言。我们所体验到的并不是哲学的终结，而是一个重新获得其言说并在其疆界线的边缘地带重新发现了自我的哲学——即，这样一种哲学：要么在一种被净化后的元语言中找到了自我，要么在被黑暗、被自己盲目的真理所环绕的厚重语词中找到了自我。这两种选择之间的巨大差距及其所展现的哲学消散状态，并不表明混乱，却表明一种根本的连贯性。这种分裂和真正的不相容才是实际的差距，而哲学正是从这差距的深层地带向我们言说。我们所关注的焦点正在于此。

但从这种缺场将会产生什么样的语言？而尤其是，现在谁将是那准备开始言说的哲学家？“当我们变得清醒以后，得知自己是谁了，我们将会怎样？（回答是）就会在夜晚迷失在一群懒汉之中，在那里痛恨来自他们无聊的闲谈中的虚假光明。”[1]从一个被剥去辩证法的语言中，在它所说的最核心处，同时也是在其可能性的根本之处，哲学家意识到：“我们并不是全能的。”他同时意识到，即便哲学家，也不能如一个谜一样、或如一个口齿伶俐的神一样，完全掌控他自己的语言。除发现了自我之外，他下一个发现物便是，还有一种语言存在，也在言说，而他却没有掌握，这是一种抗争的、失败的，并最终沉默的语言，一种他无能操作的语言，一种他曾经用过但现在却与之分裂的语言，一种在一个越来越沉默的空间中下沉的语言。而最重要的是，他发现了他并不是总以同一种方式安居在自己的语言中，而且也不是总在一个传统哲学主体——那个从柏拉图到尼采以来喋喋不休地言说、且其身份明确、一直未受到检验的主体——言说的定位上，已有一个空洞被挖开来，在此，言说主体的多元性被连接、又被分离，被组合、又被排斥。从讲授荷马的课程到都灵大街上疯婆子的号叫，有谁能说一直在

[1] Georges Bataille, *La Somme athéologique*, part one: *L'Expérience intérieure* (1943) (6th ed., Paris: Gallimard, 1954), Preface, p.10.

持续沿用这顽固的一成不变的语言？是那位流浪者还是他的影子？哲学家还是第一位非哲学家？查拉图斯特拉如是说？内在于他的嘲讽？还是已经被超人所说？由酒神、基督、两者和解的意象所说？还是最终由此时此地这人所说？哲学主体性瓦解，并被散发到语言中去，而这个语言既将它逐出又将它复制，而这一切全发生在一个由于主体性缺场而创造出来的空间中，这或许就是当代思想的根本性结构。再次重申，这不是哲学的终结，而是作为哲学语言的至高无上和首要形式的哲学家的终结。或许，针对那些竭力维护哲学家的语言法则功能的统一性的人——为此目的，他们不惜牺牲逻辑连贯性和哲学语言的生存本身——我们可对之以巴塔耶具有典范作用的事业：在他自己的著作中、在他的经验中、在他的语言中，每遭遇哲学主体的卓越地位，他都全力以赴、毫不留情地加以攻击，这成了他个人的痛苦，但也就是在第一个以哲学语言的言说而折射出来的痛苦中——即在散落着星辰的午夜当空，无声的语词得以诞生。“我们如同一群咩咩叫着的羊群被一个无限的牧羊人驱赶着，逃离，永无休止地从一个简约存在的恐惧中逃入总体。”[1]

[1] Bataille, *L'Expérience Intérieure*, part two: “Le Supplice”, p.54.

使我们认识到哲学主体之瓦解的还不仅只是在思想的语言中反思文本与小说文本的并置，巴塔耶对这一情形的界定更为细致：在向着不同言语层面的不断运动中，在与那开始言说的“我”的有系统的分离中；在已经在运用语言并把自己装载到语言中的那一刻；时间上的分离（“我那时正在写作”，或近似地，“现在回想起来，如果我回到这个话题”）；在将言说者与他的词语分离开来的距离的变动上（如在日记、笔记、诗歌、故事、沉思或用于展现的话语中）；在与思想或写作的假定出来的至高无上的权威的内在分离中（借助书籍、匿名文本、书的前言、脚注）。正是在哲学主体消失的核心部分，哲学语言如穿越迷宫一样开始运作，但不是为了重新捕捉它，而是（借助语言本身）来测验它消失的极限度，也即是说，它（哲学语言）运作到了界线、到了这个它生发出来的开口处，但也正在此处，它已丢失，完全淹没了自我，清空了自我，达到了如此程度，以至于成为一个空洞——一个开口，而这就是交流：“在这点上，无须阐述；随着我的狂喜的消失，我又回到了一个迷途孩子的黑夜，痛苦地渴望着延长他的狂喜，别无所求，只图耗尽一切，无法停止，直到晕眩。这是如此残酷的极乐。”[1]

这样的体验形成了与自苏格拉底以来一直支撑着西方智慧的运动正相反的运动，前者是一种哲学语言确保其主体性有着宁静统一性的智慧，且其主体性被这种哲学语言、借这种哲学语言构成后，必在其中大获全胜。但是如果哲学的语言不过是那哲学家的痛苦在其中不知疲倦地被重复、其主体性不断被抛弃的语言，那么这种智慧不仅作为哲学家的写作形式和回报来说均毫无意义，并且在终结了哲学语言的过程中作为一种不可避免的可能性而产生出来（即它发生在其上的东西——死亡之面孔，它所陨落的地方——死亡被抛入其中的空洞之处）：即疯癫哲学家的可能性。总之，这样一个哲学家的体验，他不是在他的语言之外（不是作为一次外在事故或想象操作的结果），而是在其可能性之内核处，发现了对其哲学存在的僭越；由此，界线的非辩证的语言只有在僭越那言说者的过程中才能产生。这种在僭越和存在之间的游戏对于建构哲学语言至关重要，这再生产了、并无疑生产了哲学语言。

从本质上来说，裂隙、突然的下降以及破碎的轮廓，

[1] Bataille, *L'Expérience Intérieure*, part two: “Le Supplice”, p.74.

这种奇形怪状与碎片般的语言，描绘出一个圆圈，它自我指涉，回转过来质疑自己的界线——似乎它不过就是闪烁着奇怪光亮的一盏小夜灯，标示出它产生于其中的空洞之处，而它又把它所照亮和触及的一切引向这个空洞。或许，正是这奇特的结构能够解释为什么巴塔耶给眼睛以如此顽固的威望。在他的整个生涯中（从他的第一本小说到*Les Larmes d'Éros*），眼睛都象征着内在经验，“当痛苦之极时，我轻轻地向一种愚蠢求助，一只在最高点、在我头颅的中间睁开的眼睛。”[1]这是因为，眼睛，一个环绕着黑暗的白色球体，追踪着只有视力才能穿越的设限圆圈。而那被环于中间的黑暗，那阴沉的眼核，如一个可以看见、可以照亮世界的喷泉一样喷向世界；但眼睛也把世界之光收集在眼球中，收集在那小黑点中，在那里将之运送到一个形象之明亮的黑夜中。眼睛既是镜子又是灯盏：它向他周围的世界发出光亮，同时又以一种不一定矛盾的运动，将这光亮猛然投入它井底的透明中。它的眼球具有一颗杰出的种子的扩张品质——如一鸡蛋，向黑夜和极光的中心处内爆，而这正是它，又正是它不再是的东西。它是那实施僭越自己界线之行为存在的形象。

---

[1] Georges Bataille, *L'Expérience Intérieure*, part three: “Le Bleu du ciel”, p.101.

在哲学反思中，眼睛来自于这样一种能力，即观察那变得越来越内在于自我的力量的能力，在每个监视的眼睛背后，都有一只更加明察秋毫的眼睛，这是一只如此谨慎、又如此灵活的眼睛，以至于可以说，它全能的一瞥能痛快吃掉它周围的眼白，在这只特别的眼睛后面，还有一只眼睛，在它后面，还有一只，每个都更加微妙，直至我们到达一只完全由一个洞见的纯粹透明度所构成的眼睛。这种内在运动最后停止在一个非物质的中心，在此，真理的无形的形式被创造与组合出来，这个万物之中心便是至高无上的主体。巴塔耶却把这整个方向颠倒过来：视觉，穿越眼睛的球形界线，在其存在的那个瞬间构造了眼睛；视觉在这灿烂的光束中带着它而去（一个喷射的源泉，涌流着泪水，并很快就开始流血），把眼睛掷到自身以外，将之操作到一个极限，在此，使它在自己的存在之光顷刻熄灭时突然出现，剩下的不过是一只布满血丝的小白球体，不过就是一个再无视力的法外之眼。而在那视觉曾经扫过的地方，所剩下的不过是个颅侧的凹洞，只有这只眼睛被挖出去后留下的黑色球状物被用来关闭自己的球面，取消其视力，但却赋予这缺失一道景象，即那现在限制着已死去的扫视的那无法被毁掉的内核。在由这暴力和挖眼所创造出来的距离处，眼睛被绝对看见，但却再无视力的可能：那进行哲学言说的主体被逐出，并被撵到其界限处，于是哲学语言的至高无上的权威性现在可从这个距离以外、在合法性之外的主体所留下的无尽的空洞之处得以被听到。

但是，也许，正因为被从其寻常地位强制摘除，眼睛才成就了其运作的本质一面，它被用来进行向上的运动，这个运动使它回到了头颅那夜间的、布满星辰的内里，并被用来向我们展示其通常被掩盖的表面，即白色的、盲目的一面：它在那展现自己的白色的运动中，关闭了白天（白色无疑代表着明晰，其表面代表反思，但正因为如此，它不能与之交流或对之传达）；而眼球的球形之夜被用来处理它用以闪亮所点燃的中心缺失，把它作为一个夜色而揭示出来。向上仰望的眼球所代表的既是最开放又是最有穿透力的眼睛：使它的球体开始转动，同时又保持原样，在原地不动，它彻底颠倒了日与夜，僭越了两者的界线，但结果却是，在同一条线上和在另一边又发现了它；那在眼球曾经打开的空间暂时出现的白色半球，在穿越其视域的界线时——即在它僭越这开阔地，进入那界定每个视觉之僭越的白日之光时——就如同眼睛的存在。“如果人类不迫切地闭上眼睛，他将最终无法看见那值得看的东西。”[1]

但是我们需要看的，并不包含什么内在秘密，也不会发现什么更为黑色的世界。眼睛被从其通常的位置上移位、并被转向其内在轨道后，它现在只把光亮洒向一个骨质的空洞眼窝。眼球的这种向上翻起似乎是暴露了一个“小死亡”，但更确切地说，它不过是表明了，这是它在它所应在的地方体验的死亡，即在使眼睛转动的地方的向上翻动。对于眼睛来说，死亡并不总是那升起来的地平线，而是它在其自然的定位上不断僭越的界线，这一切的发生处，就是那个生发出所有视觉的眼洞，在那里，这个界线被那允许眼睛从另一边向上翻动的狂喜运动提升为一个绝对的界线。向上翻的眼睛就在它演绎出界线和存在的关系那一刻发现了把语言和死亡系在一起的纽带，或许，它正是从这点获得了自己的威望，使得言说这种游戏的语言成为可能。因此，那些打断了巴塔耶的故事的伟大场景，总是与带有性欲色彩的死亡景观有关，在这些场景，向上翻的眼睛露出眼白界线，并在巨大、空洞的眼窝中向内翻转。*Le Bleu du ciel* 一书对此运动给予了唯一一个精确的梗概：

[1] Georges Bataille, *La Littérature et le Mal: Boudelaire* (1957), in *Oeuvres complètes* [*Literature and evil*, trans. Alastair Hamilton (London: Martin Boyars, 1973), p.40].

> 在11月初，当德国公墓到处闪着蜡烛和残烛时，叙事者与多罗斯（Dorothy）躺在林立的墓碑中，在死人堆里做爱，他周边的大地就像晴朗的夜空，且这头顶上的天空形成一个巨大的空洞眼窝，一张死亡面具，就在快感打翻了他肉体的四个球体、导致他的视觉旋转时，他从这面具中辨识出他自己无可避免的结局。多罗斯身下的大地如墓穴一样打开了，她的肚皮如一新挖掘的坟墓向我敞开。在星空下的墓地里做爱，这让我们神情恍惚。每道光线都勾勒出一个墓穴中的骷髅，并形成一个晃动的天空，正如我们合在一起的身体一样不安。我解开多罗斯的衣服，用粘在我手指上的新土把她的衣服和乳房弄脏。我们的身体如打战的牙齿一样颤动。”[1]

但是，所有这一切在一个思想体系的核心可能意味着什么？这只眼睛包括了巴塔耶所成功指出的内在经验、极端可能性、无尽的过程，或干脆就是，沉思，这样一只倔强的眼睛，其意义何在？它当然不会比笛卡尔所说的“清晰的视觉认识”或他称之为“acies mentis”的尖锐思维更形而上学。

[1] Georges Bataille, *Le Bleu de ciel* (1957), in *Oeuvres complètes*, vol. 3 (1971), pp.481-482.

其实，向上翻的眼睛在巴塔耶的语言中没有意义，也不可能有意义，因为它标示出了它的极限。它所表明的是，当语言到达其极限时，它越过了自我，爆裂开来，且当眼睛在狂喜中转回来时，语言在大笑和眼泪中挑战自我，这是哑然的和不在法律之内的献身的恐惧，在此，它始终以这种方式固定在自己的空洞的界线上，用第二语言言说，在这第二语言中，至高无上的主体的缺失勾勒出了其本质空洞，并无限地打破其话语的同一性。那回转的眼睛标示出巴塔耶哲学语言的一个地带，即那空洞，它将自己投入并迷失在那空洞中，但又从未停止在里面言说——有些像神秘主义者们或精神主义者们那内在的、透明的、闪亮的眼睛，能够标示出那祈祷的秘密语言埋藏在里面并被使之沉默的绝妙交流所梗塞的那一点。同理，但以一种颠倒的方式，巴塔耶作品中的眼睛，却标示出一个被语言和死亡所瓦解的地带，在此，语言发现自己正在僭越自己的界线——即哲学语言的非辩证法形式。

这只眼睛，是巴塔耶从中言说的地点的重要形象，借此，他破碎的语言找到了自己未被打断的领域，先于任何话语的形式而建立了在上帝之死（那转动的太阳和那向世界合上的眼皮）、对有限的体验（在死亡中向上滚动，在发现内里不过是一个空洞头颅、空洞核心时，扭曲那灭掉的光亮）

和在无能为力时而转向自我的语言之间的联系——与这种并置相等同的只能是这样一种在其他哲学中已被人熟知的联系，即视觉与真理、沉思与终极之物的联系。当这只眼睛在其转动中而一直掩盖着自己时，向这只眼睛揭示出来的是，界线的存在："我将永远不会忘记那在面对所存在和所发生的事情时要睁开自己的眼睛的意志所带来的暴力和绝妙的体验。"

或许，僭越的体验，在其将之带向完全的黑夜的运动中，阐明了有限与存在的关系，阐明了界线的这一刻，而对此，自康德以来的人类学思想只能借辩证法的语言从远处、从外部进行指认。

20世纪无疑终将发现这些相互关联的范畴：精疲力竭、过度、界线和僭越——正是这些不可改变的运动之奇怪而顽固的形式既消耗了我们又完善了我们。在一种把人看作工人和生产者的思想形式中——即18世纪末以来欧洲文化的思想形式——消费是完全建立在需求的基础上的，而需求又是完全建立在饥渴模式上的。当这一因素被引进对利益（即那些已经满足了饥渴需要的人们的胃口）所进行的研究中时，就把人放入了一种带有简单的人类学意义的生产辩证法中：如果人由于劳动和用手生产产品而与自己真正的本性和直接需要相异化，但他还能借助中介力量而重新抓住自己的本质，并取得对自己需求的无限满足。但是，如果把饥渴看作在界定工作、生产和利益时无法消解的人类学因素，那将是误导的。同样，需求的地位是完全不同的，或者说，至少它对应于一套其法则不能被限定在生产辩证法中的符码。对性的发现——即对那个萨德从一开始就将性置于其中的无限的非现实领域的发现、对我们现在所知道的对性实施禁锢的那些有体系的禁忌形式的发现、对既以性为目标又以其为工具的僭越的普遍本质的发现——以一种极为有力的方式表明一种不可能性，即，不可能把辩证法的千禧之年性质的语言赋予由性为我们形成的主要经验。

或许，性在我们文化中的出现是一个具有多元价值的事件：它与上帝之死系在一起，与因上帝之死而固定在我们思想界线上的本体论的空洞系在一起；它还与一种仍然沉默但却在摸索中的思想形式的影像系在一起，在这种思想中，对界线的考量替代了对总体的寻找，僭越行动替代了矛盾运动。最后，它还涉及用语言对语言的质疑，所采取的方式是循环性质的，借此，色情文学那“令人愤慨”的暴力不仅远远没有终结，反而从其第一句话就表现出来。性对于我们的文化只有说出来、只有在被说出来的程度上才具有决定性作用。并不是说，我们的语言两千年来被色情化了，而是说，自萨德和上帝之死以来，语言的宇宙已经吞噬了我们的性，将之解自然化，把它放到一个空洞中，它在那里建立了自己至高无上的权威，并无休止地作为法则而建立它不断僭越的界线。在这种意义上，性作为一个根本性问题而出现，这标志着一个作为工人的人类哲学向着建立在言说的存在之基础上的哲学的滑动，而因为哲学传统上历来在功能作用上次于知识和工作，所以必须承认，现在它次于语言，这不是危机迹象，而是根本的结构。倒不是说哲学现在淡化到只有重复和评论的作用了，而是说，它用语言、用僭越那携带着它让言说主体打结巴的语言而体验自我、体验自己的界线，正如巴塔耶所做的那样。在性开口说话和被说出来的那天，语言就不再作为掩盖无限的面纱了，且在它从那一天所获得的命运中，我们现在体验着有限和存在，在其黑暗的王国里，我们现在遇上了上帝缺失、我们之死、界线以及对界线的僭越。但对于那些其思想从所有辩证法语言形式中解放出来的人，正如对于巴塔耶在不止一个场合、在死一般的黑夜中体验到语言的丧失时一样，它也许是一种光明之源。“我所说的黑夜不同于思想的黑暗：黑包含着光明的暴力。是的，黑夜：那是思想的青春和陶醉。”[1]

对眼下这阻碍了哲学的“用词困难”境况，巴塔耶曾经给予全面探索，但这困境不应与由于辩证法的关闭而似乎指出的语言丧失相等同，相反，这是哲学经验实实在在深入到语言后的结果，它也是一种发现，即发现了关于界线的经验，发现了哲学必须理解它，必须以语言、以它在其中说出了不能言说的东西的运动来自我实现的方式。

或许，“用词困难”境况也界定出一个空间，这是给一个言说主体的空间，但这个主体并不表达自我，相反，他被暴露出来，去面对他的有限，并在他的每个词下都被带回到他自己死亡的现实上：总之，即被带到那个将工作转换为米歇尔·雷利斯（Michel Leiris）称作“斗牛”的地带，米歇尔·雷利斯如是说时考虑的是自己作为作家的行动，无疑，他也想到了巴塔耶。[2]无论如何，正是在一个领域（一只巨大的眼睛）的白色滩头，巴塔耶体验到了这个事实——对他的思想至关重要，并且构成他所有语言的特征——即，死亡与交流进行交流，而被挖出来的眼睛，一个白色和沉默的

[1] Georges Bataille, *Le Coupable: la divinité du rire* (1961), in *Oeuvres complètes*, vol. 5 (1973), p.354 [*Guilty*, trans. B. Boone (San Francisco: Lapis, 1988), p.108]

[2] Michel Leiris, *De la Littérature considérée comme une tauromachie* (Paris: Gallimard, 1946) [Manhood, trans. Richard Howard (London: Jonathan Cape, 1968)]

圆体，可能会在身体的黑夜变成暴力的种子，它可能会把这缺失变成在场，而性一直在言说这缺失，也正是这缺失，使得性一直无休止地言说。当牛角（那带着黑夜的恐吓而闪闪发光的刀，那对来自眼睛之黑夜的光明形象的完全颠倒）插进斗牛士的眼球，他即被扎瞎、扎死了。赛蒙娜（Simone）上演了我们期待的一幕：她吞下一个尖板条和一个剥了皮的籽儿，并将那刚刚实施了杀戮行为的光辉的男子气概归还给原初的黑夜。眼睛被归还给其黑夜，那个领域中的球体转眼向上并转动；但这也正是存在必然直接出现的时刻，且也正是在这个时刻，那僭越界线的行动触摸到了缺失："两个颜色相同、一样坚固的球体在不同的方向同时被激活。一只公牛白色的睾丸插入了赛蒙娜黑色和粉色的肉体，一只眼睛在那年轻人的头上出现了。这巧合，直到死亡都与天空的一种尿液般的液化相关联，在那一刻把马赛勒（Maecelle）给了我，在这难以捕捉的瞬间，我似乎触摸到了她。"[1]

（郭军　译）

---

[1] Georges Bataille, *Histoire de l'oeil: sous le soleil de saville*, new version, in *Oeuvres complètes*, vol. 1 (1970), appendix, p.598 [*Story of the Eye*, trans. Joachim Neugroschel (San Francisco: City Lights, 1987), pp.65-66].

《圣安东尼的诱惑》后记

编者按

本文最初是福柯为福楼拜的《圣安东尼的诱惑》（以下简称为《诱惑》）德文版所做的后记（*Die Versuchung des Heiligen Antonius,* Francfort, Insel Verlag, 1964, pp. 217-251）。后以《图书馆的幻象》为题出版了法文版，并随附复制的图版：*Cahiers de la compagnie Madeleine Renaud-Jean-Louis Barrault,* no 59, mars 1967, pp. 7-30。福柯在1970年的时候发表了本文的一个新版本。在这篇文章中，福柯将福楼拜与马奈相提并论。对马奈而言，绘画展现出美术馆的存在，对福楼拜而言，文学则展现出图书馆的存在，《诱惑》则是以一种严肃的方式与浩瀚广阔的印刷品世界建立了联系。

I

福楼拜曾三次写作、重写《圣安东尼的诱惑》：第一次在1849年——写作《包法利夫人》之前；第二次在1856年——写作《萨朗波》之前；第三次则是在1872年，撰写《布瓦尔和白居谢》之时。他于1856年和1857年出版了这部作品的一些片段。圣安东尼整整“陪伴”了福楼拜二十五到三十载——与《情感教育》的主人公一般长久。两个仿似孪生而又截然相反的人物：很可能，穿越了十几个世纪，那个仍被欲望囚困的古埃及年迈隐修士对那个18岁的少年做出了回应，后者在从巴黎到勒阿弗尔的船上为阿尔努夫人的显像所震慑。这个晚上，当弗雷德里克——其身影已然部分隐没——如同出于对乱伦的惧怕，面对他从未停止爱慕的身影转身而去之时，我们或许本应在这里重新发现那个阴翳的夜晚——被击垮的隐修士最终开始热爱生命自身的物质形式。古代世界废墟中仍然幽灵萦绕的“诱惑”变成了现代世界之散文中的“教育”。

孕育甚早的《诱惑》（可能源自一出木偶剧）影响了福楼拜的所有作品。紧邻其他文本，并居于它们身后，《诱惑》仿佛形成了一个囊括暴力、幻想、妄念、梦魇和丑角的奇异宝藏。逐步地，福楼拜将这一难以估量的宝藏转化成了《包法利夫人》中的外省灰色遐想，将其加工、雕琢成《萨朗波》中的布景，及至缩减为《布瓦尔》中的日常生活之怪诞。我们感觉到，《诱惑》对于福楼拜来说就是他的写作之梦：他本来向往的写作应该是［柔软的，光滑的，自发的，它和谐地纾解在语句的陶然之中，优美——］，但同样，它也本应终止此种样态、以便最终化为白日的清醒形式。《诱惑》存在于他所有作品之前（它最初的草样可以在《疯人回忆录》、《地狱之梦》、《死亡之舞》，特别是《斯迈尔》中找到）；它还一再重复出现——仪式、净化、练习、被拒斥的“诱惑”？——在每部作品之先。凌驾于他的所有作品之上，《诱惑》远胜过其它作品中的过度健谈、荒芜的丰富及密集的动物寓言集；并且，它从所有的文本之中退却，仿佛书写于负片之上，由此奉献出一种黯淡、呢喃的散文，而那些文本理当对此种散文进行压抑、并渐渐令其趋于沉默，以便它们自身获得朗照。［福楼拜的全部著作都是此种原初话语的烽火：它珍贵的灰烬，它黑色的、坚硬的煤块。］

Ⅱ

我们很自然地将《诱惑》理解为一种自由幻想的原型。[它之于文学，就正如博斯、勃鲁盖尔或创作《狂想曲》的戈雅曾经之于绘画。]第一批读者（或者说听众）们对于此种怪诞人物的单调行进感到厌烦："我们听到了斯芬克斯、喀麦拉、萨巴女王和巫师西蒙的话……"；还有——都是杜侃（Du Camp）之言——"惊呆了的、傻里傻气的、我甚至敢说有点愣头愣脑的圣·安东尼望着各种形式的诱惑在他面前鱼贯而行。"作者的朋友们则为他的"丰富之意象"（柯佩语），"这片明暗交错之森林"（雨果语）、"幻象之机理"（丹纳语）所倾倒。[但这还不是最怪异之处]。福楼拜自己激发了疯狂与幻想；他感觉自己正形塑梦境中坠落的大树："关闭百叶窗、拉上窗帘，身着木匠服而不是衬衫，我度过了那些下午。我咆哮！我满身是汗！这太棒了！某些时刻肯定逾越了谵妄。"当这件苦活快要了结之时："我狂躁地扎入《圣安东尼》之中，激发了一种惊惧般狂喜的享受……我的头脑从未如此亢奋。"

然而，与其说是幻想和谵妄，我们现在清楚，《诱惑》

更是一座一丝不苟的博学纪念碑。[1]为了构建异教的场景，福楼拜对提尔蒙特的《教士回忆录》、玛特的三卷本著作《诺斯替宗教史》、布索伯的《摩尼宗教史》、茹斯的《基督教神学》进行精读和整理；当然还要算上圣·奥古斯丁，还有米涅的《教父著作集》（阿塔那修斯、哲罗姆和埃比法尼乌斯）。那些神明，则是福楼拜在以下作者及著作中搜寻而来：伯努夫，安科蒂尔－杜伯隆，赫伯略特以及霍廷格，《绚丽宇宙》系列丛书，英国人莱亚德的作品，特别是克鲁泽所翻译的《古代宗教史》。为获得有关怪物的信息，他阅读了西弗雷的《畸胎学传统》、卡耶尔与马丁重新编辑的《生理学》、博阿伊斯图奥的《怪异故事集》，以及杜雷致力于植物及其“奇妙历史”的著作。关于“广延实体”的形而上沉思则是来自于斯宾诺莎的启迪。然而，这份名单远远不是全部。文本之中的某些启示性场景看似全然充满了梦样谵妄的能量：比如，那位以弗所的大戴安娜女神[2]，肩负雄狮，水果、鲜花与星辰缠结在胸前，下面还悬着一排乳房，怪兽与金牛从紧裹身体的套子中跃然而出。然而

[1] 这要归功于 Jean Seznec 的卓越研究［关于《诱惑》中的文献书目与图像志，参见 *Nouvelles Études sur la «Tentation de Saint Antoine»*, Londres, *Studies of the Warburg Institute*, t. XVIII, 1949］。——法文版注

[2] 参考中译本：《圣安东尼受试探》，李平沤译，上海三联书店 2014 年版，第 148 页。——译注

这一“幻想”，字字句句与克鲁泽的最后一卷著作的第88幅插图若合符节：细究该图版的诸种细节，就足以令福楼拜自己的文字如实呈现。而希比丽与阿提斯（懒洋洋的姿势，手肘撑着树枝，他的笛子，还有那切割出很多菱形口子的服装）[1]，我们则可以在该著作的第58幅图画里发现他们本人，［同样，］奥姆兹的肖像可在莱亚德的作品中找到，［还有，］我们不费吹灰之力就可在玛特的著作中发现奥拉伊奥斯，萨博特，阿多纳伊，克努菲斯的奖章。令我们感到惊讶的是，如此渊博的细节却留下了这样一个幻景之印象。更准确说，显而易见，这些本该属于学者的耐心，但福楼拜却将它们体验为一种谵妄想象力的生动激越。

福楼拜在这里所进行的或许是一种颇为现代的幻想实验（这在他之前鲜为人知）。在19世纪，人们发现了一个此前年代无疑从未质疑其巨大威力的想象空间。这片崭新的幻想乐土已不再是暗夜、理性之沉睡或先于欲望而敞开的不确定之空虚：正相反，是清醒、不厌倦的期待、博学的热诚与警觉的专注。如今，奇思异想诞生自印刷的黑白符号之纸面，以及闭合的书卷与齑粉中张开飞舞的被遗忘的文字；它悉心

[1]《圣安东尼受试探》，李平沤译，上海三联书店2014年版，第152页。——译注

地在消音的图书馆里舒展开来，和着层叠的书列，成排的书名与遮天蔽日的书柜，却在另一边开启着不可能的世界。想象力如今栖息于书册与台灯之间。幻想已不再附属于心灵，人们也不能期待在自然的不协调中找到它；如今它产生于精确的知识，它的丰富源自于堆叠的文献。为了做梦，人们不应像往常那样紧闭双眼，而应该开始阅读；真切的梦象产生于学识——这包括过去说过的词语、精确的校订、细微事实的累积、纪念碑的微小碎片以及对复制的复制：这些在现代的经验中拥有难以名状的力量。唯有经由重复而产生的持续喧嚣方可向我们传递只发生一次的事件。想象并非是作为真实之对立而构造出来以对其进行否定或增补；它于符号中生长，伸展于书籍之间，栖身于重述与评论之间的空隙；它诞生、成型于文本的“居间”（entre-deux）之中。堪称是一种“图书馆现象”。

儒勒·米什莱在《女巫》中、埃德加·魁奈在《阿维留斯》中都探讨了这种博学的梦幻形式。但《诱惑》并非一个渐渐演化为连贯性文艺巨制的学术计划。作为一部著作，它一开始就构成于知识领域之中：或者说，它的存在有赖于它与其他书籍的深刻关联。这点也解释了为何它也许不仅仅是西方想象史上的一段插曲；它打开了这样一片文学空间，后者唯有经由所有已写成的书的网络方可存在：书即是书的虚构。然而，我们也不应将其与《堂吉诃德》或萨德的著作相混淆，——因为前者与骑士文学、《新朱斯蒂娜》与18世纪的道德小说之间是通过反讽而维系的：哦，什么！它们仍然不过是书籍而已……然而，《诱惑》则是以一种严肃的方式与浩瀚广阔的印刷品世界建立了联系；它在被承认的书写机制中占有一席之地。它不只是一本在其他书之外新写就的书，措置并行，而更多是延展了书籍存在的空间。它盖过了其他的书，将其遮蔽，轻而易举地使得它们黯然失色甚至消失遁形。它不仅仅是福楼拜很久以来一直梦寐以求要写的书；它也是其他书的梦：所有其他的书——在梦想的，被不断梦到的，被拆碎的，被移位的，被结合的，[被疏远的，]仿佛位于遥不可及的梦境，但又被想象的满足与欲望的炽烈带至近旁。[福楼拜的《诱惑》成为了文学史上首次占据书的空间这一领域的唯一作品：]它使得马拉美及其《书》（*Le Livre*）的出现成为可能，随后还有乔伊斯、鲁塞尔、卡夫卡、庞德、博尔赫斯。图书馆失火了。

《草地上的午餐》与《奥林匹亚》或许是“美术馆”的第一批画作：在欧洲艺术史上，首次出现了这样的绘画——它们并非意在对乔尔乔涅、拉斐尔与委拉斯凯兹做出回应，而是脱离了此种特有的、显见的关联，在可辨认的参照之下，它们更是见证、宣示了绘画与自身的一种全新的［与实质性的］关系，从而展现出美术馆自身的存在，以及画作在其中所实现的存在与相互依存。与它们处于同一个时代，《诱惑》是第一部对这些生机勃勃的机制进行理解的文学著作——在这些机制之中，书籍在累积，而那些缓慢但却确实的知识的植被也在静静生长。福楼拜之于图书馆，正如马奈之于博物馆。他们都是在与此前的小说或画作之间的某种基本关系之中进行创作的——或者更确切说是相关于写作与绘画中那些保持着无限开放的维度。在档案形成之处，他们的艺术也得以建立。他们并非意在扼腕历史——逝去的青春、活力的缺席、创造力的衰颓——如此种种乃是为我们所苛责的亚历山大的时代；毋宁说，他们要使我们文化中至关重要的事实重见天日：每幅画作如今都隶属于绘画的广阔平台；每部文学著作如今都牵系于书写的无尽絮语。福楼拜与马奈，凭借艺术自身，让写作与绘画存活。

Ⅲ

书之在场，以一种奇异的方式在《诱惑》中呈现、闪避。旋即，作为书的文本已然中断。从一开始，它便反抗着那些聚集在自身之中的印刷符号，而采用了一种戏剧呈现的方式：转写为一种散文，它并非用来阅读，而是用来背诵和上演。福楼拜曾一度意图将《诱惑》改编为某种史诗剧，一出囊括宗教与神祇的宇宙的《浮士德》。他很快便放弃了这个想法；但他仍在文本之内保留了所有那些能够用来标示某种可能的表演的印记：对话和情节的分配，布景场所的描述，装饰的元素及其变换，对舞台上的“演员”动作所进行的指示——所有这一切都按照一种传统的印刷手法来安排（舞台标记的更小字体与更宽边距，角色的名字以大号的字体印在对白之上，等等）。经由一种至关重要的倍增，被标示的第一处布景——作为随后所有转换发生的场所——自身便禀有一种自然的戏剧形式：修士的归隐已被置于“险峻的高山上，半轮皎月悬在怪石嶙峋的高原之上”）；由此可被认为，这里描绘出一幕场景，它自身再现出一片由自然精心打理的“高原”（舞台），新的场景逐番来到并安置它们的布景。然而，这些征象并不陈明文本的未来使用（它们几不见容于实际的展演）；它们仅仅标画了其存在的样态：印刷品仅仅应该成为可见物的隐秘支托；潜在的观众即将占据读者的位置，阅读的行为将在一种他者目光的［胜利中］失焦。有朝一日书最终于它所创造的戏剧性中消失无形。

但是，它将很快于一个颇具戏剧性效果的场景内部重新出现。圣安东尼刚刚点燃一只火炬并打开“一本大书”来保护自己，诱惑的最初征象就显露于拖长的阴影中，令人不安的面容刺穿黑夜。这一姿势与图像学传统不无吻合：在小勃鲁盖尔的画作中——福楼拜在游览热那亚时曾如此倾心于这幅巴尔比画廊的藏品，而他也相信正是这幅画激发了写作《诱惑》的欲望——位于画布右下角的隐士跪在一部巨大的对开书册前，头部微微低垂，目光专注于字里行间。环绕于其周围的则是张开双臂的赤裸女人们，瘦长的饕餮之徒伸出了长颈鹿般的颈项，酒桶般的男人发出咆哮，不可名状的野兽们相互吞噬，与此同时，游荡在地球上的骇怪则在列队游行——主教、国王与暴君；但是所有这一切骚动，沉浸于阅读的圣徒什么都没有看到。他一无所见，若非以眼角余光瞥到的巨大喧嚣。［若非他召唤这魔书的慑人力量以求自保。］若非是拼读书写符号的含混结巴唤起了所有那些可怜的丑陋形象，它们不见容于任何语言，也不为任何书籍所接纳，并以此种无名的方式迫向书卷中那沉重的册页。若非，所有那些只能是自然之女的造物自书页的缝隙与字母的间隙处逃逸。较之理性的沉睡更为丰饶的是，书籍也许招致了无穷的怪兽。这也就意味着，非但远未开启一个保护性空间，这部大书反而释放出某种晦暗的麇集，这全然是一种可疑的晦暗，它掺杂着图像与知识的蜂拥。无论如何，这便是勃鲁盖尔画作之内所敞开的书卷之蕴意。福楼拜笔下的圣安东尼抓起书以抵御开始纠扰他的邪灵，他不经意地诵读了五段经文。然而，经由文本的狡计，即刻在夜空中传来饕餮的酒香、血腥与暴戾的气味、远胜过其黄金质地的芳香、东方女王身上罪孽的香气。正是这部书（而不是其他任何一本书）本身构成了诱惑之源。若修士诵读的第一段经文来自《使徒行传》，其余四段则汲取于《旧约》——这部上帝之书，至高无上的书。

而在这本书的前两个版本之中，诵读经文的行为显得无关紧要。直接遭到典籍中邪恶之化身形象的袭击后，隐士立即躲避到他的祈祷室中；由于受到撒旦的激惹，七宗罪在傲慢的带领之下与德行为敌，一次次发动了对受到保护的圈占地的强攻。这一传统的神秘的想象场景在公开的版本中消失了。在后者之中，邪恶也不再具显为人物，而是化身为语词。引导拯救的书同时也打开了通往地狱的大门。一系列幻影显像最终在隐士的面前展现无遗——荒淫纵欲的宫殿、酩酊大醉的皇帝、狂躁的异教徒、形骸溃散的痛苦的神明、乖张的本性——这一切景象都产生于圣安东尼打开的大书，当然实际上则是来自于福楼拜所查阅的图书馆。为了生产这一盛装舞会，我们毫不惊诧于福楼拜在此处极为妥当地舍弃了两个对称却倒置的人物：逻辑与下流（猪）的对峙在定本中消弭遁形，而代之以希拉瑞昂，这位博学的门徒，曾在安东尼亲自引导下开始阅读神圣的经文。

书的呈现——起先潜藏在戏剧的幻象之下，之后重新被提升为这样一个表演之场所（它使得这幻象不断复归于无形）——为《诱惑》建构出一个极为繁复的空间。显然，我们所见的是纸板背景装饰前那绘有色彩缤纷的角色形象的沿幕；在舞台的边缘，从某种角度看，这位戴着风帽的圣徒在此凝滞：就宛如一出木偶剧的场景。还在孩提时代，福楼拜已经常观看由勒-格朗神父在他的玩具娃娃剧院上演《圣安东尼的秘密》；后来，他引领乔治-桑登上舞台。就此种同源性来说，最初的两个版本已经保存下了明显的符号（当然有猪猡，还有戴罪的个性形象，对教堂的抨击，圣母玛利亚的形象）。在定本中，唯有视像的线性次序维持了“木偶剧”的效果：在这个几近哑默的隐修士面前，罪孽、诱惑、神性、怪物列队而出——逐个从一个地狱中脱身而出，恰似它们都曾躺在这个棺椁之中。但这里唯有一种表面的效应，它建基于一种深度的等级之上（此处，恰是平面骗过了我们的眼睛）。

为了支持这一系列相互接续的视像于似幻的现实之中建立起来，福楼拜在文本中间安插了一系列中继，以在垂直方向拓伸出对于印刷文句纯粹而简洁的阅读。我们首先拥有的是读者（1）—— 当我们阅读福楼拜的文本的时候，作为文本的实际读者，——以及映入他眼帘的书（1a）；这个文本从其第一行起（“在德巴依德……隐修士的小屋位于土坪最靠里边的地方”[1]）便邀请读者作为一名观众（2），面前是布景被悉心勾画的舞台（2a）；此处我们得见那舞台中央的老隐士（3）盘腿坐着，他很快便会起身端起他的书（3a），搅扰的幻象将会逐渐消失——爱筵、宫殿、贪得无厌的女王、以及最终那位奸诈的门徒希拉瑞昂（4）；希拉瑞昂在隐士面前展开一个幻象空间（4a），其中呈现出异教、诸神、以及莫名生物的不断繁殖（5）。但这还不是全部：异教徒讲述他们无耻的宗教仪式；诸神们回想起他们往昔的如日中天以及追忆那些奉献给他们的狂热崇拜；怪兽们则宣示自身的兽性；如是，一个新的维度自言词抑或仅仅是

[1]《圣安东尼受试探》，李平沤译，上海三联书店2014年版，第1页。

它们的在场之力量中涌现，这一景象内在于那位穷凶极恶的门徒所呈现出的世界（5a）；其中有拜蛇教（Ophite）的粗鄙仪式，阿波罗尼乌斯的神迹，佛陀的引诱，伊西斯的古老而赐福的统治（6）。作为实际的读者，我们相继遇到了五个不同的层面，语言的五种不同“机制”（régime），由重复记号（a）标记：书本、戏剧、经文、幻象，以及对幻象之幻象；同样地，也存在五种不同系列的人物、形象、风景与形式：不可见的观者、归隐中的圣安东尼、希拉瑞昂，还有那些异端、神祇与怪物，最后是源自他们的话语及记忆的阴影。

这种连续包含（enveloppements）的谋篇布局为另外两种布局所修正——或更准确说是确认和补充。首先是退行的包含：第6个层级上的形象——幻象之幻象——对于直接的感知而言理应更为苍白难解。然而，它们在这一场景中的呈现与之前的层级或圣安东尼自己一样秉有着厚度、色彩与持存：恰似这迷蒙的记忆与不可言明的欲望使得它们于最初幻象的中心诞生，且无需任何中介就能够在布景之中呈现，在隐修士与门徒展开虚构对话的背景之上、在虚拟的观众认为在近乎神秘的情节展开过程中亲眼见证的舞台之上行动。因此，最后一个层级的虚构折叠自身，包裹那些它已然孕生的形象，如此片刻间便漫过了门徒与隐士，将自身铭刻于戏剧的那种被预设的物质性之上，并由此作结。经由这一回返性的包含，最不着边际的虚构被呈现于最直接的语言机制之中：在福楼拜限定的场景标识之中，——这些标识理应从外部勾勒出人物形象。

此种布置便允许读者（1）可以看到圣安东尼（3）越过被设想的观者的肩膀（2）——他被认作是戏剧性呈现的同谋：由此使得读者认同观者的身份。至于观者，他在舞台上面看到了圣安东尼，然而他同时看到了萦绕在后者肩膀之上，［如同］呈现在隐士面前一般真切的幻影：亚历山大里亚、君士坦丁堡、萨巴女王、希拉瑞昂；观者的目光融汇于隐修士那迷离的目光之中。接下来，安东尼俯身于希拉瑞昂的肩膀之上，透过同样的目光，他看到了这邪恶门徒所激发的形象；希拉瑞昂，透过异教徒之间的对话，看到了神明的面容，听到了怪兽的咆哮，凝思那些侵扰它们的形象。因此，形象之间彼此纽结、展开为某种花饰，它逾越了人物之间的中间环节而将他们直接串接起来，［由此，它令］这些人物之身份彼此混同，并将他们各自的目光汇聚成同一个炫目的视线。

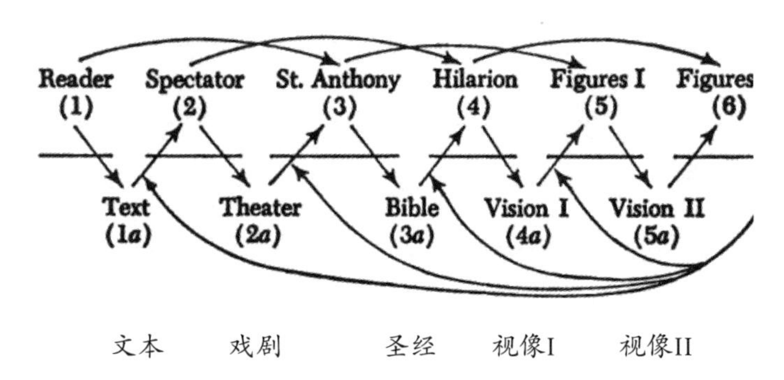

在读者与魅惑着虚幻形象的终极幻象之间的距离是巨大的：语言的机制相互隶属，彼此承继的戏剧角色面面相觑，撤退并转入“文本–再现”的更深处，在那里幻象麇集涌动。［不过］有两种运动对抗着此种距离：第一种作用于语言的诸种机制，以直接的风格将不可见者的可见性呈现出来，另一种则作用于形象，逐渐聚拢他们的目光及照耀他们的光线，切近那些最为辽远的意象、直到使它们自场景的边缘涌现而出。正是这一双向运动使得幻象真正充满诱惑：最间接、包含最深的要素带着前景的光芒呈现自身；而被他眼前景象所吸引的通灵者也冲入这一同时是空虚与满盈的空间，将自己同化于这一光影交织的形象中，并开始依次用他自己非尘世的双眼来进行观看。这些相互嵌套的幽灵般显象的深度与如实的线性呈现的人物角色之间丝毫不是对立面。毋宁说它们组成了《诱惑》的悖谬形式与特异空间的两条彼此垂直的轴线。木偶的沿幕，（在阴暗后台处彼此推搡的）形象的浓烈着色的表面，这一切都并非童年回忆或生动印象的残留：他们是一种视像与一种诱惑的合成效果，此种视像经由越来越远的、彼此承继的平面展现自身，而此种诱惑则吸引通灵者来到他已见过的场所、并骤然间将他包裹于所有那些向其呈现之幻象当中。

Ⅳ

[《诱惑》如同一种话语，其秩序之功用并非在于确立起一种单一的意义（删减其余），而是同时指定多重意义。场景的可见序列是极为简单的：年迈修士的回忆，神迹与罪孽，所有这些皆凝聚于来自东方的千年女王之形象（第一章与第二章）；接下来，辩论经文的门徒蔓生出了一系列异端邪说（第三、四章）；随后逐渐显现的神灵来到舞台上（第五章）；随着大地上的族群越来越少，在同时化身为智慧与撒旦的门徒的陪伴之下，安东尼得以返归，测度其广延，并观测怪物的无穷无尽的蔓生（第六、七章）。这可见的序列

是由以下系列情节所支撑的：]

1）《诱惑》诞生于隐士的内心；踌躇着，它召唤出隐修时的伙伴与经过的沙漠商队；随后，它扩展至更为广阔的地域：人口稠密的亚历山大里亚、被神学冲突撕扯着的东方基督教地带、被由源自亚洲的神祇所统治的地中海地带，最后则是浩淼无垠的宇宙——暗夜尽头的星辰和孕育生命的极微小细胞。但这终极性的宇宙星辰的闪烁最终只将隐士带回到了他的基本欲求的物质性原则：在抵达宇宙边界之后，这场尝试性的伟大旅程也就告一段落了。在更早的两个版本中，魔鬼向安东尼解释到，“罪孽潜藏于他内心深处，伤心居于他的头脑之中”。这些解释如今已然毫无用处：将他一直带至宇宙极点之后，诱惑的强力浪潮回到了最近的事物之上。原初的欲望被唤醒于最微小的组织体中：年迈的安东尼衰老的心重新被他一度难以控制的强烈欲求所裹挟；但是他再也体会不到铺满幻想的背面；物质生活的现实出现在他眼前。红光之下，欲望的恶灵缓缓成型。［《诱惑》的核心并未改变：或者不如说是被从顶端微妙地移至底部——从心脏到纤维、从梦境到细胞、从想象的镜面到物质现实。这些曾从内部搅扰着隐士的想象世界的事物如今变成了着魔沉思的对象；他曾一度带着恐惧驱赶它们，而如今它们诱惑并吁请一种蛰居的认同："下降至物质的深处，——变成物质。"表面上看似乎只是诱惑把孤独的隐士连根拔起并将其置于众人、众神和群兽的注视之下。事实上，沿着一条宏大的曲线，它组成若干显明的活动：向宇宙极限的渐进扩展；一条将欲望引向真相的纽带；由幻象的暴力滑移至物质的平实柔和之间的落差；一条由内心通向外部世界的通道——从彻骨的乡愁到生命的鲜活景观；将恐惧转变为对认同的欲求。]

2）坐在他的小屋门槛上面，隐士是一个被回忆所纠缠的老人：昔日，孤独没有如此痛苦，劳作没有如此乏味，河流也没有现在这么遥远。这似水流年间，他享受过自己的青春，那些聚集在喷泉边的女孩们，还有他的归隐，尤其是由自己最心爱的门徒所陪伴的日子。现实的轻微振荡如潮水般在黄昏薄暮时分一齐向他涌来，时间开始彻底倒转：首先是暮光之下在城市里嗡嗡作响的入睡前的低吟——港口、大街上的喧闹声，酒馆中劈啪作响的小手鼓；随后则是大屠杀时期的亚历山大里亚、议会中的君士坦丁堡，以及自基督教起源之时就开始对其进行冒犯的异端邪说——它们的庙宇和信众分布地从印度一直延伸到地中海。最后，那些与岁月同老的图景——天际边的星辰，无记忆的物质，绝情与死亡，盘桓的斯芬克斯，喀麦拉，仅从单纯运动中诞生的事物，生命及其虚妄。再有，超越第一个细胞——超越了这个世界的起源，生命的起点。安东尼意欲回归生命降生之前的被动阶段：由此，他的全部存在陷入沉睡，重拾天真，但又于野兽的叫唤、泉水的婉转和闪烁的星夜里再度唤醒生机。成为他者，所有一切他者：全部的认同重新建立，并通过回返循环之闭合来实现时间的原则。这就是最高的诱惑。恩加丁（Engadine）的视域切近此处。

重拾逝去的时间，每一步都由一个模糊了的形象宣示——同时是绵延与永恒，结束与起始。希拉瑞昂引导着那些异教徒——他初生如婴孩，垂暮如老者，醒来时如新生的知识，沉思时如经久的智慧。阿波罗尼乌斯引入了神祇；他知晓他们的变幻无形，他们的生和死，然而他自己立刻重返“永恒，绝对与存在”。肉欲与死亡引领众生踏着圆舞的鼓点，毫无疑问，它们勾画了终结与开端，形式的解体和万物的起源。幼虫的骨架，长生的奇术师和衰老的孩童，它们每一个在《诱惑》中都是绵延的“轮转机”（alternateur）；穿越历史，神话和整个宇宙的时间，它们确保年迈的隐士重获生命的细胞原则。宇宙之纺锤已转向背面，由此《诱惑》方得以迎接新的一天将要来到的日复一日的新异。

3）时间的复还也产生了一种对于未来的［先知性］视

野。在他无止境的回想之流中，安东尼与古老的东方想象相遇：在仿佛已然不再属于他的记忆深处，他看到了萨巴女王这一最智慧的以色列国王象征显形的诱惑。而在她的身后，他辨认出了一个朦胧的侏儒形象——既是她的仆从，也是他自己的门徒。希拉瑞昂与欲望和智慧不可分割地联系在一起：他是东方所有梦想的化身，但是他同时也通晓对于经文及其诠释的精准解读。贪婪与科学在他身上合为一体：智慧的雄心与可诅咒的知识。随着祷告文的进行这个侏儒体积不断增大；在最后一章时已然变得如同巨人，“如大天使般美丽，如太阳般光芒四射。”在宇宙的无限广延中他延展他的王国；他将是真理烛照中的魔王。作为西方思想发展的萌芽期，他最先引来无休止的神学争论；其后，他复兴了一度灰飞烟灭的古代文明及其神性；他也开创了一种对于世界的理性理解；他阐明了星宿的运行，揭示了生命的秘密力量。全部欧洲文明皆展现于这个萦绕着东方往昔的埃及文明的夜晚：中世纪及其神学，文艺复兴及其博学，现代及其关于自然与生灵的科学。《诱惑》像一个夜行的太阳：轨迹从东向西，从欲望到知识，从想象到真理，从古老的乡愁到现代科学的定论。皈依基督教的埃及、连同她的亚历山大里亚，而圣安东尼就居于亚洲与欧洲之间的原点，如同时间的褶子：

在这里，古典时代登上它那往昔的巅峰，随后土崩瓦解，令它的那些被遗忘的怪物重见天日；在这里，现代世界带着对一种无限知识的憧憬由此发轫。我们位于历史的中空。

圣安东尼的“诱惑”代表了由基督教所激发的双重幻想——过去的华丽盛景与未来的无限收获。无论亚伯拉罕的上帝，还是圣母玛利亚，或是诸美德（这在之前的版本中出现过）都未在定稿中出现；但这并不能阻止对于它们的去圣化；它们消融在那些表征其形象的人物中——佛陀，被诱惑的神祇；巫师阿波罗尼乌斯，酷似基督；伊西斯，哀痛之母。《诱惑》并不在闪烁的图像的掩饰下隐藏真实；它在真相中揭示图像的图像。基督教，即使在其原始的纯洁性中，只有为古典世界投诸阴影之上的垂死映像所形塑：那是正在诞生中的仍然晦暗的寰宇。

4）《诱惑》的两个较早的版本（1849和1856）是以七条主罪与三条神学美德，即信、望、爱之间的交战开篇的。但是这种传统神话的想象场景在后来正式出版的文本中消失了。罪恶仅仅以幻影的形式出现；至于美德，则被赋予一种秘密的存在方式，作为序列的组织原则。异教无限复生的游戏危及信仰，将其置于全能谬误的操控之下；诸神的剧痛使得他们如想象的微光般消逝，将希望转变为徒劳的企求；自然坚固的必然性与其释放出的野蛮力量将慈爱贬抑为嘲笑。三大主德被击溃了。这时圣徒从天空转身，“他俯身贴在地面上，手肘支撑着身体，屏息凝望着……枯萎的蕨类植物重新绽出花朵”。面对眼前跃动的生命细胞的景象，慈爱转变为令人目眩的好奇（“哦，幸福！哦，极乐！我看到了生命诞生，我看到了动作伊始”）；希望被转变为一种失去节制的想要融入世界强力的欲望（“我渴望着飞翔，游泳，呼喊，甚至嚎叫”），信仰则转变为与缄默的自然、与沉闷而柔软的迟钝万物相认同一致的意志。（“我想要蜷缩在全部这些形式之上，去穿透每个原子，下降至物质深处——成为纯粹物质”）。

在这本乍看起来带有些许不连贯幻想的作品之中，唯一真正具备原创性的便是其细致入微的组织谋篇。幻想无外乎文献转抄：图案抑或书籍，人物抑或文本。然而它们的次序则事实上是按照极其复杂的布局谋划的——对每个记录的元素都指派一个确定位置，并由此使它们在诸多同时性序列中显形。罪孽、异教、神圣与怪兽串行而出的可见引线也只不过是垂直雕饰结构的浅顶。这一系列前后相继的人物角色如同跳着法兰多拉舞的木偶，同时也是基督教教义之主德（信、望、爱）的三位一体；一条生于东方梦幻、成于西方知识的文化测地线；历史复回时间与万物之起点；一种延伸直至宇宙最远边界然后立刻重返生命的简单要素的空间搏动。每种要素与每个人物角色不仅在可见进程之中，而且在基督教寓言的秩序内，在文化与知识的运动中，在逆转的世界编年史中，在宇宙的空间构架中占有一席之地。

如果我们进一步指出，《诱惑》根据一种深度来展现自身，后者令各种幻象彼此包含并依照不同阶段不断推远，那么我们会看到，在话语的纹理及其系列的线条之下，书卷如此自构：每种要素（场景、人物、话语、布景之转换）都在一个线性序列的关键点上安排停当；但是它们同时也有着垂直的对应系统；它位于小说的一个确定深度之中。这也解释了为何《诱惑》乃是一部“关于书的书”：它在一个单独的“书卷”中联结了一系列从既有书籍中抽取出的语言要素，它们凭借其严格的记录性特征正是对过去所说的事物的重复；图书馆被打开，归类，筛选，重复，并在一个崭新空间中重新排列；而福楼拜归入其中的这册“书卷”也同时既体现出书的厚度（它展现出其文本的必然体现为线性的线索），又体现为一个木偶的列队游行（它向着一个彼此嵌套之幻象所构成的深处开放）。

V

《诱惑》中似乎有某些东西昭示着《布瓦尔和白居谢》——作为其怪异的阴影，它既微细琐屑的、然而又广袤无垠的复象。福楼拜刚刚完成《诱惑》，就开始了其最后一部书的写作。它含有同样的元素：一本由其他书而产生的书；对于一种文化的百科全书式的学识；于隐退状态中所体验的诱惑；延展开的冗长的试炼序列；幻象与信念之间的交互游戏。但整体构架被改变了。首先，这部“书”与所有其它书的无限系列之间的关系被改变了：《诱惑》是由语言的碎片构织起来的，它们自一系列不可见的书册中抽取出、并被转化为纯粹的视觉幻影；唯独《圣经》——卓越之书——从其文本的内部，乃至场景的中央开显出“写作”的至高呈现；它一劳永逸地宣示书的诱惑力。布瓦尔和白居谢则直接被书本所引诱，被它们无穷无尽的多样性、为图书馆灰色地带中翻滚起伏的书籍所引诱。在《布瓦尔》这部书之中，图书馆是可见的：被清点，命名和分析。它并不需要在一本书里蛊惑施魅而圣化，亦无需转化为图像。出自单一存在，它掌控从印刷品的无尽的增殖中得到的力量。

《圣经》已转化为图书馆；图像的魔力也转化为阅读的

欲望。同样，诱惑的形式也发生了变化。圣安东尼隐退到闲散的孤独状态之中；疏离于所有他者的在场：然而，不管是一座坟墓还是一个堡垒都不能提供足够的防护。隐士将所有可见的诱惑形式都驱赶了出去；但它们又咄咄逼人地杀将回来，对这位圣徒进行试探。这些形式时近时远地环绕包围着他，四处围困，而当他伸出手时又消失无踪。以至于当面对它们之时，这圣徒唯有处于全然消极的境地：他所能做的，也只有通过沾沾自喜的记忆或想像在《圣经》中探寻它们。他的全部姿势、全部悲天悯人的话、以及所有那些粗暴之举，皆在驱散着幻影，显示出他自己正在经受诱惑（图像的非现实性只有在他的心底才具有现实性）。布瓦尔和白居谢则正好相反，他们乃是不知疲倦的朝圣者：他们尝试一切、接近一切、触摸一切；将一切都当作他们的雕虫小技进行试探。如果他们像那位古埃及的僧侣一样隐退的话，这也是一种积极的隐退，一种敢作敢为的闲适：正是在此种状态之中，通过自阅读所获的巨大补益，他们召唤着与白纸黑字的铮铮真理相称的科学的极度严谨。他们想要将读到的所有东西付诸行动，而倘若此种承诺在他们面前烟消云散，恰似那些消散于圣安东尼眼前的形象，这也并非出于他们最初的举动，而是由于他们顽固不化。他们的诱惑源自于热忱。

对这两个老好人来说，被引诱意味着去相信——相信他们所读到的东西、相信他们道听途说的事物；也就是直接地、无条件地相信话语的呢喃。他们的天真耽于既说语言所打开的空间。读到的、听到的事物立刻变为要做的事情。但他们的企图心太过纯洁,以至于没有什么阻挠可以让他们改变坚实的信念［：他们并不以成功与否来衡量所认识的真理；他们并没有以行动来检验他们的信念］。灾难总是处在他们信念的辖区之外：信念始终完整无损。当他们放弃了探求，这并非意味着放弃了自己的信念，而是放弃了将信念付诸行动。他们从作品中脱离出来，只为了令人赞叹地保持对信念的信念。他们在现代社会中重演了《约伯记》中的场景：更苦恼于知识而非财富，为科学而非上帝所遗弃，他们正如约伯一般保持虔诚；他们已然达至圣人的境界。对圣安东尼而言，恰恰相反，诱惑在于看到他所不相信之物：察觉谬误与真理的混杂，与独一真神酷肖的伪神之光环，以及被无情地抛回其无垠版图和野性生命力的自然状态。吊诡的是，当这些形象被驱遣回它们所源自的阴影之时，它们也一并卷走了圣安东尼倾注于它们身上的些许信念，哪怕只有那么一瞬间——他倾注于基督教上帝的些许信念。以至于，那些与其信念深刻抵牾的幻象之消失，非但未能肯定他对其宗教的信念，反倒是一点点摧毁了、并最终剥夺了此种信念。相互杀戮间，异教徒驱散了真理；垂死的神祇于暗夜中收纳了独一真神的残破形象。安东尼的圣性被他不信之物征服；而布瓦尔和白居谢则在他们的信念的溃败处获胜。他们是真正的应选者，因而领受了圣徒被剥夺的恩典。

圣－愚之间的关联也许对于福楼拜说来是根本性的：这点在夏尔·包法利身上可资辨认；它在《一颗简单的心》中显而易见；或许，甚至在《情感教育》中也可以发现。对于《诱惑》与《布瓦尔》而言它无疑是构成性的。但这两部书却采取了两种对称与互逆的形式。布瓦尔和白居谢以“想要去做”的方式将圣性与愚蠢连接在了一起：他们梦想着变得富有、自由、食年金俸禄、拥有独立的财产来源；但一朝实现这些目的，他们便无法继续一种纯粹而简朴的存在方式，取而代之的是一件陷入无休止循环的苦活；本来应当教导他们如何去生活的书籍通过规定其义务而耗散了他们的精力——愚行与美德，圣性与愚昧，他们怀着赤诚着手将自己塑造成本来状态，将收获的念头付诸行动，终其一生，无非是默默地、以一种盲目的热情回归其本性。与此相反，圣安东尼则以“想要成为”的方式将愚蠢与圣性相联结：通过彻底麻痹感官、理智与心灵，他想要成为一位圣徒，并试图以《圣经》为中介将自身融入那些呈现于他面前的形象。正是由此，诱惑得以一点点地将他攫住：他拒绝成为异教徒，但他对于那些神祇却保有同情；他在佛陀的诱惑中认出了自身，他暗中体验希比丽的迷醉；他与伊西斯一同哭泣。然而，只有在面对物质之时，他身上的那种所见与所是相同一的欲望方才最终获胜：他想变得如同卡托布莱帕斯一般盲目、醉态、贪婪、愚蠢；他希望可以饱食终日，眼皮沉重得足以拒斥所有射入的光线。他希望变作一个“蠢货”——动物、植物或者细胞。他想要成为物质。在他思想的休眠中、还原为运动之欲望的天真中，他终于得以与万物那愚蠢的圣性融汇在一起。

就在圣安东尼即将实现自己的梦想之时，白昼复返，耶稣基督的面容被阳光所照耀：这圣徒跪下，重又开始他的祈祷。他究竟是因为战胜了那些诱惑，还是相反被它们所击败——作为惩罚，同一循环必须被无尽重复？又或者是他经由物的缄默而重归纯洁性；在重返的行进中，经由书籍的危险空间、无辜之物的搏动，他是否能成为真正的圣徒？如今他能够通过他的祈祷、他的礼拜和他的阅读来施行这他已成为的愚蠢之圣性吗？布瓦尔和白居谢也重新开始了：在试炼的期限里，他们拒绝（被迫拒绝）施行已然着手的行动来生成他们本来所是。他们如今变得完全是他们自己，也仅仅是他们自己：他们定制了一个双层大书桌，以恢复与他们真实所是之本性的关联，并再度着手那件他们不停进行了十年多的工作——着手抄录。但抄录什么？那些书，他们自己的书，每一本书，无疑也包括《布瓦尔和白居谢》：因为抄写无非就是无所事事；或者说，就是去成为那本被抄写的书，成为自我增殖的语言的微小膨胀，成为话语自身的褶皱，成为此种无形之存在、它将倏忽即逝的言语转变为无边无际的呢喃低语。圣安东尼战胜了永恒之“书”，变为纯粹物质的无言运动；布瓦尔和白居谢战胜了所有那些异于并抵制书的东西，使自身成为书之延续运动。这部由圣安东尼开启的书籍，这部令所有诱惑激昂迸发之书，被这两位天真的人无限拓展：泯灭幻象，断绝饕餮，涤除罪孽，消弭欲望。

（王德志　俞盛宙　译/姜宇辉　校）

阿克特翁的散文

编者按

原文发表于《新法兰西评论》（*La Nouvelle revue française*），第135期，1964年3月，第444-459页。克罗索斯基是福柯最喜爱的同代作家之一，他也是哲学家。福柯评论克罗索斯基研究尼采的著作同“尼采本人的著作一样伟大”。

这篇文章讨论了克罗索斯基叙述的螺旋风格，正是这语言的螺旋构成了一个复像的空间，一个拟像的空穴，文学由此既与人无关，也与符号无关。它是对同一性的坚决的终结。

皮埃尔·克罗索斯基恢复了一种失落已久的经验。如今，这种经验几乎没有什么遗迹会让我们将它想起；而那些幸存的遗迹无疑仍是谜一般的，如果它们没有在这种语言中被赋予新的生机并得以显现的话。如果它们没有从那时起开始再次地言说——这样言说：恶魔不是他者（l'Autre），不是远离上帝的另一极，不是无可（或几乎无可）依赖的反题，不是恶的物质，而是某种奇怪的、令人困惑、令人说不出话来、令人动弹不得的东西——它是相同者（le Même），是完美的相似者（le Ressemblant）。

不顾一切的否认和迫害，二神论和诺斯替主义对基督教的恶之观念产生了实质的影响：其二元的思想（上帝和撒旦，光明和黑暗，善良和沉重，巨大的斗争，一种根本的、顽固的怨恨）为我们的思想安排了无序之秩序（l'ordre des désordres）。西方基督教谴责诺斯替主义，却从中保留了一种轻巧的、大有希望的妥协形式。很长的一段时间内，基督教继续在它的幻想中开展诱惑（Tentation）的简化了的对抗：在下跪的隐士——永不衰老的物质形象——半闭着的眼睛前，一群怪异的动物从世界的裂缝中冒出。

但如果，相反地，恶魔，他者，就是相同者呢？如果诱惑不是巨大对抗的一段插曲，而是对复像（Double）的一种精妙的暗示呢？如果对抗在一个镜子的空间中展开呢？如果永恒历史（我们自身只是这个历史的一种将会很快被抹掉的可见形式）不简单地总是相同的东西，而是那个相同者的同一性（identité）呢：既是不可分离者的一种难以察觉的置换，也是它的一种拥抱？有一整套的基督教经验对这样的危险——即一个人不禁要用难以辨别者的模式来经验诱惑——了如指掌。恶魔学的争论就是由这种深刻的危险建构起来的；并且，在这种危险的侵蚀，更确切地说，激发和繁衍下，它们一再地重新开始一场无尽的辩论：过安息日就是让一个人自己屈服于恶魔，或者是让一个人自己献身于恶魔的拟像（simulacre），恶魔被上帝派给了那些没有信仰的人，目的是诱惑他们——或者被派给了那些有太多信仰的人，那些想象上帝之外有另一个神的轻信之人。把被恶魔附身的人烧死的审判者自己就是诱惑的牺牲品，他们的正义在这样的圈套中被弄糊涂了：因为着魔的人只是恶魔之虚假力量的真正图像；恶魔通过这个图像支配的不是巫师的身体，而是折磨巫师者的灵魂。也就是说，如果上帝为了扰乱那些不相信其独有之全能的人的心灵，而没有给自己换上撒旦的面孔；那么，他就会模仿恶魔，给女巫和女巫的迫害者，给那两个被定罪的形象，安排一场奇怪的联姻：所以，他们注定要进地狱，要进入恶魔的现实，进入模仿恶魔的上帝的真正拟像。在如此的扭曲和反转中，极端相似者的危险游戏翻倍了：上帝如此密切地模仿撒旦，而撒旦如此地善于冒充上帝……

为了终结同一性的这种巨大的危险——16世纪的思想不断地在它上面让自身变得“繁琐”——需要的正是笛卡尔的邪恶精灵。第三次沉思的邪恶精灵不是人身上存在的欺骗性力量的稍稍强化了的缩影，而是最相似于上帝的东西，是能够模仿上帝之全部力量，像上帝一样说出永恒真理，并且只要他愿意，就可以让2+2=5的东西。邪恶精灵是上帝的奇迹一般的孪生兄弟——只是他具有一定的恶意，这让他迅速地脱离了一切可能的存在。此后，对拟像的焦虑陷入了沉寂。人们忘了，在（新）古典时代开始之前（看一看巴洛克文学，尤其是巴洛克戏剧），这样的拟像一直是西方思想之眩晕的一大原因。人们继续关注恶，关注图像和表征的现实，关注多样性的综合。但人们不再认为，相同者可以让一个人的脑袋发晕。

由此，克罗索斯基就像是查拉图斯特拉。在基督教经验的这张有些隐晦和秘密的面孔上，他突然看到了（仿佛这是它的复像，或许是它的拟像）希腊诸神的光辉显现。在安息日现身的卑贱的山羊和悄悄滑入冷水的贞洁的女神之间，游戏颠倒了过来。在狄安娜的沐浴里，拟像在极端之亲近的逃逸，而不是在另一世界的急切闯入中，得以呈现；但疑惑是相同的，重影化（dédoublement）的风险也是如此："为了在阿克特翁面前出现，狄安娜同诸神和人之间的一个恶魔中介达成了协议。恶魔用其虚幻的身体模仿了狄安娜的神显并激发了阿克特翁想要占有女神的欲念和疯狂渴望。它成为了阿克特翁的想象和狄安娜的镜子。"阿克特翁的最终变形没有把他变成一头惨遭撕咬的雄鹿，而是把他变成了一头淫荡的、癫狂的、欣然做出亵渎之举的山羊。仿佛在神圣和亵渎的共谋中，某种希腊之光在基督教黑夜的深处闪烁。

克罗索斯基被置于两条截然不同但又十分相似的道路的交汇处，这两条道路来自相同者，或许都通向那里：它们是神学家的道路和希腊诸神的道路——尼采宣布了后者即将到来的光芒四射的回归。诸神的回归，同样，没有任何可能之分离地，意味着恶魔潜入了夜色的模糊的温暖："假如恶魔（démon）在某一天或某个夜晚闯入你最难耐的孤寂中，并对你说：'你现在和过去的生活，就是你今后的生活。它将周而复始，不断重复，绝无新意，你生活中的每种痛苦、欢乐、思想、叹息，以及一切大大小小、无可言说的事情皆会在你身上重现，会以同样的秩序降临，同样会出现此刻树丛中的蜘蛛和月光，同样会出现现在这样的时刻和我自己（moi-même）。存在的永恒沙漏将不停地转动，你在沙漏中，只不过是一粒尘土罢了！’你听了这恶魔的话，是否会瘫倒在地呢？你是否会咬牙切齿，诅咒这个口出狂言的恶魔呢？你在以前或许经历过这样的时刻，那时你回答恶魔说：‘你是神明（dieu），我从未听见过比这更神圣的话呢！’”[1]

*

克罗索斯基的经验大概就在那里，就在一个由邪恶精灵所统治的世界里；邪恶精灵还没有发现他的神，或者他会假冒上帝，或者他会是上帝本人。这个世界既不是天堂，也不是地狱，更不是灵薄狱，而是，很简单地，我们自己的世界。也就是，一个最终和我们的期待相同的世界，而我们就期待它是相同者。在相同者的这个难以察觉的分化中，一种无限的运动找到了它的诞生地。这种运动完全地陌异于辩证

[1] 我强调了“恶魔”“我自己”和“神明”这三个词。文本引自《这样一种致命的欲望》（*Un si funeste désir*, Paris: Gallimard, 1963），这本精选集包含了论尼采的十分有趣的文章并让一种关于克罗索斯基的全新的解读得以可能。（尼采的段落选自尼采，《快乐的科学》，黄明嘉译，上海：华东师范大学出版社，2007年，第317页，有改动。——译注）

法，因为它并不包含一种矛盾的证明，或包含一种先被肯定后被否定的同一性的游戏。等式A=A是由一个永无止境的内在运动激起的，这个运动让两个A中的每一个A偏离了其自身的同一性，并通过这种分化本身的行为（力量，背叛）将它们指涉向另一个A。因此，这样的肯定得不出任何的真理，但一个危险的空间被打开了，在那里，克罗索斯基的话语，他的故事，他的诱捕并被诱捕的诡计，将找到它们的语言。对我们来说，那种语言，和布朗肖、巴塔耶的语言一样，是本质性的，因为轮到它的时候，它教导我们，思想的最沉重的维度必须如何在辩证法之外发现其被照亮了的轻盈。

其实，上帝和撒旦都没有在这个空间中出现。一种严格的缺席也是它们的交缠。但他们谁也没有得到命名，或许是因为他们是“祈求者”，而不是被祈求者。那是一个狭小的、精神的领域，其中的形象都指示着某种东西。一个人在那里穿越了真实之在场的矛盾空间——惟当上帝已从世界中缺席，只留下一道踪迹和一种空虚时，那种在场才是真实的，因此，那种在场的现实就是缺席，在场在缺席中发生并在缺席中通过圣餐变体（transsubstantiation）让自身失去了现实。神居于拟像（Numen quod habitat simulacro）。

这就是为什么，克罗索斯基几乎不赞成克洛岱尔（Paul

Claudel）或杜博（Charles Du Bos）催促纪德（André Gide）转变信仰的做法；他很清楚，那些把上帝放在一端，把恶魔放在另一端，并让他们在血肉中（一个是血的神明，一个是肉的恶魔）相互斗争的人，是错误的；而纪德更接近正确：他时而靠近，时而后撤，根据他人的嘱咐，玩弄恶魔的拟像，却根本不知道，当他这样做的时候，他是恶魔的玩物、对象、工具，还是成了一个被留心而狡猾的神所选中的人。[1]或许，拯救的本质就在于，它不是用征兆来宣告自身，而是在拟像的深渊中出现。

既然克罗索斯基用他的语言描绘并赋予生命的形象都是“拟像”，那么，我们就需要在我们如今能够赋予它的共鸣中理解这个词：一个（和现实相对立的）空虚的图像，某种事物的再现（其中，这个事物代表并显现了自身，但也回撤了自身，在某种意义上隐藏了自身），一种致使人们把一个符号当作另一个符号的虚假性，一种神性之在场的记号（以及把这个记号当作其对立面的反向可能性），相同者和他者的同时到来（模仿的原本意思就是

[1] 克罗索斯基，《纪德，杜博和恶魔》（*Gide, Du Bos, et le Déomon*），见《这样一种致命的欲望》，第37—54页。《在克洛岱尔和纪德通信的边缘》（*En Marge de la correspondance de Claudel et de Gide*），《这样一种致命的欲望》，第55—58页。

一起到来）。[1]克罗索斯基所特有的极其丰富的星丛，通过这种方式，得到了建立：拟像（simulacre）、相似（similitude）、同时（simultanéité）、模仿（simulation）和掩饰（dissimulation）。

*

在语言学家看来，一个符号（signe）只有通过其他所有符号的游戏和主权，才能占有意义。它和它所意指的东西没有什么自主的、自然的或直接的关系。它的有效性不仅源于它的语境，也源于一整个虚拟的扩张，这样的扩张在一个和它相同的层面上，在一个任意散布的阵列中展开：通过这个在某一既定时刻定义了语言、由全部能指构成的集合，符号被迫说出它所说的东西。在宗教领域里，人们往往发现一个符号具有一种完全不同的结构。它通过本原物的一个深刻的附属物，通过一种圣化，说出了它所说的东西。在《圣经》里，没有一棵树，没有一株活着的或枯萎的植物，不是指向十字架的树——不是指向从第一棵树（亚当

[1] 让—弗朗索瓦·马蒙泰尔（Jean-François Marmontel）说过一句精彩的话："佯装会传达情感和思想的谎话。"（*Oeuvres*, Paris: Verdiere, 1819, vol. 10, p. 431.）

就屈服在它的脚下）中开凿出来的木材。这样一个形象被深深地叠加起来，穿透了运动的形式，它由此获得了一种奇怪的双重属性，即它不再指示任何的意义，而是指向一个模型（这个简单的东西虽然以它为复像，但也会把它改造为其自身的衍射和暂时的重复），并且和一种从不完成的显现之历史联系了起来。在这个历史中，符号总能够被指涉向一段新的插曲，而在那段插曲里，一个更加简单的简单者，一个更加原始（但在启示中秘而不宣）的模型，将会出现，把一种完全相反的意义赋予它。就这样，堕落之树在某一天成为了它曾经一直是的东西，成为了和解之树。这种类型的符号总是预言的和反讽的：它完全地悬在它所提前重复的未来上，而那个未来，反过来，也会在光天化日下重复它。它说这个，然后说那个，更确切地说，它已经说出这个和那个，而没有一个人能够知道这点。它本质上是一个拟像，同时说出了一切，并不断地模仿和它所说不同的东西。它提供了一个图像，而这个图像依赖于一个总是后退的真理：Fabula（寓言）。在它的形式中，正如在一个谜语里，它和那道将向它到来的光，也就是Fatum（命运）的一切转化，联系了起来。Fabula（寓言）和Fatum（命运）都指向了它们从中源起的最初之阐述，都指向了那个词根——拉丁语把它理解为言语，而希腊语从中进一步看到了明亮可见性的本质。[1]

无疑，有必要对符号和拟像进行一种严格的区分。它们根本不属于相同的经验，即便它们经常被恰巧叠加在一起。因为事实上，拟像没有规定任何的意义：它属于时间碎裂当中的表象秩序——月光和永恒轮回。或许，希腊宗教只知道拟像。首先是智者学派，然后是斯多葛派和伊壁鸠鲁学派，他们坚持把这些拟像阅读成符号，通过这种晚期的阅读，希腊的诸神被抹掉了。从亚历山大学派的土壤中诞生的基督教注释学，就继承了那种阐释。

在我们今日的巨大迂回中（我们试图通过这样的迂回，避开我们文化的所有亚历山大学说），克罗索斯基是这样一个人，他从基督教经验的根基中，重新发现了拟像的奇迹和深义，它们超越了昔日的游戏：意义和无意义的游戏，能指和所指的游戏，象征和符号的游戏。这无疑把一种神圣的和太阳的诱惑赋予了他的作品，只要一个人在他的作品里再次发现了尼采的冲动，即追问狄奥尼索斯和被钉上十字架的人（因为就像尼采看到的，他们是彼此的拟像）。

[1] 克罗索斯基在《尼采，多神教和戏仿》（*Nietzsche, le polytheisme et la parodie*）中指出："寓言，fabula，源自拉丁语动词 fari，意思是'预知'（prédire）和'胡言乱语'（divaguer），预知命运和胡言乱语；fatum，命运，也是 fari 的过去分词。"参见《这样一种致命的欲望》，第 181 页。——译注

在克罗索斯基的作品里，拟像的统治遵循精确的法则。形势的颠倒在一刹那发生，角色的转换几乎像侦探小说里的一样（好人变成了恶棍，死者复活，对手原来是同谋，刽子手是巧妙的营救者，相遇早被提前准备了，最平淡无奇的句子具有双重的意思）。每一次颠倒似乎都指向了一种神显（épiphanie）；但事实上，每一次发现都加深了谜团，增长了不确定性，并且，揭示一个元素只是为了掩盖其他所有元素之间的关系。但最特别也最困难的地方在于，拟像既不是事物，也不是踪迹，更不是希腊雕塑所拥有的那些美妙而静止的形式。这里的拟像是人。

克罗索斯基的世界是对象的节制；进而，这些对象仅仅构成了人与人之间的微弱联系，它们，可以说，充当了人的替身和不可靠的间隔：肖像，照片，立体视像，支票上的签名，像女人躯干的僵硬空壳一样打开的细腰紧身胸衣。另一方面，拟像之人（*Hommes-Simulacres*）大量存在：《洛贝特》（*Roberte*）[1]中只有一些，但他们在《大革命》（*La*

[1] 克罗索斯基，《洛贝特，今夜》（*Roberte, ce soir*），见《好客的法则》（*Les Lois de l'hospitalite*, Paris: Gallimard, 1965）。

Révolution）[1]，尤其是在《提词者》（*Le Souffleur*）[2]中繁衍，以至于后一个文本几乎摆脱了任何的背景，摆脱了一切能够传达可供阐释之稳定符号的物质性，只是构成了对话的一种连续的嵌合。关键在于，人作为拟像比神明的被描绘的面孔更加眩目。他们是绝对含糊的，因为他们说话，打手势，眨眼睛，晃动手指，像旗语一样突然在窗口出现（是为了发送符号，或者，是为了给人留下正发送符号的印象，而其实只是在制造符号的拟像？）。

随同这样一些角色，一个人不是面对回忆的深刻而持存的存在（êtres），而是面对被献给了一种深刻之遗忘的存在，就像尼采的那些存在，它们被献给了一种允许相同者在“回忆”中涌现的遗忘。在他们身上，一切都破碎，分裂了，一切都在一瞬间献出并撤回了自身；他们活着还是死了，几乎不重要；他们身上的遗忘监视着同一者（l'Identique）。他们不意指什么；他们模仿自身——维托里奥和冯·A，佛罗伦斯叔叔和怪物一般的丈夫，化身为K的希欧多尔；尤其是洛贝特，她在微小的、不可跨越的距

[1] 克罗索斯基，《萨德与大革命》（*Sade et la Révolution*），1939年2月，社会学学院演讲。见萨德，《全集》（*Oeuvres complètes*, Paris: Pauvert, 1962），第349—365页。

[2] 克罗索斯基，《提词者或社会戏剧》（*Les Souffleur ou le Théâtre de société*, Paris: Pauvert, 1960）。

离中模仿洛贝特，由此，洛贝特是她所是，这个夜晚（ce soir）。

*

所有这些拟像之形象（figures-simulacres）都就地旋转：浪荡子变成了检察官，神学院学生变成了纳粹军官，希欧多尔·拉卡斯的困惑的迫害者们再次在K的床边友好地围成半圈。这些突如其来的扭曲是由经验的“交替装置”（alternateur）的游戏所产生的。在克罗索斯基的小说里，这些交替装置只是曲折（péripétie）——在这个词的严格意义上：它是确保迂回（détour）和返回（retour）的东西。因此：考验-挑衅（真理之石同时也是最坏的诱惑，《天职》[La Vocation][1]里的壁画，或冯·A所指派的渎神的使命）；可疑的审讯（声称自己是之前的浪荡子的审查官，如马拉格里达，或意图不明的精神病专家）；双面的阴谋（处决罗丹医生的“抵抗”组织）。但首先，让表象发生交替的两个大型配置是好客（hospitalité）和戏剧（théâtre）：两

[1] 克罗索斯基，《被悬置的天职》（*La Vocation suspendue*, Paris: Gallimard, 1950）。

个在反向的对称中面对面的结构。

主人[hôte]（这个词已围着其内在的轴线旋转，它同时说出一个东西及其补充[1]）——主人献出他拥有的东西，因为他只能拥有他所提供的东西，也就是他眼前为所有人准备的东西。就像他们用一个极其含糊的词语说的，他是“凝视者”（regardant）。[2]秘密地，完全贪婪地，这给予的凝视（regard qui donne）获得了其快乐的部分，并以至高的权力占有了那只凝视它的东西的一个方面。但这样的凝视也有一种让自身缺席的权力，能够空出它所占据的位置，并献出它贪婪地包围的东西。因此，它的礼物是一次馈赠的拟像，只要它仅仅保存了其给予物的微弱、遥远的轮廓，可见的拟像。在《提词者》中，戏剧取代了统治《洛贝特》和《撤销》（*La Révocation*）[3]的这给予的凝视。戏剧把洛贝特的角色强加给了洛贝特，也就是说，它倾向于缩小拟像内部（在给予之凝视的影响下）打开的内心距离，倾向于让洛贝特本人占据希欧多尔（或许是K）从洛贝特身上分离出来的那个复像。但如果洛贝特以一种自然的方式扮演她的角

---

[1] 法语 hôte 的既可以指“主人”，也可以指“客人”。——译注
[2] 这个词作为形容词也可以指“吝啬的”和“细心的”。——译注
[3] 克罗索斯基，《南特赦令的撤消》（*La Révocation de l'édit de Nantes*），见《好客的法则》。

色（至少是对一个复制品而言），那么，它不再是任何东西，而只是戏剧的一个拟像；另一方面，如果洛贝特结结巴巴地念起她的台词，那么，正是洛贝特——洛贝特躲藏在假冒的女演员后面（就她不是一位女演员，而是洛贝特而言，她是糟糕的）。所以，这个角色只能由洛贝特的一个拟像来扮演，那个拟像如此地像她，以至于洛贝特自己或许就是那个拟像。因此，必要的事情在于，要么洛贝特拥有两个存在，要么两个洛贝特共享一个存在：她必须是她自己的一个纯粹的拟像。在凝视中，正是凝视者自己被重影化（直至死亡）；在假戏的舞台上，正是被凝视者（la Regardée）经历了一种不可挽回的存在之分裂。[1]

但在这整个让拟像闪现又熄灭的交替经验的大游戏背后，有一个绝对的操纵者吗，他就这样传达了谜一般的符号？在《天职》里，所有的拟像及其交替似乎围绕着一个重要的召唤被组织起来，那个召唤让自身在拟像中被人听见，或者，同样保持沉默。在后来的文本中，这个难以察觉但发出召唤的上帝被两个可见的形象取代了，更确切地说，被两个形象系列取代了。那两个形象，在同拟像的关系上，

---

[1] 在这里，一个人再次遇到了圣餐变体之真实在场的问题，但它是作为一种纯粹的形式在拟像的被剥开的游戏中出现。

既立足于相同的基础，又是完美地不平衡的。它们是重影者（déboublant）和被重影者（doublé）。一边是生死交界处的怪物们的王朝：奥克塔夫教授，或《提词者》开篇的那位“老大师”——他在一个生来就有或生后才有的镶着玻璃的广阔大厅里，操纵城郊火车站的转辙器。但这个“操纵者”真地介入了吗？它如何把情节带向高潮？它事实上是什么？大师，洛贝特的叔叔（一个有两副面孔的人），罗丹医生（一个死去又被救活的人），立体景观的狂热爱好者，脊椎按摩师（他塑造并揉捏身体），K（他偷别人的作品，或许还偷他们的妻子，如果他没有献出他自己的妻子的话）或希欧多尔·拉卡斯（他让洛贝特表演）。或洛贝特的丈夫？一个广阔的谱系学：从全能的神一直到那个在他所是的拟像（因为他，也就是K，在希欧多尔说话的时候说出了“我”）中被钉上十字架的人。但另一边，洛贝特也是拟像的伟大操纵者。她不断地用她修长、优美的手抚摸肩膀和头发，激发欲望，召回曾经的情人，解开一件用闪亮金属片装饰的紧身胸衣或一件救世军制服，把她自己献给士兵，或寻觅隐藏的不幸。无疑，正是她在所有怪物一般或凄惨可怜的人物身上碾碎了她的丈夫，她丈夫在那些人中间消散了。她是军团。不是一个总说“不”的人，相反，她不停地说

“是”。一种分叉的“是”产生了一个之间的空间，那里的每个人都在他自己的身旁。我们不要说洛贝特是恶魔，不要说希欧多尔是上帝；我们毋宁要说，一个是上帝的拟像（和上帝一样，因此也是恶魔），另一个是撒旦的拟像（和邪恶者一样，因此也是上帝）。但一个是被冒犯的审查官（可笑的符号搜寻者，顽固的、一再失落的阐释者，因为没有符号，只有拟像），另一个是神圣的女巫（她总在通往一个安息日的途中，在安息日，她的欲望徒劳地祈唤存在，因为那里从没有任何的人，只有拟像）。拟像的本质是既不容忍相信符号的注释学，也不容忍爱存在的美德。

天主教徒仔细地查看符号。加尔文教徒不信任符号，因为他们只相信上帝对灵魂的挑选。但如果我们既不是符号，也不是灵魂，而只是和我们自己一样（既不是我们作品的可见的后代，也不是被命定了的），并因此在拟像同它自身的距离中左右为难呢？如果是这样，那么，符号和人的命运就不再有什么共同的基础。南特敕令（l'édit de Nantes）会被撤消。我们会处在基督教神学之分裂所留下的空隙中。[1]

---

[1] 当加尔文教徒洛贝特为了救一个人而亵渎了一个神龛（在神龛中，真实的在场并没有对她隐藏起来）时，两只属于她自己的手突然穿过这微型的神庙，抓住了她：一个被重影化的洛贝特的拟像在符号和作品的空无中获胜。

在这荒弃的土地上（或许因为那样的抛弃，它又是富饶的），我们可以留心荷尔德林的言语：“我们是一个符号；没有意义”（Zeichen sind wir; deutungslos）[1]，或许，还可以进一步留心所有那些伟大的、转瞬即逝的拟像，它们让诸神闪耀，或如旭日，或如深夜的银钩。

所以，《狄安娜之浴》（*Le Bain de Diane*）[2]无疑是克罗索斯基的全部文本中最接近那道亮光的——虽然在我们看来它是昏暗的——而拟像就从那道光中向我们到来。在一个传说的这种注释学中，一个人遇到了一种配置，它类似于那组织了其他叙事的东西，仿佛它们都在那里找到了其伟大的神话模型：一幅宣示的壁画，就像《天职》里的那样；阿克特翁是阿耳忒弥斯的侄子，正如安托万是洛贝特的侄子；狄奥尼索斯是阿克特翁的叔叔，他也是醉酒、心碎、反复死亡和永恒神显的老大师；狄安娜因她自己的欲望而被重影化，阿克特翁则因他自己的欲望和阿耳忒弥斯的欲望而被变形。但在这个文本中（它致力于阐释一个遥远的传说和一个关于距离的神话——人因为试图接近裸体的女神而遭到惩罚），供奉（offrande）近在咫尺。在那里，身

[1] 出自荷尔德林的诗歌《摩涅莫绪涅》。——译注
[2] 克罗索斯基，《狄安娜之浴》（*Le Bain de Diane*, Paris: Pauvert, 1956）。

体是年轻的、美丽的、毫发未损的；它们带着全然的肯定，从一个身体跑向另一个身体。拟像仍在其光彩夺目的鲜活中呈现自身，而不诉诸任何的符号之谜。幻影（fantasme）是本源之光（lumière d'origine）中表象的迎接（l'accueil de l'apparence）。但这个本源，通过其自身的运动，撤入了一段不可通达的距离。沐浴的狄安娜，这个在她把自己献给凝视的那一刻滑入了水中的女神，不只是希腊诸神的一次迂回；它是那样的时刻：神圣者的完好的统一"在一个贞洁的身体中反射其神性"，由此在一个恶魔身上找到了它的重影，正是那个恶魔让她远离她自己，让她显得纯洁，同时也把她献给山羊的暴力。当神性不再于澄明之中闪耀，而在一个表象里让自身重影化（在那个表象里，它既屈服，又证明自身的清白）的时候，它就离开了神话的空间，进入了神学家的时间。诸神的可欲之踪迹在符号的神龛和模糊游戏中被汇集起来（或许还迷失了）。

在这一刻，神话的纯粹言语不再可能。那么，一个人如何把已然失落但又持存的拟像秩序转写到我们的这样一种语言里？一种必然不纯的言语，它把这样的阴影引向了光，并且，想要把河对岸的某种东西——可能是一个可见的身体，一个符号或一个存在——恢复为所有那些拟像。这如此致命的欲望（Tam dira cupido）。[1]在变形和死亡的时刻，正是这样的欲望被女神放到了阿克特翁的心中：如果你能够描述狄安娜的裸体，那就尽情地去描述吧。

克罗索斯基的语言是阿克特翁的散文：一种僭越的言语。当言语和沉默有关的时候，它们不都是僭越的吗？纪德和其他许多人一起想要把一种不纯（impur）的沉默转写到一种纯粹（pur）的语言中，他们无疑没有看到，这样一种言语只从一种更深的沉默中获得它的纯粹性，它没有命名那种沉默，但那种沉默无论如何在它里头言说——因此让它变得浑浊和不纯。[2]我们现在知道，自乔治·巴塔耶和莫里斯·布朗肖以来，语言把其僭越的权力归于一种颠倒的关系，也就是一种不纯的言语和一种纯粹的沉默的关系，并且，正是在这种不纯所模糊地掩盖着的空间中，言语能够传达这样的一种沉默。在巴塔耶那里，书写是一场未完成的谈话：一次在相反的方向上得以仪式化的圣餐变体，其中，真实的在场再一次成为了一个倾斜的身体，并发现自身在呕吐中被带回到了沉默。布朗肖的语言传达了死亡：不是为了

[1] 出自维吉尔的《埃涅阿斯纪》第6卷第721行：“为什么这些鬼魂对天光有着这如此致命的欲望？”——译注

[2] 关于言语和纯粹性，参见《乔治·巴塔耶的弥撒》（*La Masse de Georges Bataille*），出自《这样一种致命的欲望》，第123—125页。

用荣耀的词语战胜它，而是为了停留在那个俄耳普斯的维度上，在那里，因死亡而变得可能和必要的歌声，从不能直面死亡，也不能让死亡显现，因此，在一种迫使它发出永恒之喃呢的不可能性当中，它对死亡言说，并且就言说着死亡。

克罗索斯基很清楚这些僭越的形式。但在一个他独有的运动中，他对它们进行了修改：他把他自己的语言创造为一种拟像。《天职》是对一份叙事的模仿评论，而那份叙事本身就是一个拟像，因为它并不存在，更确切地说，因为它完全处在这个针对它做出的评论内部。因此，在一个单独的语言层面上，打开了同一性的内在距离，这样的距离让一种针对不可通达之作品的评论成为了可能，并且，作品也能够在那种评论内悄悄地溜走，虽然那种评论无论如何是作品的唯一存在之形式：真实之在场的神秘和相同者的谜。洛贝特三部曲是用一种至少表面上不一样的方式来处理的：日记片段，对话场景，冗长的谈话，后者似乎让言语倾斜向了一种没有任何概览的直接语言的现实性。但一种复杂的关系在这三个文本之间被确立起来。《洛贝特，今夜》已经在文本内部存在，因为文本讲述了洛贝特要对小说的一段插曲进行删改的决定。但这第一个叙述也在第二个叙述中存在，第二个叙述通过洛贝特的日志从内部对第一个叙述提出质疑；而第一个叙述随后在第三个叙述中存在，在第三个叙述中，我们看到了第一个叙述的戏剧再现的准备，那样的再现遁入了《提词者》的文本：在《提词者》里，洛贝特被人催促着用她同一的在场来激活洛贝特，她在一个不可还原的空隙中将自身重影化了。同时，第一个故事的叙述者，安托万，到了第二个故事，就在洛贝特和奥克塔夫之间分裂，然后又在《提词者》的多样性当中散开；在《提词者》里，我们无法判断，一个说话者是希欧多尔・拉卡斯，还是他的复像K：K冒充希欧多尔，试图声称自己拥有希欧多尔的作品，并发现自己最终处在了希欧多尔的位置上；说话的人还可能是那个负责转辙器的老头，他仍然是这全部语言的不可见的提词者（Souffleur）。已经死了的提词者，被人呼气的喘气者（Souffleur-Soufflé）[1]——或许是从死亡那头再次说话的奥克塔夫？

无疑，不是这些声音中的任何一个，而是它们的重叠，在给彼此“提词”（soufflent）——在其他声音的话语中暗示它们的词语，并不断地用一个运动，用一种不属于它

[1] 法语的souffleur既指戏剧里的提词者，也可以指“呼吸者”、“喘气者”。其动词形式souffler既可以指“提词”“提示”，也可以指“吹气”“喘息”，还可以指“抢夺”“取代”。——译注

的“元气”（pneuma），来激活它——但也在一种气息，在一次熄灭烛光的吹气（expiration）的意义上，进行“呼气”（soufflant）；最后，在一个人占有一件属于别人的东西（窃取他的位置，角色，地位，妻子）的意义上，采取“抢夺”（soufflant）。就这样，克罗索斯基的语言重铸了自身，在一次新叙述的螺旋中（有三次叙述，正如《提词者》封面上装饰的旋梯有三次旋转），语言悬在了它刚刚说过的东西上，言说的主体碎散为彼此提词、彼此暗示、彼此吹灭、彼此取代的声音——它让书写的行为和书写者本身散解为拟像的距离，而它就在那里自身迷失、呼吸并生存。

通常，当一个作者谈论自己作为作者的时候，他是用“日志”的告白模式来谈论；“日志”言说了日常的真理，也就是那种用朴实而纯粹的语言来表达的不纯的真理。克罗索斯基在自身之语言的这种修复，在这种不趋于任何之亲密的超离中，发明了一个拟像的空间，那无疑是当代文学的依旧隐秘的位置。克罗索斯基写下一部作品，一部罕见的有所发现的作品。在那部作品里，一个人发觉，文学既不关注人，也不关注符号，而是关注这个复像的空间，关注这个拟像的空穴，在那里，基督教被恶魔的法术所迷惑，而希腊人恐惧背着弓的诸神的闪耀在场。在相同者的远离和亲近中，我们其他人如今发现了我们的唯一语言。

（尉光吉　译）

空间的语言

编者按

本文原题为Le langage de l’espace，选自《谈话与写作》（*Dits et écrits*），第一卷，第407–412页。原文发表于1964年的《批评》（*Critique*）杂志。60年代是福柯的“文学时期”，他对当代法国文学非常感兴趣，写了许多文学评论文章。他的文学关注的焦点之一就是语言。在许多文章中，他都提到了文学语言的问题，语言不是一种再现和叙事，而是一种自我折叠起事的空间，一种有厚度的存在空间。

书写，多个世纪以来，一直和时间相一致。叙事，不管是虚构的还是真实的，既不是这种（对时间之）归属的唯一形式，也不是其最本质的形式；它甚至有可能在那个看似最好地展现了书写之深度和法则的运动中掩盖了深度和法则。在这个点上，把书写从叙事，从其线性的秩序，从时间一致性的巨大的句法游戏中解放出来，人们相信书写的行动摆脱了它对时间的古老义务。事实上，时间的严格不是通过所写的东西，而是在书写的密集层次，在建构其独一的非实体存在的东西中，将自身施加于书写的。不论书写是否向过去表达自身，不论它是否服从年代学的秩序，不论它是否让自身适用于对年代学的阐明，书写都陷入了荷马式轮回的根本曲线；那也是犹太预言之完成的根本曲线。亚历山大城，我们的诞生地，已经向所有的西方语言规定了这个圆环：书写就是回归，是回归本源，是在原初的运动中再次捕获自身；它将是每一个新的黎明。从中诞生了文学的延续至今日的神话功能，从中诞生了文学和古代的关系，从中诞生了文学赋予类比，赋予相同，赋予同一性之全部奇迹的特权：从中，首先诞生了一个指定其存在的重复的结构。

20世纪或许是这样的亲密关系瓦解的时代。尼采的轮回彻底地关闭了柏拉图回忆的曲线，而乔伊斯关闭了荷马叙事的曲线。这并不迫使我们接受空间作为长久以来被忽视了的别的可能性，而是揭示了语言是（或许成为了）一个空间的东西。在此，语言描述或穿越了空间的说法不再是本质的了。如果在今天的语言中，空间是让隐喻最痴迷的东西，这不是说空间因此提供了唯一的依赖；但正是在空间中，语言从一开始就展开了，在自身上面滑动，规定了它的选择，描绘了它的形象和转变。正是在空间中，语言传送自身，正是在空间中，语言的存在自身“隐喻化”着。

裂隙，距离，中介，散布，断裂和差异，这些不是今天的文学主题；今天的文学主题是语言在其中被给予我们并向我们到来的东西：让语言言说的东西。语言没有像言语的模式那样从事物中移除这些维度以便恢复某种相似的东西。这些维度是事物和语言本身所共有的：一个盲点，在那里，事物和词语在让它们走向其相遇点的运动中向我们到来。这个悖谬的“曲线”，如此不同于荷马的轮回或诺言之完成的形式，暂时无疑是文学的不可思者。也就是说，让文学在我们如今能够阅读它的文本中得以可能的东西。

*

罗杰·拉波特（Roger Laporte）的《监视》（*La Veille*）[1]紧紧地依附于这个既没有生气又让人敬畏的“领域”。它在这里被指定为一场折磨：一个危险，一次试用，一个有所示例但保持张裂的敞开，一种接近和一种疏远。以这种方式强加其紧迫并立刻转离的东西，不是语言。而是一个中性的主语，一个没有面孔的“它”，所有的语言都通过“它”而变得可能。书写只当“它”不在距离的绝对中回撤的时候才被给出；但当它用其极端逼近的全部重量来威胁的时候，书写就不可能了。在这个充满危险的裂隙中，既没有之间，也没有法则，更没有尺度（不再像荷尔德林的《恩培多克勒》当中的那样了[2]）。因为没有什么东西被给了出来，只有距离和守夜（la veille），守夜者守望的是尚未在那里的白日。以一种开悟的但又绝对有所保留的方式，这个“它”宣告了语言在其中言说的保持监视的距离的那一过度的、不被度量的尺度。拉波特所详细描述的作为一场过去之折磨的经验正是叙述它的语言被给出的地方；它是一个褶

[1] Roger Laporte, *La Veille,* Paris: Gallimard, 1963.
[2] Friedrich Hölderlin, *Der Tod des Empedokles*, 1798.

子，在那里，语言让它从中向我们到来的空洞的距离翻倍，并在这个被语言，只被语言，本然地监视着的距离的临近中，将自身与自身分开。

在这个意义上，亲近布朗肖的拉波特的作品，思考了文学的非思并通过一种语言的透明来接近它的存在，这种语言与其说寻求对它的结合，不如说寻求对它的接收和招待。

*

一部亚当式的小说，《诉讼笔录》（*Le Procès-Verbal*）[1]，也是一场监视，但这场监视是在朗朗白日之下。伸开四肢穿过“天空的对角线”，亚当·波洛处在一个点上，其中，时间的某个方面折叠进了另一个方面。在小说的开头，他或许是最终关押他的监狱里的一个逃亡者；或许他来自医院，那家医院的黑漆、金属和珍珠母贝就是他在结尾发现的。带着整个世界作为她头上的一个光圈攀爬向他的气喘吁吁的老妇，在疯狂的话语中，是文本开头爬上他的废弃房子的年轻女孩。在时间的这种重新折叠中，诞生了一个

[1] J. -M. G. Le Clézio, *Le Procès-Verbal*, Paris: Gallimard, 1963. 让·马·居·勒克莱齐奥，《诉讼笔录》，许钧译，上海：上海译文出版社，2008 年。

空洞的空间，一个积淀着语言的尚未被命名的距离。这个距离乃是险峻本身，在它的顶峰，亚当·波洛就像查拉图斯特拉一样：他下降到世界、大海和城镇上。当他爬回到他的洞穴里时，等待他的不是太阳的圆环，鹰和蛇的密不可分的敌人；而只有脏兮兮的白鼠，他用小刀把白鼠撕开并把它扔到荆棘上，让太阳把它烤透。亚当·波洛在一个独一的意义上是一位先知；他不宣告时间；他谈论这个把他和世界（一个“因被人观看而从他脑中向他到来”的世界）分开，并通过他的话语之潮产生矛盾的距离；当世界向他回流的时候，他就像一条逆流而游的大鱼，吞噬世界，并在一个不确定的、静止的时间内，把它封闭地持守在一个收容所的卧房里。在自身上面被封闭起来的时间如今在栅栏和太阳的这个棋盘中重新分配自己。一个棋格或许就是语言的谜题。

*

克劳德·奥利耶（Claude Ollier）的全部工作是对语言和事物所共有的空间进行调查；表面上，这样的实践让一个单纯凝视或闲逛的运动中被瓦解、恢复并加快的漫长而耐心的句子适应城镇和乡村的复杂空间。老实说，奥利耶的第一部小说，《场面调度》（*La Mise en scène*）[1]，已经揭示了语言和空间之间的一种比描述或升华更加深刻的关系：在一个地图上未标明的区域的空白圆圈中，叙事诞生了一个由事件所寓居并开垦的确切的空间，而描述事件的人发觉自己浸入其中，仿若迷失；因为叙事者拥有一个“复像”，这个“复像”本身并不在这同一个不存在的地方存在，他已被一系列和叙事者周围编织的事件等同的真实的事件所杀死：如此以致这个至今未被描述的空间只能以一种凶残的翻倍为代价才得以命名、叙述和度量；空间通过一种废除时间的“结巴”加入了语言。在《秩序的维持》（*Le Maintien de l'ordre*）[2]中，空间和语言一起诞生于凝视和复像之凝视之间的一种摇摆，凝视看见自身被窥视，而顽固、沉默的复像之凝视窥视着它并用一场持续追忆的游戏让窥视者惊讶。

《印度之夏》（*Eté indien*）[3]遵循着一个八边形的结构。横坐标轴是一辆从车篷顶部把风景的广阔区域分成两半的汽车；它是步行或乘车穿过城市的闲逛；它是电车和火车。在纵坐标轴上，有上爬，有金字塔的斜面，有摩天大楼

[1] Claude Ollier, *La Mise en scène*, Paris: Edtions de Minuit, 1958.
[2] Claude Ollier, *Le Maintien de l'ordre*, Paris: Editions de Minuit, 1961.
[3] Claude Ollier, *Eté indien*, Paris: Editions de Minuit, 1963.

的电梯，有笼罩城市的全景视野。在这些垂直线所打开的空间中，每一个合成的运动展开：凝视在转动，它投入城市的广阔区域，仿佛在研究一份计划；滑翔机队将自身驱向海湾之外然后再次落向郊区。进而，这些运动中的一些被照片、固定视点和电影片段延长、反射、退回、发出或固定了。但一切都被跟随它们，叙述它们或完成这些运动本身的眼睛所翻倍了。因为凝视绝不是中立的；它给出了一个把事物留在它们所在的地方的印象；事实上，凝视“移动”它们，把它们从其深度和层次中实质地分离出来，好让它们进入一部尚不存在并且剧本尚未确定的电影的构成。这些“视野”不被决定的，而是被“选择”的，它在不复存在的事物和尚未到来的电影之间，用语言形成了书的编织之情节。

在这个新的地方，被人察觉的东西抛弃了它的一致性，将自身从自身中分离出来，漂浮于一个空间，并且依照不太可能的组合，获得了分离它们又结合它们的凝视，如此以致它进入了这些组合的内部，爬进了这个把它们的诞生地和它们的压轴戏分开又统一起来的古怪的触摸不到的距离。叙事者进入把它们带回到电影现实（制片人和作者）的飞行器，仿佛进入了这个细长的空间，并随它，随他的凝视所确立的脆弱的距离，一起消失了：飞机坠入了一道浪潮，这道浪潮包围了这个“被移动”的空间中看到的一切事物，只把“不被凝视”的红花留在了如今平静的完美表面和我们读到的这个文本之外——这个文本是一个空间的漂浮的语言，它把自身连同其创造者一起吞噬了，但仍然并且永远一直在所有这些不再有一个声音来念出它们的词语中呈现。

*

这就是语言的权力：由空间织成的东西引出了空间，通过一种原初的敞开给予自身空间并移动空间以把它带回到语言。但它再一次献身于空间：如果不是在这个具有线条和表面的就是纸页的地方，如果不是在这个就是一本书的卷册里，它还能在何处漂浮并安置自身？米歇尔·布托（Michel Butor）已在多个场合明确地表达了这个如此可见以至于语言不加抗议就平常地包围了它的空间的法则和悖论。《圣马尔科的描述》（*Description de San Marco*）[1] 并不试图在语言中恢复能够被目光所穿越的东西的建筑模型。但它系统地，自动地，利用了附属于石头建筑的所有语言空间：语

[1] Michel Butor, *Description de San Marco*, Paris: Edition de Minuit, 1963.

言所恢复的在先的空间（壁画所阐明的神圣文本），被立刻并物质地叠加于绘画表面的空间（铭文和图例），分析并描述教堂元素的在后的空间（书的评论和指南），有些意外地抓住我们的陷入词语的邻近和相关的空间（观光游客的反思），其目光转向别处的附近的空间（对话的片段）。这些空间有其固有的铭刻之位置：手卷，墙面，书本，一个人用剪刀剪开的磁带。而这三重的游戏（长方形会堂，言语空间，及其书写的位置）根据一个双重的体系分配它的元素：通常的路线（它本身是长方形会堂空间的混乱产物，是行人的闲逛和他目光的运动），以及布托把他的文本印在上面的巨大的白纸所描绘的东西——在白纸上，词语的条带只被诗节和专栏所展示的页边空白的法则所切断。这样的安排或许把我们带回到另一个空间，也就是摄影的空间……一个巨大的建筑沿着长方形会堂的线条，但绝对不同于其石头和绘画的空间——朝向它，依附它，穿透它的墙，打开它内部埋着的词语的宝藏，把逃避它或转离它的东西发出的全部喃呢带回到它，让言语空间的游戏，在它同事物的格斗中，带着一种方法论的严格而涌现。

这里的“描述”不是一种复制，而更多的是一种破译：一丝不苟地承担对这团乱糟糟的作为事物的各式各样语言的清理，以便把每一种语言恢复到其自然的位置上并让书成为一个白色的位置，在那里，一切在描述之后可以找到铭写的一个普遍的位置。而这，无疑，就是书的存在，就是文学的对象和位置。

（尉光吉　译）

外界思想

编者按

这篇文章发表在1966年的《批判》杂志上，是对哲学家和作家莫里斯·布朗肖（Maurice Blanchot）的评论。在60年代，最吸引福柯的三个人是：巴塔耶、布朗肖和克罗索斯基（Pierre Klossowski）。在福柯去世后，布朗肖写了一篇回忆文章，《我所想象的米歇尔·福柯》（中译文见《福柯的面孔》一书）。这两篇文章后来合并成一本书*Foucault-Blanchot*（中译本《福柯/布朗肖》一书）出版。两人刻意地从未谋面。这篇文章提到的外界（outside）思想，是对内在性和中心性等思想的批判。在福柯和德勒兹的关系中，这或许是他们最为契合的概念。德勒兹提出的解域化（deterritorization）概念和游牧（nomad）概念，均与此有关。

我说谎，我讲话

在古代，这一简单主张就足以动摇希腊真理：“我说谎，我讲话”，同时，它也检验了所有的现代小说。

事实上，这些主张的效力不尽相同。众所周知，如果话语能够巧妙的向自身回折，使两个命题有所区分，使第一个命题成为第二个的命题的目标，那么埃辟曼尼底斯的论证就能够被理解。这两个命题构成一个悖论，而既然这一悖论的语法结构不能够抑制基本的二元性，那么不妨尝试避开它（尤其当这个悖论困于“我说谎”这一简单的形式时）。任一命题与它的目标命题相比都必须是一种更高的“类型”。目标命题在指定它的命题中重现；一旦克里特人开口表达自己的观点，他的真挚就会大打折扣；他也许确实在说关于谎言的谎言——比起一个直白简单事实的结果，所有这些，是一个更容易克服的逻辑障碍——言说的主体就是言说的主题。

直率地说“我说”（I speak），我没有面临任何这类危险；隐藏在这一陈述（“我说”和“我说我说的”；“I speak” and “I say that I speak”）中的两个命题绝不会彼此妥协。我被这个自我肯定的主张的难以穿透的堡垒所保护，顺便说一句，它是与自身精确一致的，只是说我在说，没有留下任何参差不齐的边，避免了所有错误的危险。既不是在被质疑的词语中，也不是在说出这些词语的主体那里，存在着一个介于目标命题和陈述它的命题间的障碍或者即将到来的迂回。因此，当我说我在说时，我在说是真的，而且是不可否认的。

但事情可能没有那么简单。尽管“我说”所处的正式的位置不会提出自己的问题，尽管它表面上明显清晰，可是它的意义却开启了一个可能具有无限质疑的领域。“我说”涉及一种支撑性话语，这种话语为它提供了一个客体。然而，这种话语正在消失；“我说”的主权只能驻留在任何其他语言的缺场中。当我说“我说”时，我所说的话语并不能使表述的赤裸性预先存在。我一陷入沉默，它就消失了。语言的任何可能性在它运行传递中都枯竭了。沙漠包围着它。在何种极其委婉的程度上，在何种细微而又单一的点上，一种语言能够聚集起来，以一种赤裸的方式，“我说”，来全力地夺回自我？除非，当然，“我说”这毫无内容的纤细被表明的空洞是一种绝对的开始，通过它，语言无休止的扩散，而同时，这主体——说话的“我”——破碎，分散，撒播，消失在裸露的空间中。如果这唯一的语言场的确是“我说”

的孤独君主，那么原则上什么也不能限制它，它所指涉的人不能，它说的真理不能，它使用的表征的价值或系统也不能。简而言之，它不再是话语和意义的交流，而是语言一种原初状态的扩散，一种纯粹外在性的伸展。说话的主体（什么持有它，使用它去主张和判断，什么借助为达到那种效果而设计的语法形式有时代表着自在本身）比起这不存在而言是一个更少责任的话语代理，而在这虚无中，语言无休止的流出仍在不间断地持续着。说话的主体不是话语（什么控制着它，什么用它去主张和判断，又是什么通过设计好的有效的语法形式借助于它时不时地自我表述）负责任的发出者，而是一个非存在，在其空无中，语言的无尽之流在不间断地持续。

人们普遍认为现代文学的特征是对折式的，这使它能够指涉自身；这种自我参照可能会允许它或者极端的内在化（仅仅陈述它本身），或者在若隐若现的距离遥远的符号中自我展现。事实上，我们严格意义上称之为“文学”的事件，只是表面上的内在化；它更是一个通往外界的问题：语言逃脱了话语存在的模式——换句话讲，再现的王朝。并且，文学话语从自身发展而来。这形成一个网络，其中每一点都是截然不同的，甚至与最近的邻居也不相同，而且在空间中拥有一个与所有其他点有联系的位置，这个空间在容纳它们的同时，又将它们区分开来。文学，只有达到了一种强烈的展示自我的程度，才是一种不断接近自身的语言，确切地说，它是一种尽可能远离自我的语言。如果它在自我的外部框架中，揭开了它自身存在的面纱，那么，这突然的明晰揭示的不是折叠，而是缝隙，不是符号向自身的回转，而是一种散播。当文学的“主题”（在文学中什么在说，文学说的是什么）不是一种肯定性的语言，而是一种虚空；当文学在赤裸裸的“我说”中自我表述时，语言将这虚空作为自己的空间。

中性空间是当代西方小说所具有的特征（这就是为什么西方小说不再是神话或者修辞学的原因）。现在需要如此仔细地思考小说——而在过去就是与思考真理相关——的原因，即是，“我说”与“我思”（I think）背道而驰。“我思”导致了对“我”及其存在不容置疑的确认；“我说”，另一方面，疏远，分散，擦去那个存在，仅仅让空闲的位置出现。关于思想的思想，整个传统要比哲学宽泛得多，它已经教会我们，思想把我们带入内在性的最深处。关于语言的语言，借助文学，也可能是其他路径，把我们带入外界，在那里，说话的主体消失殆尽。毫无疑问，这就是为什么西方思想花如此长的时间去思考语言的存在这一命题的原因：好像它早就预感到语言的裸露经验对不正自明的我思所构成的危险。

外界经验

对排除掉主体的语言的突破，对语言存在的出现和自我的身份意识这二者之间的势不两立的揭示，在文化的各个方面现在都是一种被欢呼的经验：既在简单的写作姿态中，也在使语言规范化的尝试中；既在神话研究中，也在精神分析中；也在追寻或许是西方所有理性的诞生地的逻各斯的过程中。我们站在长久以来都未被察觉的深渊边：语言的存在随着主体的消失而自为地出现。我们如何能接近这种奇怪的关系？可能通过一种思想形式，而西方文化在其边缘勾勒出这种思想仍然模糊的可能性。摆脱了主体性的思想，好像是从外部设置了其界线，表达了其终点，使其分散熠熠发光，仅仅吸纳了其难以克服的缺场。同时，它身处所有积极性的开端，但这并不是为了掌握它的根基或者理由，而是为了重新获得它的伸展空间，即，作为它的场地的虚无；它得以构成的间隔；它即刻的确定性一被瞥见，它们就会溜进其中的间隔。这种思想，与我们哲学反思的内在性和知识的积极性相关，它构成了一个短语，我们或许可以称之为“外界思想”。

可能有一天，我们需要尝试定义“外界思想”这一短语的基本形式和范式。也需要尝试按原路返回，去弄明白它从哪里来，要到哪里去。有人假设它可能来源于神秘的思想，而这一思想从伪狄俄尼索斯们所作的文本开始就已经徘徊在基督教的边界：它可能以各种否定神学的形式存在了上千年。然而，凡事都是有必然性的：尽管这种经验涉及走向“自己的外界”，但是这种情况的最终实现仍然是为了找到自己，是为了在一种令人眼花缭乱的思想内在性中自我缠绕和聚集，而这种内在性恰好就是存在与言谈，换句话说，就是话语，即便它是超越所有语言的沉默，超越所有存在的虚无。

可以谨慎地认定，萨德侯爵的反复独白不无悖论地第一次暴露了外界思想。在康德和黑格尔的时代，西方意识史无前例地对历史和世界规律的内在化提出了苛刻要求，而此时，萨德也从未停止把赤裸裸的欲望看做是毫无约束的世界规律。同一时期，荷尔德林的诗歌清楚地表明了神明的隐现，并且，为了漫长地等待“上帝陨落”后的神秘援助宣布了新的法律义务。仅就这一点而言，我们能否认为，为了迎接新世纪的到来，萨德和荷尔德林同时把外界的经验引入了我们的思想，在某种程度上这又是秘密进行的？——前者是通过把欲望暴露在话语的无尽低语中，而后者是通过发现诸神如同迷失方向一样漫步穿越语言的裂缝。之后，这种经验不会再被完全隐藏起来，因为它还无法穿透我们文化的厚度，只是漂浮于、异质于、外在于我们的内在性，任何时刻这一要求都正在被极其专制地范式化，从而内化世界，消除异化，超越异化的虚假时刻，使自然人性化，使人自然化，进而在人间重获在天国业已被消耗的财富。

19世纪下半叶，同样的经验再次出现在语言的核心位置，这变成了外界的火花，尽管我们的文化一直试图镜子般地反映自己，好像它掌握了其内在性的奥秘。同样的经验也出现在尼采的发现中：西方所有的形而上学不仅与语法相联系（自施莱格尔以来这已饱受质疑），而且与那些在谈话时掌握话语权的人相关；在马拉美时代，语言作为一种对它所命名的事物的告别而出现，尤其在以*Igitur*为开端，贯穿至*Le Livre*的偶发的戏剧风格这一阶段，语言成了说话者消失的运动；在阿尔托这里，所有的话语语言在身体和哭喊的暴力中被强行解散。而思想，抛弃了唠唠叨叨的内在意识，变成了一种物质力量、肉体的苦痛、主体本身的迫害和撕裂；

在巴塔耶这里，思想不再作为矛盾的话语或无意识，而变成了界线、破碎的主体性和僭越的话语；在克罗索夫斯基这里，思想伴随着双重经验、外在性的假象经验，和“大写的我”疯狂的戏剧性的繁殖经验。

可能，布朗肖不仅仅只是这种思想的另一个见证者。到目前为止，他已经撤回到他的作品的表现方面，因此他并没有完全被他的文本所藏匿，但也不出现在文本的存在中，他的不在场借助于文本存在的惊人力量，对我们而言，他就是这种思想自身——一种真实的、绝对遥远的、若隐若现的、无形的在场，一种不可避免的宿命，一种必然的规律，一种平静的、无穷的、可测的力量。

反思，小说

想要找到一种忠实于这种思想的语言是极为困难的。任何纯粹的反思性话语都会冒着把外界经验引入到内在性维度的风险：反思往往是不可抗拒地把它遣返到意识的一侧，并把它发展为对生活的描述，即，把“外界”描述为身体和空间的经验、意志的界限和他者无法抹掉的在场。小说的词汇同样危险：由于其形象的厚度，有时仅借助于最中性的或最轻率的角色的透明度，它会冒险将现成的意义记录下来，这些意义以一种想象的外界形式，把古老的内在性结构重新缝合在一起。

因此，反思性语言有改变的必要性。它不必指向任何内在的确认——无需指向一种中心的、坚定不移的可靠性——而是指向一种外部的边界，它必须在这个边界不断地满足自己。当语言到达自己的边缘，它所发现的不是一种与自己相互矛盾的确定性，而是要把它抹掉的虚空。它必须进入虚空，并同意在隆隆声中，在对它的所言的直接否定中，在沉默中解散——这种沉默并非秘密的近亲，而是一种纯粹的外部，在此，词在无限拆解。这就是布朗肖的语言不会运用辩证否定的原因。辨证的否定把被否定之物带入心灵令人苦恼的内在性中。像布朗肖一样，否定自己的话语就意味着把它无休止地抛到自己的外界，在任何时刻不仅剥夺它已经说过的话，而且剥夺它说话的能力。它将身处原地，落后于人，为了获得自由重新开始——这个开始是一个纯粹起源，因为它唯一的原则就是自己和虚空；但这也是重新开始，因为使虚空解脱的是把自己掏空的往昔的语言。没有反思，只有遗忘；没有矛盾，只有抹擦性的争论；没有和解，只有不断的低吟；没有对自身整体进行艰难征服的心智，只有无穷无尽的外界的侵蚀；没有最终使自己真相大白的真理，只有始终已经开始的语言的溪流和伤悲。“没有讲话，只有低语，颤动，绝非沉默，绝非虚空的深渊；在我可及的范围内，虚空的充盈，这无法使其沉默的东西，占据了所有的空间，这不受干扰的，不间断的，一种颤抖和已经开始的低语，不是低语而是讲话，不仅仅是任何的讲话，鲜明的讲话，精确的讲话。”[1]

这种对称的转换是小说的语言所要求的。它不再是一种毫不疲倦的制造形象并让它们发光的力量。确切地说，是这样一种力量：把它们拆开，减轻它们的超载，给它们灌输内部的透明性，这种透明性能够渐渐地点亮它们，直到它们爆裂，碎散在无法想象的光亮之中。布朗肖的小说不是形象本身，而是它们的转换、错位和中性的缝隙。它们是精确的；它们勾勒出的唯一画像存在于日常生活和匿名者的灰色调子中。当奇迹赶上形象时，奇迹永远不在形象自身中而是在包围着形象的虚空中、在形象被安置于其中的无根的、没有基础的空间中。假象永远不在事物或人群中，而是处在介于二者之间的不可能的逼真中——这不可能的逼真也遭遇了最遥

[1] Maurice Blanchot，*Celui qui ne m'accompagnait pas*，1953，p.125 (*The One Who Was Standing Apart From Me*, trans. by Lydia Davis，1993，pp.66-67).

远事物的临近，和处在我们最中间部位的绝对掩饰。因此，小说不在于展示不可见，而是在于展示可见物的不可见性的不可见程度。因而，它与空间有一种意义深远的关系；以这样的方式被理解，空间对小说而言如同否定对反思而言（然而辨证的否定是与时间的寓言捆绑在一起的）。毫无疑问，这就是房子，走廊，门和房间在布朗肖几乎所有的叙述中扮演的角色：无固定位置的场所，令人怦然心动的开端，封闭的被禁入的但又被暴露给风的空间，走廊上的诸多房门呈扇形展开，房门为难堪的遭遇者敞开，并在他们之间设置了鸿沟，声音无法穿过房门，房门甚至裹住了叫喊；走廊通向更多的走廊，在此，夜晚越过了睡眠，应和着说话者的窒息声，病人的咳嗽，濒死者的临终喉鸣，决绝的自杀者的喘息；一个狭长的房间，像隧道一样，在里面路径和距离——遗忘的路径，等待的距离——接近彼此，又不断地分开。

因而，反思性的耐性总是指向自己之外，而小说则在虚空中取消了自身，并且也取消了它的形式。而耐性和小说，交叉形成了一种话语，当它出现时，没有结局和形象，没有真理和戏剧，没有证据，没有面具，没有确定，摆脱了中心，没有任何本土的束缚；话语将自己的空间组成一个外界，话语向外界讲话，向外界之外界讲话。话语，作为外界的讲话——它的词语欢迎它致辞的外界——有着开放的评论：重复着在外界的持续低语。但是，话语，是一种讲话，即处在它所说的东西的外界的讲话，它是持续不断地对此的接近：那绝对脆弱之光从未接收到语言。毫无疑问，这一单一的话语存在模式——一种向毁灭和起源的充满歧义的空洞性的回归——定义了布朗肖的"小说"、"叙事"和"评论"的共同基础。话语停止追随自我内在化的思想，并向语言的存在说话，将思想交还给外界，从这一刻开始，话语变成了对经验、遭遇和不大可能的符号——关于所有语言外界的语言，关于词语隐匿一面的讲话——的小心翼翼的叙述。而且，它开始关注在语言中有什么东西已经存在，已经被说过，被留下烙印，被显示——不是倾听语言中被清晰明白地说出了什么，而是倾听词语间循环的虚空，倾听永远在拆开它的低语；一种关于所有语言的非话语的话语；有话语出现在隐匿空间中的小说。这就是为什么"小说"、"叙事"和"评论"间的区别在布朗肖的论述中不断地被弱化的原因。直到在《被遗忘的等待》中，只有语言被允许讲话——它不是任何人的所属物，既非小说也非反思，既非尚未说出的，也非已然说出的，相反，它是"在这两者之间的一个固定的开放的广阔地带，和处在潜伏状态中的事物的滞留”[1]。

被吸引的和被忽视的

毫无疑问，吸引力对于布朗肖，如同欲望对于萨德，力对于尼采，思想的物质性对于安东尼·阿尔托，僭越对于乔治·巴塔耶那样，都是纯粹的，最赤裸的外界经验。人们有必要明晓这个词标示出的意义：“吸引力”（attraction）。正如布朗肖所理解的那样，它并不依靠任何魅力。它也不会打破一个人的孤寂或者构建任何确实的交流。被吸引不是被外在的诱惑力所引诱，而是在空虚和穷困中，经历外界的真正在场，并且与在场联系紧密的情况下，遭遇了无法更改的事实：只能处在外界之外。与要求两种内在性彼此接近的想法相去甚远，吸引力傲慢地表明：外界就在那里，裸露着，没有深度，没有保护或保留（当它没有内在性时，相反，它会在任何封闭之外无限地展开，那么，它本该如何拥有这些特征呢？），但是，它也表明，不能够进入开口，因为外界永远不能屈服于它的本质。外界不能作为积极的在场呈现

[1] Blanchot, *L'Attente l'oubli*, 1962, p.162.

自己——不能作为被自己存在的确定性所内在地点亮的事物——而仅仅是作为缺场尽可能地远离自己，退缩进缺场制造的符号中，从而将其引向缺场，好像接触到缺场是有可能的。吸引力，就是这开口奇迹般的简洁，只能够提供无限的虚空，而虚空在它所吸引的人的脚下敞开；还提供向他问候的冷漠，好像他不在场似的；最后，还向他提供这太过较真而无法抗拒，太过含混而无法译解，只能进行有限的解释的沉默——在窗中，在微开的门中，在被禁入口前门卫的微笑中，在被判死刑的凝视中，只独独提供了一个女性姿势。

疏忽与吸引力之间有必然的联系，并且两者之间的关系是复杂的。一个人必须是粗心大意的，才容易被吸引——这是本质性的疏忽，是完全不在乎一个人正在做什么（在《阿米娜达》中，托马斯进入了传说中的寄宿公寓，仅仅是因为他不经意地穿过大街进入到这个房间），并且持这样的态度：一个人的过去、亲戚和整个他者的生命是不存在的，因而把他们移转到外界（不是在《阿米娜达》中的寄宿公寓，也不是在《高处》中的城市；不是在《最后一个人》中的休养院里，也不是在《在适当的时刻》的房间里，一个人才知道外面发生了什么；或者，一个人想要知道：在外面的外面是什么。这从未被描绘出来，只是不断地被缺场的空白、抽象记忆的支柱、或者顶多是透过窗户雪花的闪烁所暗示）。这种疏忽事实上是热忱的轻浮一面——即这种沉默的、不合理的、倔强的勤奋，它们不计成败地听命于吸引力的吸引，或者更确切地说，（因为吸引力没有确定性）听命于存在。这种勤奋，还置身于虚空中，置身于确定的吸引力本身的无目的的运动中。皮艾尔·克罗索夫斯基十分正确地强调《高处》中的亨利（Henry）的最后名字是索格（Sorge），尽管它在文本中只被提到了一两次。

但是，热忱总是警觉的吗？它没有犯过疏忽吗？这疏忽似乎是微小的，但事实上比起整个一生的以及先前所有的爱慕和交往的巨大遗忘而言是更加至关重要的。这不就是不知疲倦地将被吸引的人带向困惑和错误的步伐吗？“阻止，原地不动”不是必须的吗？这不正是在《不陪伴我的人》和《在适当的时刻》中被暗示了多次吗？当吸引力从自己退缩的深处迫切地对自己被撤销的事物说话时，热忱的牵挂压垮了自己、过分地怀有热忱、加快步伐、由于固执变得昏乱、朝着吸引力迈进，所有这些，不就是热忱的本质吗？变得疏忽，并且相信被隐藏之物身处异地、过去会不断地自我反复、法律应用于热忱、热忱被等待、监视和侦察，这，就是热忱的本质。谁将知道托马斯——可能是“起疑心的托马斯”应该想到的——与其他人相比是不是更相信他对自己信仰的质疑，更相信他对看与触摸的要求？当他要求恢复在场时，他在血肉之躯上触摸到的真的是他所追求的吗？照明不是让他布满的阴影像光芒一样多吗？可能，露西不是他正在寻找的人；可能，他本该质疑那个被强加给他作同伴的人；可能，他本应该沿着简单的道路，选择趋缓的斜坡，把自己抛弃在生长性的力量下，而不是试图到达顶楼寻找冲他微笑的不真实的女人？可能被呼叫的不是他，可能是在等待其他人。

所有这些不确定性，使得热忱和疏忽变成两个无限的、可逆转的图像；毫无疑问，这种不确定性把“统治房子的粗心大意”[1]作为准则。这种疏忽比起其他任何一种都是更明显的、更隐蔽的、更不确定的，但却是更基础的。疏忽中的每件事都可以被译解为一个意图的符号，秘密的勤奋，侦察或者诱捕：可能懒散的仆从是隐藏的力量；可能命运的车轮分配了很久以前就记录在书中的命运。但是现在，热忱不会将疏忽作为它阴影的必然命运包裹起来；确切地说，疏忽对掩盖它或揭示它的东西如此冷漠，以至任何附属于它的姿势都呈现了符号的价值。它对待托马斯被呼叫这件事是谨慎

[1] Blanchot, *Aminadab*, 1942, p.235.

的——疏忽在欢迎那个被吸引者，这疏忽，和吸引力的开口，是一回事。他创造的限制不单单是盲目的（这就是为什么它是绝对的，绝对的不能互补）。它是虚假的；它不约束任何人，因为它本身就被纽带所束缚，不再可能是纯粹而开放的吸引力。吸引力如何不从根本上被忽视呢——保持事物原封不动，让时间流逝、重复，让人们靠近它吗？因为它是无限的外界，因为它会掉落在它自己之外，因为它会在纯粹的散布中解散内在性的每一个形象。

一个人如何被吸引恰恰就是他如何被忽视。就此，热忱仅能由这些东西构成：对疏忽的忽视（neglecting the negligence）；变成一个勇敢的渴望疏忽的自我；在阴影的疏忽中对光芒的靠近。这靠近，直到它发现光芒本身只是疏忽、一个纯粹的与黑暗一样的外界，而黑暗，像被吹熄的蜡烛，驱散了它吸引的疏忽的热忱。

法律何在，法律何为？

疏忽和被吸引，是展示和掩饰法律的方式。它展示的是退隐——法律正是通过退隐来掩饰自己。最终，在隐藏法律的光芒中又吸引法律。

如果法律是不正自明的，而且处于核心位置，法律将不再是法律，而是意识甜蜜的内在性。另一方面，如果它在文本中出现，如果在一本书的字里行间译解它是可能的，如果它处在能被查询的登记册中，那么，它将具有外部事物的牢固性——遵守或者违背它将成为可能。那么它的权力将归于何处，它依靠什么力量和声望获得尊重？事实上，法律的在场就是它的隐藏。权威地讲，法律常在城市、公共机构、行为和姿势中出没；一个人无论做什么，无论秩序混乱、粗心大意到何种程度，法律已经显示了它的威力："在每一刻，房子都排列得井然有序。"[1]放任自由不足以妨碍法律；你可能会认为你已经远离了法律，能够从外面观察它的运作。你相信能够从远处读懂它的法令，而且这些法令只适用于其他人；此时此刻，就是你最接近法律的时刻；你让法律传播，"努力实施公共法令"[2]。然而，永久的展示永远不能阐明法律说什么或者所想要什么——法律不是行为的原则或内部规定。它是包裹行动的外界，由此把这些行动从所有的内在性那里消除；它是超越行动边界的黑暗：没有人知道，包围着行动的空虚把行动的奇异变成宇宙单调乏味的灰

[1] Blanchot, *Aminadab*, 1942, p.122.
[2] Blanchot, *Le Très-haut*, 1948, p.81.

色，并且在它们周围打开了忧虑、不满、热情倍增的空间。

关于僭越。不激怒法律，不追赶其至隐秘之处，也不断然地更进一步进入它总是退隐于其中的外界，在这样的情况下，一个人如何知道法律，真正体验它，如何迫使它进入眼帘，清晰地实施它的威力，让它说话？除非法律已经变成了其对立面，即惩罚，不然一个人如何看到它的不可见性，毕竟，惩罚仅仅是自己身旁被超越、被激怒的法律。但是，如果违法者的武断行动就能招致惩罚，那么法律就将处在他们的控制之下：他们就能够触摸它，让它任意出现；他们就变成了法律阴影和光芒的主人。这就是为什么僭越竭尽全力超越禁令从而有意把法律吸引到自己身边的原因；它总是屈从于法律本质性的退隐所具有的吸引力；它固执地进入一种无法战胜的不可见性的开口之中；它疯狂地努力让法律显身，从而能够用自己发光的脸崇敬它、赞许它；它最终所作的是在它薄弱之处重新加强法律——这薄弱即是夜晚的光，即无法征服的，无法触摸的实体。法律是每一种姿势必须接近的阴影；它自己是前行姿势的阴影。

《阿米娜达》和《高处》形成了折合式双连画，两者分别分布在法律不可见性的两侧。在前一部小说中，托马斯进入（被吸引，被呼叫，可能是被选择的，尽管被限制跨过许多禁入的门槛）的陌生的寄宿公寓似乎屈从于一部未知的法律——它的接近和缺场被敞开的门持续地记起，并且被分配空白的巨大车轮或者无法破译的命运，以及顶楼的悬垂部分所禁止，而这吸引力起源于悬垂部分，匿名的秩序也从此跌落，但是没有人可以接近它。一些人决定追踪法律进入它的巢穴的那一天就是他们感受到他们身处之地单调乏味的那一天，同样也遇到了暴力、血、死亡和坍塌，最终是顺从、绝望和主动的、致命的从外界的消失；因为法律的外界是如此难以接近，以至于任何试图征服和了解它的人都不会遭受惩罚——这是由于惩罚是最终受到限制的法律——而是陷入外界的外界，陷入一切最深远的遗忘。“仆人”服务什么——仆人就是那些警卫和服务员，不像“寄宿者”一样，他们“属于这所房子”，并且必须代表法律，实施它，以及默默地屈服于它——对任何人而言都是不得而知的，甚至对他们自己而言也是一样。（他们服务这所房子或者客人们的意志吗？）据说，他们甚至可能是先前的住宿者，后来变成了服务人员。他们同时具有热忱和冷漠，醉态和专注，睡眠和不知疲倦的活动，邪恶和关心的孪生角色：掩饰隐藏之物，展现隐藏之物。

在《高处》中，法律自己（在一定程度上像《阿米娜达》中的顶楼，与其他任何法律一样具有单调乏味的相似性和精确的同一性）在基本的隐藏中显示出来。亨利·索格（“在乎”法律，法律的“在乎”：一个人对法律感到担忧，并且法律也忧虑那些已经处在法律庇荫下的人，甚至，尤其是当他们想要逃避法律时）是一个官僚。他在市政厅极重要的统计部门工作；他只是奇特的机器上的小齿轮，这台机器将个体的存在变成了机构；他是法律的第一个形式，因为他把每一次出生都变成了档案。但之后他放弃了职责（但这是真的放弃吗？他去度假了，并延长了假期——非正式的，这是真的，但却与管理部门合谋，心照不宣地安排了这种基本的懒散），这准退休状态——它是因还是果呢？——足以把每个人的生活方式打乱，并且为了死亡而发动一场统治，这统治不再是市政登记这样的分类统治，而是像流行病蔓延那样不名誉的、传染的、匿名的统治；这死亡不是减少或确认的真正死亡，而是薄雾蒙蒙的停尸间，在那里没有人知道谁是医生谁是病人，谁是警卫谁是受害者，无论是监狱还是医院，是安全的房子还是邪恶的要塞。所有的水坝都已决堤，一切都溢出了坝界——水位不断上涨的王朝，有问题的潮湿的，渗漏着的，溃疡的和呕吐着的王国——个性的消失；流汗的躯体融入了墙体；没完没了的尖叫制造的噪音穿透了捂着它们的手指。然而，索格离开了国家机关，在那里他曾负责安排他人的生活方式，他不会僭越法律；相反，他迫使法律在他放弃职位之处显示自己的存在。事实上，这样的行动提升了法律，通过这样的运动他抹除自己异常的存在，并把它从法律的普遍性中消除；通过这样的行动，他服务于法律，展示了法律的完美，“效劳”于法律，然而同时又把法律与自己的消失联系在一起（一定意义上，这种联系就是以布克斯（Bouxx）和多特（Dorte）为典型的僭越生活方式的反面）；他已经和法律合二为一。

法律只能够通过退隐来回应这种挑衅——不是通过退入更加深沉的沉默，而是通过保持自己的身份不变。一个人当然能够投入开放的虚空中——阴谋能够孵化，蓄意破坏的流言能够扩散，纵火和谋杀能够替代最郑重其事的秩序；当法律正好覆盖那些试图推翻它的东西时，此时此刻，法律的秩序至高无上。任何为了建立新秩序、再次组织治安力量、建立一个新国家从而反对法律的人，只会遭遇法律沉默的、无限合适的欢迎。法律不会发生变化——它一劳永逸地沉入坟墓，并且法律的每种形式只是没完没了的死亡的变形。索格戴着来自古希腊悲剧的面具——他有一个像克吕泰涅斯特拉一样危险的又令人同情的母亲，一个死去的父亲，一个在她哀悼时无情的妹妹，一个独断专行又狡猾的公公。他是投降了的奥列斯特斯，这个人所关心的是逃避法律的制裁，使自己更好地屈从于法律。因为他坚持生活在瘟疫肆虐的地区，他也是一个同意在凡人中死去的神，但却不能够成功死亡，也不能兑现法律的诺言，因而创造了由最意味深长的尖叫出租的沉默：法律何在，法律何为？借助新的变形或者再次陷入自己的身份，当他被一个与他的妹妹极其相似的女人承认、命名、指责、崇敬、嘲笑时，在那一刻，他，每一个名字的拥有者，被转变成了无法命名的事物，不在场的缺场，空虚无形的在场和在场无言的恐惧。但是，上帝之死可能是死亡的反面（一种耻辱的柔软并且污秽的事物为了全部的永恒性而抽搐着）；他杀死她的姿势最终解放了他的语言——比起法律“我讲话，我现在正在讲话”而言，这种语言没有更多要说的了，而且在语言沉默的外界中被它的宣言这一简单的事实无限地延长了。

欧律狄克和女妖们

一个人一看到法律，法律就会避开它的脸庞，返回到阴影中；当一个人试图倾听法律的词语时，他所听到的是一首歌曲，而这首歌曲只是未来歌曲的致命诺言。

女妖们是诱人声音难以捉摸的、禁用的形式。她们只是歌曲。如果不是纯粹的吸引力，不是倾听愉悦的虚空，不是留心，不是要求暂停的邀请，那么她们在其存在中是什么呢，仅仅是大海中银白色的航迹，波浪的凹处，岩石中的洞穴，沙滩的白色吗？她们的音乐是圣歌的反面：在场绝不会在她们不朽的词语中闪烁；只有未来歌曲的诺言伴随着她们的旋律。比起闪烁在她们词语中的冷漠、她们所说的内容的未来而言，使她们充满诱惑的并不完全是她们可能让人听到的东西。她们的魅力不是由于现在所唱的歌，而是这首歌所给予的承诺。女妖们承诺唱给尤利西斯的是他自己过去的功绩，并且已经变成一首为未来而做的诗："我们知道所有的痛苦，这些痛苦是上帝强加给特洛伊地区阿哥斯和特洛伊臣民的。"就像是在否定的轮廓中呈现出来的那样，这首歌只是歌曲的吸引力，然而它承诺给英雄的只不过是英雄经历的、知道的、遭受的事物的复制品，确切地说，是他本人的复制品。一个承诺既是靠不住的，又是真实的。这是因为所有屈服于诱惑、掉转船头驶向海滩的人都将会走向死亡。但是，它这样言说真理：正是死亡使歌声响起，并且不断地叙述着英雄们的冒险。可是一个人必须拒绝听到如此纯净的歌——如此的纯净以至于它只不过在诉说自己毁灭性的退隐——以至于一个人为了活下去，因而开始唱歌，他必须捂着耳朵经过它，好像这个人是个聋子。或者，更确切地说，为了让这个决不会死亡的叙述再生，一个人必须聆听，但却是被绑在桅杆上，手脚被捆住；一个人必须依靠违背自己的诡计征服所有的欲望；一个人必须通过呆在诱人的深渊入口经历所有的痛苦；最终，一个人必须在超越这首歌之外发现自己，好像一个人已经跨过了死神仍然活着，只是为了用第二种语言恢复它。

当时有欧律狄克的形象。由于能够引诱和抚慰死神的歌曲旋律必须把欧律狄克从阴影中召回，且由于英雄无法抵挡她迷人的魅力，而她自己就是这魅力最悲惨的受害者，所以她似乎就是确切的反面。然而，她是女妖们的近亲；就像她们只歌唱歌曲的未来，她只展示一副面孔的诺言。奥菲斯本可以让狂吠的犬安静下来，并且欺骗邪恶的力量，但是在返回的途中他本应该像尤利西斯一样被捆绑起来，或者像他的水手一样不被人察觉。事实上，他曾是英雄，而且他的船员结为一体：禁欲束缚了他，他就用双手为自己松绑，让无形的脸庞消失在阴影中，就像尤利西斯让自己听不到的歌曲消失在波浪中。于是他们每一个人的声音都自由了——尤利西斯的声音带有拯救的力量和讲述自己奇迹般的冒险故事的可能性；奥菲斯的声音带着十足的困惑和无尽的悔恨。但是，尤利西斯成功的叙述背后可能弥漫着听不见的挽歌——没有更认真更长久地倾听、也没有冒险去尽可能地接近完成演唱这首歌的绝妙声音。在奥菲斯的挽歌背后可能闪烁着辉煌的光芒——在它转回到黑暗的一瞬，猛然看到了这难以接近的脸。而黑暗，则是一首对光的无名的、变幻的赞歌。

这两个形象在布朗肖的作品中深深地交织在一起。[1]他的一些叙述，例如《死亡的终止》，主要关注奥菲斯的凝视：这种凝视在死神摇摆的入口搜寻着被掩盖的在场，并且试图使它的形象重见天日，但却只是保卫了虚无，而诗歌紧接着出现在这虚无之中。然而，在布朗肖的作品中，奥菲斯没有看到欧律狄克半遮半掩的脸庞：他能够面对面地打量它；他亲眼看到了死亡毫不遮掩的凝视，“生物所能见到的最可怕的凝视”。就是那种凝视，或者更确切地说是叙述者对死神目光的凝视，发挥了非凡的吸引力量；就是它使第二个女人以一种已经被捕获的恍惚状态出现在午夜，并强迫她

[1] 见 Blanchot, *L'Espace littéraire,* 1955, pp.179-184; *Le Livre à venir*, 1955, pp.9-17 (参阅 “The Gaze of Orpheus”and “The Song of the Sirens”, in Blanchot, *The Gaze of Orpheus*， trans. by Lydia Davis, 1981, pp.99-104 and 105-113).

戴着石膏面具允许一人“面对面地思考谁将永恒的问题”。奥菲斯的凝视获得了致命的力量，这种力量在女妖们的声音中歌唱。同样，《在适当的时刻》的叙述者在朱蒂斯被关押的禁地搜寻她；靠着所有的期望，他轻易地找到了她，像过度亲近的提供给自己不可能的、快乐的回报的欧律狄克那样。但是潜藏在背景中的人物保护着她，而奥菲斯从这个人物那儿又夺去了她。这个人物与其说是黑暗的、顽固的女神，不如说是纯净的声音：“冷漠的，中立的，撤退到声音的王国，在那里她多余的完美被如此完全地剥夺，以至于她本身似乎被剥夺了：这种撤退的方式，令人想起被每一种否定的命运所统治的正义”[1]。这不是声音吗——茫然地唱着，只能听到丁点儿声音——女妖们的声音？它们的诱惑存在于她们所打开的虚空中，在令人着迷的静止中捕获了所有的听者。

伙　伴

在吸引力的最初迹象，当渴望的脸庞的退隐仍旧模糊

[1] Blanchot, *Au moment voulu*, 1951, pp.68-69.

不清时，在模糊的杂音的衬托下，当孤独的声音中透出的坚定开始清晰地显现时，与甜蜜而暴力的运动相似的东西侵入了内在性，把它从自身中揪出，改变它的方向，在它身旁——或者更准确地说，在它背后——展示一个伙伴的背景形象，这个伙伴总是隐藏起来，但总是异常明显地表明他在哪儿；一种保持距离的双重状态，一种与人搭讪的相似之处。一旦把内在性从自身中引诱出来，一种外界就会清空这个内在性通常隐退的地方，并剥夺内在性退隐的可能性：一种形式出现——不完全是一种形式，一种顽固的、无定型的匿名——这种形式脱去了它身份的内在性，掏空它，把它分成不相重合的孪生形象，剥夺它说“我”的直接权利，并且让它的话语和讲话竞争，这讲话即不可调和的回音和否定。侧耳倾听女妖们银铃般的声音，转向禁止的、已经隐藏自己的脸庞，并不只是放弃了世界和表面的涣散；突然感觉到内心中长出了一片沙漠，在沙漠的尽头（但这无限的距离也是细如线条），一种语言微光闪烁，并且没有可指定的主体、没有无神的法律、没有无指代意义的人称代词、没有盲目的毫无表情的脸，没有相同的他者。吸引力的原则秘密地存在于泪水和联系中吗？当一个人认为难以接近的距离把自己从自身中揪出来的时候，沉默的在场，连同它所有惯常的重量，被击倒在阴影中，不是很简单的吗？吸引力空洞的外界可能与双重状态附近的外界一致。这会使同伴在外界登峰造极的掩饰之时成为吸引力：外界被掩饰，是因为它把自己展示为如同一个泛滥的形象一样纯粹的、亲密的、顽固的、冗长的在场；因为它排斥的要比它吸引的多；因为一个人必须与它保持距离；因为总有这样的危险：一个人被它吸收、被它调和在无限的困惑中。这意味着同伴的行动，既是作为一种一个人永远无法对等的要求，也是作为一个人想要摆脱的重量。一个人注定要以一种亲密性与这个伙伴紧密地联系在一起，但这种亲密性又让人难以忍受；然而，一个人必须更进一步地接近他，并与他建立一种联系，这个联系不同于缺场的纽带，而缺场则是通过缺场的匿名形式将一个人隶属于他。

这个形象可无限颠倒。这个伙伴是一个不被承认的向导吗？他是显而易见的法律，但是作为法律却是不可见的吗？或者他为了吞噬所有的警惕组成了沉重的质量、阻塞的惯性、迟钝的威胁吗？受到半拉子的姿势和模棱两可的微笑的吸引，托马斯进入了那个房子，立刻，他就收到一种奇怪的双重状态（根据题目的意思，这就是天赐的吗？）——这双重状态的、明显受伤的脸庞仅仅是纹在他身上的脸庞的轮廓，并且尽管有丑陋的瑕疵，他仍旧保留着一些像“以前美丽的映像”一样的东西。当他在小说的结尾将要吹嘘时，他是否比其他人更了解房子的秘密呢？他表面的愚昧不仅仅是问题一个沉默的等待吗？他是一个向导或者囚犯吗？他在支配这所房子的、难以接近的力量中有分量吗，或者他只是一个家仆呢？他的名字是“阁下”（Dom）。无论何时，托马斯对第三党派演讲时，他都是看不见的，陷入沉默的，并且不久就完全消失了；但当托马斯似乎最终进入了房子时，当他认为自己已经找到了他寻觅的脸庞和声音，当人们对待他像对待家仆一样时，阁下重新出现了，占有着或者声称占有着法律和讲话——对托马斯而言，当顶楼足以允许他自己下来的时候，他这样已经错了——如此少的信仰，没有成功地向他置疑谁在那儿回应，把热情耗费在到达顶楼的愿望上。托马斯的声音变得越哽咽，阁下就说得越多，他承担了说话和为他说话的权利。所有的语言都步履蹒跚，当阁下使用第一人称时，事实上，是托马斯的语言正在言说，不是他在说，是在虚空中说。这虚空，即他明显缺席的痕迹留在了与耀眼的光芒有联系的黑暗中的虚空。

伙伴是离你最近的，也是离你最远的，并且是不可分离的。在《高处》中，来自“那里”的多尔特代表着他；对法律而言，他是个陌生人，处在城市的秩序之外；他处在疾病的原始状态，死亡充斥着他的生命；与“最高尚”的名号相比，他是“最低级”的；然而他是过度接近的；他是十足熟悉的；他自由的倾诉；他是无穷尽的、多样化的在场；他是永恒的邻居；他咳嗽的声音穿过了房门和墙壁；他的垂死挣扎在房间里回响；在这个渗出湿气的世界，水从四面上升，多尔特自己的肉体，他的发烧和汗水，跨过房子的隔断，污染了隔壁索格的房间。当他最终死亡时，在他没死的最后一次僭越中号叫，他的尖叫钻入了围裹尖叫的手中，在索格的指缝间永久颤动。索格的尸骨，他的身体，将长久地保持着死亡的状态和叫喊的状态，这叫喊，既是对死亡的抗拒，也是对死亡的证实。

在这个称之为语言中枢的活动中，这个倔强的伙伴最为清晰地展示出来了本质。这个伙伴不是一个享有特权的对话者，其他一些言说的主体；他是语言达到的无名的极限。然而，这种极限绝不是肯定的；相反，它是语言永远消失的深处——而这种消失只是为了恢复与自己的一致性——是讲同一件事情的不同话语的回音，讲其他事情的相同话语的回音。“不陪伴我的他”，没有任何名字（希望保持基本的匿名性）；他是一个没有脸的、不会注视的、看透了另一个人的语言的他，他将这个人提交给了自己夜晚的秩序；他尽可能地侧身移动接近以第一人称说话的“我”，并在无限的虚空中重复“我”的词汇和短语。然而，他们两者之间没有任何关系；不可测的距离把他们分开。这就是为什么言说“我”的他，为了最终见到没有陪伴他的、没有与他建立关系的伙伴，而持续接近他的原因。这个关系足够积极，以至于能够通过松绑来表明。没有协议把他们彼此捆绑起来；然而持续的质疑（描述你所见的，和你现在正在写的？）和不中断的话语——它表明了回应的不可能性——把他们强有力地连接起来。它就像是这种退隐和空洞（空洞不过是言说者无情的腐蚀），清除了语言的中立空间。这种叙述陷入了叙述者和他的形影不离的但又不陪伴他的伙伴之间的空间；它贯穿了这条把言说的我和被言说存在中的他分开了的直线；他打开了变化的场所，这个场所是讲话和写作的外界，这个场所提出它们并霸占它们，将它的法律强加给它们，并通过无限地释放它们瞬间的微光闪烁的消失来展示。

非此非彼

尽管有一些协调，我们仍然离经验相去甚远。通过此种经验，一些人为了找到自己，习惯性地迷失自己。神秘主义的典型运动通过开辟一条与之交流困难的路线试图融入——即便这意味着要穿越夜晚——存在的积极性中。甚至当存在获得自我满足、在自己否定性的劳动中挖空自己、无限地退入无光亮的白日，无阴影的夜晚和缺乏形状的可见性中之时，它仍旧是经验栖身的避难所。词语的法律创建的避难所与沉默的开阔区域建造的一样多。因为在经验的形式中，沉默是不可测量的、听不见的原始呼吸，一切显明的话语都缘自这种呼吸；或者，讲话就是统治，即权力悄无声息地自我悬置。

外界的经验与此毫无关系。吸引力的活动和伙伴的退隐暴露了所有先于讲话的和处在沉默之下的东西——语言持续的流淌。没有人言说的语言——它可能有的任何主题仅仅是语法的褶皱。任何沉默决定不了的语言：任何中断仅仅是出现在语言无缝的纸上的白色污点。它打开了中性的空间，但存在无法植根于此。马拉美告诉我们词语是它表意之物的明显的非存在；现在我们知道语言的存在是言说者的明显的抹除，他说："我听说，这些词语将不会为我解释我与他们关系中存在的危险的陌生感……它们不说，它们不在里面；相反，它们缺乏各种亲密关系，完全处在外界。他们所标示的东西把我委托给所有讲话的外界，比起内在良心的声音，这似乎是更神秘的、更内向的。但是外界是空洞的，秘密没有任何深度，重复的是重复的空洞，外界不会言说，却已经被言说了。”[1]布朗肖叙述的经验使得这种匿名的语言得以解放，并向它自己的无限性敞开。在低语的空间中，它们找到的与其说是一个终点，不如说是一个不再可能重新开始的地理场所，因而，这是一个直接的、发亮的，最终是一个平静的问题，即当所有的讲话似乎都否定托马斯的时候，他在《阿米娜达》的末尾所问的问题；也是在《高处》中空洞诺言的纯粹闪现——“现在我正在讲话”；也是《不陪伴我的人》的最后几页中一个微笑的浮现，这个微笑没有脸庞，但最终被一个沉默的名字所磨损；或者是在《最后一个人》的末尾，与紧接着重新开始的词语的第一次联系。

这样，语言从在所有古老的神话中得以解放，而我们曾经依靠这些神话形成了词语、话语和文学的意识。长期以来，人们认为语言控制时间，并且认为语言既作为诺言的未来纽带起作用，又作为记忆和叙述起着作用；人们认为它是预言和历史；在它的主权中，它能够将永恒的可见的真理之

[1] Blanchot, *Celui qui ne m'accompagnait pas*, pp.136-137 (The One Who Was Standing Apart From Me, p.72).

躯曝光；它的本质寄寓于词语的形式中，或者让词语颤动的气息中。事实上，它只是一个无形的隆隆声，一种流动；它的力量寄寓在伪装中。这就是为什么它带有时间的腐蚀性；它是肤浅的遗忘，是等待的透明空洞。

语言，它的每一个词语，确实是指向先于它存在的内容；但是在语言的自己存在中，如果它与自己的存在尽可能地保持亲近的话，它只会在等待的纯粹性中展开。等待不会指向任何事物：任何满足它的客体都将会把它抹去。然而，它不只局限于一个地方，它不是顺从的静止；它有运动的耐力，而这运动永不停止，并且永远不会许诺用休息犒赏自己；它不会把自己包裹在内在性中；它的一切不可挽回地跌向外界。等待不能在自己的过去结束时等待自己，不能以自己的忍耐为荣，也不能使自己变得彻底地坚强，因为它永远不缺乏勇气。占据它的不是记忆而是遗忘。然而，遗忘，不应该与碎散的心神不定和沉睡的警觉混为一谈；它是觉醒，如此警觉，如此清醒，如此新鲜以至于它是对夜晚的告别，迎接白天的到来。在这方面，遗忘就是极端的专注——如此极端以至于它抹去了任何奇特的、可能会把自己呈现给它的脸庞。形式一旦被定义，它既是太旧又太新，既太陌生又太熟悉，以至于等待的纯粹性把它立即拒绝，从而被宣判为直接性的遗忘。在遗忘中，等待保持着等待的状态：对全新事物的强烈关注，这全新之物与其他事物没有相似性或持续性的连接纽带（即从自身拖曳出的、挣脱过去束缚的等待的新奇性）；对深远的过去的关注（因为在内心深处，等待从未停止等待）。

语言，在它关注的和遗忘的存在中，具有一种掩饰的力量，这种力量抹去了每一个确定的意义、甚至抹去了言说者的生存；语言的灰色的中性，组成了所有存在的基本的藏身之地，进而使形象的空间得以解脱。语言，既不是真理也不是时间，既不是永恒也不是人类；相反，它总是外界的解散形式。它把起源与死亡相联系，或者更确切地说，把两者暴露在它们不断振荡的闪光之中——无限振荡即是在无限空间中的短暂联系。如果语言急于迎接的的确是起源纯粹的外界，那么，这外界绝不会凝聚成可穿透的、静止的确定性；死亡的外界会永久地重新开始，尽管它会被语言基本的遗忘带向光明，但死亡的外界绝不会设置一个界线让真理在此定形。起源的外界和死亡的外界两者立即翻转对方。起源呈现出无尽的透明度；死亡无休止地启动开端的重复。语言的存在、语言，是（不是它的意指，也不是它借以说出它的意义的形式）最柔软的声音、几乎察觉不到的撤退，以及内心深处围绕每件事、每张脸的软弱——它们在同样的中立之光中，同时在白昼和黑夜之中，沐浴着起源被延迟的努力和死亡的黎明般的侵蚀。奥菲斯致命的遗忘，尤利西斯戴着枷锁的等待，恰恰就是那语言的存在。

每当语言被定义为真理的场所和时间的纽带，它被克里特岛上的彼曼尼德斯的断言“克里特岛人都是说谎者”置于绝对的危险——话语与自身捆绑在一起的方式消除了真理的任何可能性。另一方面，当语言被认为是起源和死亡的互补透明性时，通过简单的断言“我说”，每一个单一的生存都会收到威胁性诺言：它自身要消亡，它在未来会出现。

（史岩林　译/汪民安　校）

乌托邦身体

编者按

本文（"Le corps utopique"）原为米歇尔·福柯1966年所做的两次无线电广播之一（另一次为《异托邦》["Les Hétérotopies"]，两次广播的时间分别是12月21日和7日），后于2004年由巴黎国家视听研究院（Institut National d'Audiovisuel）以CD形式出版，名为《乌托邦与异托邦》（*Utopia et Hétérotopies*）；2009年又由Nouvelles Editions Lignes以文本形式出版，题为《乌托邦身体及异托邦》（*Le corps utopique suivi de Les hétérotopies*）。

每当普鲁斯特醒来的时候，他就开始缓慢而焦虑地重新占据这个位置（lieu）：一旦我的眼睛睁开，我就再也不能逃离这个位置。[1]不是说我被它固定了下来，毕竟我不仅能够自己移动、自己改变位置，而且还能够移动它，改变它的位置。唯一一件事是：没有它，我就不能移动。我不能把它留在它所在的地方，好让我自己到别的地方去。我可以到世界的另一头；我可以秘密地藏身于黎明，让自己变得尽可能地小。我甚至可以让自己在沙滩上，在太阳下融化——但它总会在那里。在我所在之处。它不可挽回地在这里：它从不在别处。我的身体（corps），它是一个乌托邦的反面：它从不在另一片天空下。它是绝对的位置，是我所在并真正肉身化了的空间的小小碎片。我的身体，无情的位置。

但如果我恰巧和它生活在一起呢？在一种陈旧的熟识中，它就像一个影子，或者就像我最终不再看到的那些日常的事物，它们被生活所褪色，就像夜夜在我窗前标出天际的那些烟囱，那些屋顶。然而，每天早上：相同的在场，相同的创伤。我眼前的镜子描摹、强加了相同的难以回避的图像：瘦小的脸蛋，耷拉的肩膀，近视的目光，没有头

[1] 见普鲁斯特的《追忆似水年华》第一卷《去斯万家那边》开篇。

发——毫无英俊可言。但我不得不在我这颗丑陋的脑袋壳上，在这个我不喜欢的笼子里，揭示我自己并四处走动；我必须通过这个烤炉来说话，打量并被人打量；我将在这层皮肤下腐烂。

我的身体：我被判定在这个孤立无援的地方。事实上，我想，所有那些乌托邦，正是通过反对这个身体（仿佛是要抹掉它），才开始形成的。乌托邦的声名——乌托邦把它的美，它的奇迹，归功于什么呢？乌托邦是所有地方之外的一个地方，但正是在这样的地方，我将拥有一个无身体的身体，一个美丽的、清澈的、透明的、敏捷的、力大无比的、无限持存的身体。它是无拘无束的，不可见的，被保护起来的——总被美化了。第一个乌托邦，在人们心中扎根最深的乌托邦，很有可能恰恰是一个无肉身的身体的乌托邦。

童话的国度，地精、妖怪、魔法师的国度——在这样的国度里，身体以光速运送自己；在这样的国度里，伤口眨眼间就被不可思议的美治愈。在这样的国度里，你可以从高山上跳下又毫发无损地站起。在这样的国度里，你可以随心所欲地现身并隐形。如果有这样一个童话故事的国度，那么，我会是那里迷人的王子，而所有漂亮的男孩会变得邋遢，并像熊一样浑身是毛。

还有一个用来抹掉身体的乌托邦。这个乌托邦是死者的国度，是埃及文明所遗留的那些伟大的乌托邦之城。一个木乃伊到底什么是呢？一个木乃伊就是被否定和易容了的身体的乌托邦。木乃伊是穿越时间而持存的伟大的乌托邦身体。还有迈锡尼文明置于已故国王脸上的黄金面具：其荣耀的、强大的、太阳一般的身体的乌托邦，一种被消除了敌意的恐怖的乌托邦。自中世纪以来，绘画、雕塑、坟墓，那些倾斜的塑像，一动不动地延长着一种再也不能消逝的青春。如今则有那些简单的大理石方块，在石头中被几何化了的身体，写在公墓的巨大黑板上的整齐的白色形象。在这死者的乌托邦之城里，我的身体突然变得像物一样坚实，如神一般永恒。

但在这些乌托邦当中，我们用来抹掉身体的最顽固、最强大的乌托邦，或许自西方历史发轫以来，已经由灵魂的伟大神话施加于我们了。灵魂。它在我的身体里以一种最不可思议的方式运作：它当然住在那里，但它也知道如何逃离。它从身体中逃离，透过我眼睛的窗户观看事物。当我睡着的时候，它逃到梦里，当我死了的时候，它活了下来。美妙啊，我的灵魂：它是纯粹的，它是洁白的。如果我的身体——污浊的，或无论如何不是十分干净的——应该腐蚀灵魂，那么，总会有一种美德，总会有一种强力，总会有一千个神圣的姿势，重新建立我灵魂的原初的纯洁。当我衰老的身体开始腐烂的时候，我的灵魂，它将沿着时间持续，持续不止一段“漫长的时间”。灵魂不死！正是我的身体变得明亮，纯净，贞洁，敏捷，可动，温暖，鲜活。正是我的身体变得平滑，中性，浑圆如一个肥皂泡。

你就这样拥有了它。我的身体，由于这些乌托邦，已经消失了。它已经消失，就像烛火被吹灭。灵魂，坟墓，妖怪和精灵，以一种秘密的方式带走了它，用一个戏法让它消失，吹灭它的沉重、它的丑陋，并还给我一个目眩的而永恒的身体。

但说实话，我的身体没那么容易被还原。它自己，毕竟，有它自己的幻变手段。它也拥有一些无位的位置，而这些位置甚至比灵魂，比坟墓，比魔法师的魔术，更加深刻，更加顽固。它有它的洞穴和阁楼，它有它隐晦的住所，它明亮的沙滩。我的头，例如，我的头：怎样一个奇怪的洞穴用两扇窗户向外部的世界敞开。两个开口——我肯定，因为我在镜子里看到它们，因为我可以分别关上一个或另一个。但其实只有一个开口——因为我见到的面对我的东西是“一个”没有分隔或裂隙的持续的风景。这头内部发生了什么？事物将自身嵌入其中。它们进去了——我肯定事物在我观看的时候进入了头部，因为太阳，当它过于强烈并让我盲目的时候，它把我的大脑从前到后撕开了。但这些进入我头部的事物仍处在外边，因为我看见它们在我面前，并且，为了抵达它们，我反过来必须走向前去。

难以理解的身体，可渗透的不透明的身体，敞开又关闭的身体，乌托邦的身体。某种意义上，绝对可见的身体。我很清楚，它被别的某个人从头到脚打量着。我知道，在我猝不及防，意想不到的时候，它被人从后面偷窥，越过肩膀监视。我知道，它会赤裸。但这同一个如此可见的身体也被一种不可见性所回撤、捕获了，我从来不能把身体与那种不可见性分开。这个头颅，我头颅的背部。我能够用我的手指感受到它，就在那里。但看见它？从不。这个背部，当我躺下的时候，我可以通过床垫和沙发的压力感受到它，我会用镜子的谋略捕捉到它。而这个肩膀又是什么？我可以确切地知道它的运动和位置，但如果不是可怕地扭曲我自己，我就从来不能看到它。身体——只在镜子的蜃景中以碎片的样式显现的幻影——为了让它同时可见和不可见，我真的需要妖怪和精灵，死亡和灵魂吗？此外，这个身体是光：它是透明的；它是没有重量的。没有什么比我的身体更不是一个物了：它奔跑，它行动，它活着，它欲望。它不加抵抗地让它自己被我的全部意向所穿透。但直到有一天我受伤了，我的肚子上破了一个口子，我的胸膛和喉咙堵住了，不停地咳嗽。直到有一天牙痛在我的嘴巴后面发作。然后。我不再是光，不再没有重量，等等。我变成了一个物……幻想的，被人玩味的建筑。

不，其实不需要魔法，不需要魔术。不需要灵魂，不需要死亡，就可以让我既透明又不透明，既可见又不可见，既是生命又是一个物。为了让我成为一个乌托邦，我只需成为一个身体。我用来入侵我身体的所有那些乌托邦——很简单，它们在我的身体中有它们的模型和第一应用，在我的身体中，它们有它们的发源地。我之前其实说错了，我说乌托邦反对身体并注定要抹掉它。但乌托邦从身体中诞生，或许之后又反对它。

无论如何，一件事是肯定的：人的身体是一切乌托邦的首要行动者。毕竟，人们对自己讲述的最古老的乌托邦故事不就是这样的梦想吗：一个巨大而无节制的身体可以吞噬空间并主宰世界？这个巨人的古老的乌托邦在欧洲、非洲、大洋洲和亚洲的这么多传说的中心被人发现——这古老的传说久久地滋养着从普罗米修斯到格列佛的西方想象。

当身体涉及面具、化妆、纹身的时候，它也是一个伟大的乌托邦的行动者。戴上一副面具，进行化妆，给自己纹身，不完全（像一个人想象的那样）是获得另一个身体，另一个仅仅有点更加漂亮，被更好地打扮，更容易辨认的身体。给自己纹身，进行化妆或戴上面具，很有可能是别的东西：那是把身体置于一种同秘密权力和不可见之力量的交流当中。面具，纹身的符号，脸上的彩绘——它们把身体置于一整个语言之上，那是一种完全谜样的语言，一整套被加密的、秘密的、神圣的语言，它在这个身体上召唤上帝的暴力，神圣者的沉默权力，或欲望的活力。面具、纹身、化妆：它们把身体置入另一个空间。它们把身体引入一个不直接地在世界上发生的地方。它们用想象之空间的碎片构成了这个身体，而想象的空间将和神性的世界，或和他者的世界，进行交流。在那里，一个人会被诸神吸引，或被一个人刚刚诱惑了的人吸引。无论如何，通过面具、纹身、化妆，身体从其固有的空间中撕离，被抛入另一个空间。请听这个古老的日本故事，听纹身艺术家如何把他所欲望的女人的身体变成一个不属于我们的世界：

> 明媚的阳光照射着河面。八铺草席的客厅，阳光照耀得像起了火似的。从水面上折射过来的光线在贪睡

> 姑娘的脸上和槅扇门的纸上描画出金色波纹在抖动。清吉将房间里的门窗关紧，手里拿着纹身的工具，好一阵子只是昏昏沉沉地坐着。他现在才开始能够仔细地品味姑娘的神奇面相了。面对姑娘一动不动的脸，他想：即使在这个房间里坐上十年、一百年，恐怕也不会感到厌倦。如同古代孟菲斯的市民，在庄严的埃及天地装点着金字塔和狮身人面像，而清吉则要用自己的爱在洁净的人皮上描绘出色彩。少顷，他把夹在左手的小指、无名指与大拇指中间的画笔穗儿，在姑娘背上放倒，从它上边用右手进行针刺。[1]

如果一个人想到，衣服，不管是神圣的还是亵渎的，不管是宗教的还是世俗的，都允许个体进入僧侣的封闭空间，或进入社会的无形网络，那么，他就会明白，一切触摸身体的东西——素描，色彩，王冠，衣服，制服，这一切——都让身体中封闭着的乌托邦绽放为可感的、多彩的形式。那么，一个人或许应该降到衣服底下——他或许应该抵达肉体本身，那么，他会明白，在某些情况下，身体甚至让

---

[1] 谷崎润一郎，《纹身》，于雷译，见《恶魔》，北京：中国文联出版社，2000年，第7页。

它自己的乌托邦权力反对自身，从而允许一切宗教的和神圣的空间，一切他者世界的空间，一切反面世界的空间，进入这个为它保留的空间。那么，身体，在它的物质性，在它的肉体中，会如同其自身之幻影的产物。毕竟，舞者的身体不恰恰沿着一个既外在于它，又内在于它的空间，而膨胀吗？同样，瘾君子呢？着魔者呢？着魔者的身体成为了地狱；被印上圣痕者的身体成为了受难、救赎和拯救：一个血色的天堂。我之前竟傻傻地相信身体从不在别处，相信它是一个不可挽回的此地，相信它把自己和一切乌托邦对立起来。

事实上，我的身体总在别处。它和世界的一切别处相连。其实，与其说身体在世界中，不如说它在别处，因为事物正是围绕着它才被组织起来。正是在一种同身体的关系里——就好像在一种同君王的关系里——才有了上下左右，前后远近。身体是世界的零点。在那里，在道路和空间开始相遇的地方，身体成了无处。它在世界的中心，而我就从这个小小的乌托邦的核心处梦想，言说，前行，想象，察觉各居其位的事物，并且，我同样用我所想象的乌托邦的无限权力否定事物。我的身体就像太阳城。它没有位置，但一切可能的位置，真实的位置，或乌托邦的位置，都从它那里浮现并发散。

毕竟，儿童要花很长时间才能知道他们有一个身体。在几个月，在一年多的时间里，他们只有一个由分散的四肢、腔穴、孔洞构成的身体。只有在镜子的图像里，这一切才得以组织，才得以真正的肉身化。更奇怪的是，荷马的希腊人没有任何词语指示身体的统一。这虽然矛盾，但在赫克托耳及其伙伴所捍卫的城墙上，并没有身体。那里有举起的胳膊，有勇敢的胸膛，有敏捷的大腿，有头顶上闪闪发亮的头盔——但没有身体。希腊语的“身体”只在荷马指示一具尸体的时候出现。它因此就是这具尸体，它是尸体，它是镜子，它教导我们，或至少曾教导希腊人，教导现在的儿童——我们有一个身体，这个身体具有一种形式，这种形式具有一个轮廓，在这个轮廓里，又有一种厚度，一种重量。简言之，身体占据了一个位置。它是镜子，它是尸体，它把一个空间指派给身体的深刻而本源地乌托邦的经验。它是镜子，它是尸体，它让每时每刻毁坏并荒废我们身体的这巨大的乌托邦的暴怒沉寂，平息，并把这暴怒投入一个（如今对我们封闭起来的）密境。多亏了它们，多亏了镜子和尸体，我们的身体不是纯粹的乌托邦。但如果一个人认为，镜子的图像对我们而言处在一个不可通达的空间中，并且我们绝不能抵达我们的尸体所在的地方；如果一个人认为镜子和尸体本身就是一个难以征服的别处，那么，一个人就会发现，只有乌托邦才能够在它们自身当中，在一个瞬间，封闭并隐藏我们身体的深刻而至尊的乌托邦。

或许还应该说：做爱就是感受一个人的身体被封闭于自身之中。它终要带着一个人全部的密度，在任何的乌托邦之外，在他者的双手之间，生存。在他者抚摸你的手指下，你身体的一切不可见的部分开始生存。挨着他者的双唇，你的双唇也变得感性。在他半闭的眼睛前，你的脸获得了一种确实性。最终，有一道目光注视你紧闭的眼睑。爱，如同镜子也如同死亡——平息了你身体的乌托邦，让它沉默，让它平静，封闭它如同关入一个盒子，紧闭并密封。这就是为什么，爱也和镜子的幻觉，和死亡的威胁，如此紧密地相关。如果我们不顾它周围的这两个危险的形象，如此喜欢做爱，那是因为，在爱当中，身体就在这里。

（尉光吉　译）

自述：言说在死后开始

编者按

本文选自*Speech Begins after Death,* trans. Robert Bononno, Minneapolis: University of Minnesota Press, 2013, pp. 28-79.这是批评家Claude Bonnefoy在1968年对福柯作的访谈的一部分。访谈的意图是讨论福柯与写作的关系，写作和语言在福柯生活中到底占据着什么位置，以及写作和语言带给他的快乐等等。

我并不十分迷恋书写的神圣一面……西方自马拉美以来无疑已经学到，书写具有一个神圣的维度，书写是一种自在地不及物的活动。书写建立在自身之上，不是为了说出什么，展示什么，或教会什么，而是在那里存在。如今，书写，在某种意义上，是语言之存在的纪念碑。就我自己的生命经验而言，我不得不承认，书写根本不以那种方式自我呈现。我总已对书写产生了一种近乎道德的怀疑。

为了发现书写的可能之快乐，我不得不到国外。我当时在瑞典并被迫说我十分不擅长的瑞典语，或者相当艰难地说英语……我看见我想要说的词语在我说出它们的瞬间变得扭曲，简化，就像站在我面前的可笑的牵线木偶。

由于使用我自己之语言的不可能性，我首先注意到它具有一种厚度，一种一致性，它不仅仅像我们呼吸的空气，一种绝对难以察觉的透明，它有其自身的规律，它的走廊，它熟练的轨道，路线，斜坡，海岸，微小的凸起；换言之，它具有一种地貌，它构成了一个风景，在那里，一个人可以到处走动并在词语的流动中，围绕着句子，出乎意料地发现之前不曾出现的视角。在瑞典，在我被迫说一种异己之语言的地方，我意识到我可以栖居于我的语言，连同它突如其来的特别的地貌，作为一个人自己所处的那个无处容身的异乡里，最秘密也最安全的住所。最后，唯一真正的家园，我们可以在上面行走的唯一的土壤，我们可以停下来安身的唯一的房子，是我们从幼年学会的语言。对我来说，问题是维护那种语言，是为自己建造一座语言的小屋，而我会是它的主人并熟知它的角落和裂缝。这是我想要书写的原因。因为说话的可能性已经否认了我，我发现了书写的乐趣。在书写的快乐和说话的可能性之间，存在着某种不相容的关系。当说话不再可能的时候，我们发现了书写的秘密的、艰难的、有些危险的魅力。

书写是时间的耗费。

医生——尤其是外科医生，我是外科医生的儿子——不是说话者，他是倾听者。他倾听别人的话，不是因为他看重它们，不是为了理解它们说了什么，而是通过它们追查一种严重疾病之迹象，也就是一种肉体的，器官的疾病之迹象。医生倾听，以便刺穿他者的言语并抵达身体的沉默真理。医生不说话，他行动，即感受，介入。外科医生在沉睡的身体中发现故障，他打开身体并再次缝合它，他做手术；这一切都在沉默中进行，词语的绝对还原。他说出的唯一的词语是关于诊断和治疗的。医生说话只是为了简要地说出真相，并开出药方。他命名并下令，仅此而已。

在我们的这样一种文化里，在一个社会中，我们所说的词语、书写、话语的存在意味着什么？在我看来，我们从未把太多的意义赋予这样的事实，即言语终究存在着。言语不只是一个透明的胶卷，我们透过它来看清事物，也不只是一面镜子，折射着存在的东西和我们所思的东西。言语有其自身的一致性，其自身的厚度和命运，其运作的方式。言语规律的存在就像经济规律的存在。言语的存在就像纪念牌的存在，就像一种技术的存在，就像一个社会关系体系的存在，等等。

我把手术刀变成了一支笔。我从治愈的有效走向了自由言说的无效；我用纸页上的涂鸦取代了缝合的伤疤；我用书写的不可擦去、不可抹除的完美记号，取代了伤疤的不可擦除……对我而言，纸张会是他者的身体。

当我在三十岁左右开始享受书写的时候，确定的东西，我立即体验到的东西，在于这样的快乐总是和他者的死亡相联系，和一般的死亡相联系。书写和死亡之间的这种关系，我几乎害怕谈起，因为我知道像布朗肖这样的人已经说过，并且比我现在能够谈论的更加本质，更加普遍，更加深刻，更具决定性。

书写和死亡相联系，或许本质上是和他者的死亡相联系，但这并不意味着书写会是对他者的杀戮并且其实施反对他者，反对他者的存在，一种从在场中猎杀他者并在我面前敞开一个自尊且自由之空间的致命姿态。根本不是。在我看来，书写意味着和他者的死亡打交道，但就他者已经死了而言，书写根本地意味着和他者打交道。某种意义上，我正在他者的尸体之上说话。我不得不承认我在某种程度上假定了他们的死亡。谈论他者的时候，我处在一个进行验尸的解剖学家的情境里。我用我的书写检查他者的身体，我切开身体，我揭起表层和皮肤，我试着找出器官，并在暴露它们的同时，揭示病变的位置，痛苦的源头，某种塑造了人们的生命、他们的思想并用否定性最终组建了他们所是之一切的东西。我总试图去暴露的，根本上，是事物和人的毒心。

我并不宣称用我的书写杀死他者。我只在他者已然呈现之死亡的基础上书写。因为他者死了，我便可以书写，仿佛他们的生命，某种意义上，阻止了我的书写。同时，我的书写能够给他们提供的唯一的认识，就是其生命和死亡的真相之发现，是说明其从生到死之转变的不健康的秘密。在他者的生命转为死亡的时刻，这个关于他者的视角，根本上，对我而言，就是书写之可能的位置。

言说当下总是困难的。本质上，我可以谈论对我极其亲近的事物，但条件是，在这些极其亲近的事物和我书写的时刻之间，存在着一个无穷小的转变，一个被死亡穿透的薄薄的胶片。无论如何，我们在书写的一切辩护中发现的论题——我们书写是为了让某种事物死而复生，是为了发现生命的秘密，或实现这种同时很有可能属于人和上帝的活生生的言语——是深深地外在于我的。对我而言，言说在死后开始，在那样的断裂一经确立的时刻开始。对我而言，书写是死后的游荡，而非通往生命源头的道路。在这个意义上，我的语言是极其反基督教的。

我对过去感兴趣根本不是试图让它复活，而是因为它已经死了。那里没有复活的神学，而毋宁是已死之过去的实现。从死亡开始，我们可以谈论绝对平静的事物，完全是分析的和解剖的，不指向一种可能的重复或复活。没有什么比发现过去的起源之秘密的欲望更让我不感兴趣的了。

我的作品在于，通过书写的切割，揭示某种会成为已死者之真理的东西。因此，我书写的轴线不是从死亡到生命或从生命到死亡，而是从死亡到真理或从真理到死亡。我认为死亡的替代者不是生命而是真理。我们不得不通过死亡的苍白和惰性来发现的东西，不是生命已经失去的战栗，而是真理的小心翼翼的部署。在那个意义上，我称自己为诊断医生。但诊断是历史学家的工作，是哲学家的工作，还是某个参与政治的人的工作？我不知道。无论如何，它包含了一种对我而言极其深刻的语言活动……我想要提供一个诊断……这个诊断，我想通过书写来实施，我想要用通常被医生还原为沉默的那部分言语来实施。

我对尼采的持续的兴趣，我无法把他绝对地确定为我们可以谈论的一个对象的事实，我试图在我同尼采的这个永恒的重要的父性形象的关系里，来设计我的书写的事实，与此密切地相关：对尼采而言，哲学首先也是一种诊断，就人已经病了而言，它和人有关。对他，哲学既是对文化疾病的一种诊断，也是一种强烈的治疗。

我不知道书写和疯狂对我而言为何彼此联系。把它们带到一起的，最有可能，是它们的非存在，是它们作为虚假的活动，缺乏一致性或根据的事实，就像没有现实的云彩。无论如何，相比于我所生活的医学世界，通过让自己致力于书写并思考精神疾病和医学，我把自己直接置于一个非现实的世界，一个表象的世界，一个谎言的世界——信任的背叛。鉴于我对书写产生的罪恶感，在我通过继续书写来穷尽那种罪恶感的顽固里，总有一个这样的元素。

我对鲁塞尔和阿尔托，或戈雅的作品保持着一种持续的、十分顽固的兴趣。但我追问这些作品的方式不是完全传统的。问题通常如下：一个患有精神疾病或被社会和同时代的医学认定患有精神疾病的人，如何能够写成一部著作，它立即或在几年、几十年、几百年后，被人认为是一件真正的艺术作品和文学或文化的重要著作？换言之，问题是知道疯狂或精神疾病如何能够变得富有创造性……像鲁塞尔和阿尔托这样的人写出文本，当他们把文本交给某个人来读的时候，不论那个人是批评家，医生，还是一个普通的读者，他都立刻被认为和精神疾病有关。进而，他们自己在其日常经验的层面上建立了其书写和精神疾病之间的一种极其深刻的、持续的关系……在一个既定的时间内，在一个既定的文化中，在某种类型的话语实践里，言语和可能性的法则是这样的，即一个个体可以是精神上，并且，某种意义上，据说是疯狂的，但他的语言，诚然也就是一个疯子的语言——鉴于所讨论的当时的言语法则——可以肯定地运作。换言之，疯癫的位置得到了保留，并且似乎在一个既定的时间内，在可能的言语世界的某一个点上，得到了指示。我试图确定的，就是疯癫的这个可能的位置，是疯癫在言语世界当中的运作。

正如鲁塞尔用一台极其强大的显微镜放大了书写的微观

程序——同时，依据其主观的方式，把巨大的世界还原为绝对小人国的机制——他自身的情境已经放大了书写的情境，放大了作家同书写的关系。

但我们正在谈论书写的快乐。书写真的那么有趣吗？鲁塞尔在《我如何书写我的某些书》里，不断地提醒我们在书写他不得不写的东西时，陪伴着他的斗争、各种各样的神迷、困难和焦虑；他所谈论的幸福的唯一重大的时刻包含了他完成其第一本书时立刻经验到的热情、启发。事实上，除了这个对我而言在其传记中几乎独特的经验，别的一切东西都是一条漫长的、极度黑暗的道路，如同一个隧道。当他旅行的时候，他拉上了隔间里的窗帘，这样，他就看不见任何人，甚至风景，因为他被他的作品所如此地消耗着；这一事实证明，鲁塞尔并不以一种迷醉的状态写作，一种惊讶的状态，一种对事物和存在的一般欢迎的状态。

这有说书写的快乐存在着吗？我不知道。我感到的一件确定的事是，存在着一种书写的巨大义务。这个书写的义务，我真的不知道它从何而来。只要我们还没有开始书写，书写似乎是最无端的事情，最不太可能的事情，几乎最不可能的事情，一件我们无论如何绝不感到对之有义务的事情。然后，在某个点上——它是第一本书，或后一本书的第一页，第一千页，还是中间一页？——我们意识到我们有义务去书写。这个义务向你揭示，以各种方式得到指示。例如，如果我们还没有完成书写的那小小一页，我们就经验到这么多的焦虑，这么多的紧张，就像我们每天都有的。通过书写，你把一种解脱的形式，给予了你自己，给予了你的生存。那样的解脱对一天的幸福而言是本质性的。不是说书写是幸福的，而是说存在的喜悦和书写相联，那是稍稍不同的。这是十分矛盾的，十分神秘的，因为清晨的时候坐在桌前并写满一定数量的空白纸页的姿态——如此徒然，如此虚构，如此自恋，如此地自我相关——如何能够对剩下的一天产生这种恩赐的效果？事物的现实——我们的关注，饥饿，欲望，爱情，性欲，工作——如何因为我们在清晨所做的事情，或因为我们在白天能够做的事情，而变得高尚起来？那是神秘的。在我看来，无论如何，这是书写的义务显现的方式之一。

这个义务也由别的东西所指示。最终，我们书写不总只是为了书写我们将要书写的最后一本书，而且，在某种真正狂热的意义上——这样的狂热甚至在书写的最微笑的姿态中呈现——是为了书写世上的最后一本书。其实，我们在书写的时刻所写的东西，我们正在完成的作品的最后一个句子，也是世界的最后一个句子，在那之后，就再也没有什么东西要说。有一种要在最无关紧要的句子里穷尽语言的意图。这无疑与言语和语言之间存在的不平衡有关。语言是我们用来建构绝对无限的句子和表述的东西。相反，言语，不论如何冗长，不论如何散漫，不论如何像空气一般，不论如何像原浆一样，不论如何被束缚于未来，总是有限的，总是受限制的。我们从不能通过言语抵达语言的尽头，不论我们想象它有多么的漫长。语言的这种不可穷尽性，总用一个不会被完成的未来把言语悬置起来，是经验书写之义务的另一种方式。我们书写是为了抵达语言的尽头，抵达一切可能之语言的终点，最终通过言语的丰富性来包围语言的空洞的无限性。

书写不同于言说的另一个原因在于，我们书写是为了隐藏我们的面孔，在我们自己的书写中埋葬我们自己。我们书写，这样，生命就围绕着我们，在我们身旁，在我们外边，远离纸页，这个并不十分有趣但无聊并充满忧虑的，向他者暴露的生命，在我们眼前，被吸入我们所控制的小小的长方形纸页。书写是试图通过笔墨的神秘渠道来撤退的一种方式，通过不仅是生存的，也是身体的实体，通过我们在纸上草草涂写的那些记号，来撤退。当我们书写的时候，我们梦想的东西，在生命看来，不过是我们放到白色纸页上的这个已经死亡的、发出来模糊的欢快声响的涂写。但我们从未成功地把一切丰富的生命纳入文字的一动不动的蜂群。生命总在纸页之外继续，它继续增殖，继续前进，从不被固定在那小小的长方形上；身体的沉重体积从未成功地把自己扩散到纸张的表面，我们从来都不能跨入那个二维的世界，那个言语的纯粹直线；我们从未纤细或灵巧得足以成为一个文本的线性，而那是我们渴望实现的事情。所以，我们继续尝试，我们继续约束自己，控制自己，滑入笔墨的漏斗，一个无限的使命，但也是我们所致力的使命。我们会感到合理，如果我们仅仅存在于那微小的颤动，那变得静止的涂划，当一个固定的，被清楚地确定下来，只为他者所识别并且丧失了对自身的一切可能之意识的标记仅此一次地出现的时候，它在笔尖和纸张的白色表面之间变成了点，变成了脆弱的位置，变成了一个迅速消逝的时刻。在向符号过渡的过程中，这种类型的压抑和自我囚禁，我相信，也是把义务之特征赋予书写的东西。它是一种没有快感的义务，但毕竟，当义务的逃避导致了焦虑，当法则的打破让你如此不安并极度混乱的时候，遵守法则不是最大形式的快乐吗？遵守一种其起源，其对我们之权威的来源不为人知的义务，遵守那重重地压在你身上的，无处不在地纠缠着你的——当然是自恋的——法则，我想，这就是书写的快乐。

书写的义务不是通常被人称作作家之天职的东西。我相信罗兰·巴特在作者（écrivains）和作家（écrivants）之间做出的这个人尽皆知的区分。我不是一个作者。

书写旨在指定、展示、显露自身之外的某种东西，那种东西没有书写就会保持隐匿，至少也是不可见的。这就是书写的魅力之所在……试着包围、吸引、指出我们说话和观看所透过的那个盲点，把捉那使我们对距离的洞察得以可能的东西，定义我们周围为我们凝视和知识的一般领域定向的亲近。把捉那不可见性，把捉那太过可见的不可见者，那太过亲近的疏远，那未知的熟知，这对我来说，就是我的语言和我的言语的重要运作。

书写的角色本质上是疏远，是度量距离。书写是将一个人自己置于那把我们和死亡，和已死的东西分开的距离。同时，这是死亡在其真理中展露的位置，不是在隐匿的、秘密的真理中，不是在其曾经之所是者的真理中，而是在把我们和它分开的真理中，那意味着我没有死，我在我书写那些已死之物的时刻没有死。这是书写需要确立的关系。

我处在他者的言语和我自己的言语之间的距离里。我的言语不过是我在他者的言语和我自己的言语之间承担、度量、欢迎的距离。在那个意义上，我的言语并不存在……我是那些距离的测量员，我的言语只是我用来度量疏远和差异之体系的绝对相对的和不确定的尺码。在实践我的语言时，我用我们所不是的东西来度量差异，所以，书写意味着失去一个人自己的面孔，一个人自身的存在。我书写不是为了把一座纪念碑的坚固赋予我的存在。我试着把我自身的存在纳入把它和死亡分开的距离，并且，很有可能，是用一种把它引向死亡的相同的姿态。

我的书写是那距离的发现。

（尉光吉　译）

《反俄狄浦斯》序言

编者按

这是福柯为德勒兹和瓜塔里1972年出版的《反俄狄浦斯》作的前言。《反俄狄浦斯》是1968年的产物。正是在这里，马克思和弗洛伊德“在火光中燃烧”。福柯指出《反俄狄浦斯》是一部非法西斯主义的生活导论，是一部伦理书，是一部“艺术”作品，它旨在清除人们内心中形形色色的法西斯主义踪迹。

在1945—1965年间（我指的是欧洲），横亘着某种正确的思维方式，某种政治话语的样式，某种知识分子伦理学。人们不得不去亲近马克思，人们不能够偏离弗洛伊德太远。而且，人们还不得不对符号系统——能指——表示出最大的敬意。这三方面的要求奇怪地盘踞了写作和言说的领域，成为广为接受的衡量个人及其时代的真理。

接踵而来的是五个短暂、激情、狂欢和谜一般的年头。在我们世界的门口，是越战，当然也有对既有权力的第一次重大打击。而在我们的院墙之内究竟发生了什么事？一种混合了革命与反压迫的政治综合体？一场在两条战线打响的战争？一方面反对社会压制，一方面反对精神压制？一波为阶级斗争所调转的力比多浪潮？无论如何，这种人们熟悉的双重解释对这些年所发生的事件作出了自以为是的阐发。曾经在第一次世界大战和法西斯主义之间符咒般迷惑住欧洲的梦幻之都——威廉帝国的德国和超现实主义的法国——的那种梦幻，已经回归并且对现实本身纵火：马克思和弗洛伊德都在同样的熊熊火光之中燃烧。

然而，这一切真的发生了吗？是否30年代的那种乌托邦构想这一次在历史实践的范围内复燃？抑或相反，是一场走向与马克思主义传统所规定的模式相对的政治运动？走向一种不再是弗洛伊德式的欲望体验和技术？确实，旧的旗帜已经举起，但是战场却转移了，延伸到了新的领域。

《反俄狄浦斯》展示了众多领域是如何被覆盖的，这是至关重要的。但并不止于此。尽管它大量地取笑弗洛伊德，却是直截了当地对旧偶像加以质疑。最重要的是，它激励我们向前走得更远一点。

把《反俄狄浦斯》解读成一种新的理论体系可能会是一种错误（众所周知，颇为前卫的理论最终却是无所不包，最终总体化和重蹈旧路。我们被告知的最“迫切需要”的理论，在我们这个弥散化和专门化的时代里却是缺乏“希望”的）。人们不要在书中极为丰富的新观念和令人惊讶的概念中间寻找“哲学”：《反俄狄浦斯》并非是华而不实的黑格尔。我认为，最好是把《反俄狄浦斯》读成一种“艺术”，例如，在某种意义上，它以“色情艺术”的术语表达了这一特征。通过对多元性、流、配置以及联系等看似抽象概念的阐发，它对欲望与现实、欲望与资本主义“机器”的关系的分析回答了具体的问题。这些问题不再关注为什么（why）这样或那样，而是关注如何 (how)去进行。人们如何将欲望引入思想，引入话语，引入行为？欲望如何在政治领域内展开其力量，如何在推翻既有的秩序的过程中变得更为强大？

色情艺术、理论艺术、政治艺术。

《反俄狄浦斯》由此遭遇了三个敌手。三个敌手的力量不一样，它们代表了不同程度的危险，本书以不同的方式与它们作战。它们是：1. 政治苦行僧、忧心忡忡的斗士、理论的恐怖主义者，他们会保护政治和政治话语的纯粹秩序，他们是革命的官僚和真理的公仆；2. 可怜的欲望技术员——精神分析家、一切符号与症状的符号学家——他们会把丰富多彩的欲望压制到结构的双重规则之中；3. 最后，但不是最无足轻重的敌手，这个战略的敌手是法西斯主义（《反俄狄浦斯》所面对的其他敌手更多的是战术上的敌手），不仅仅是历史上的法西斯主义（希特勒和墨索里尼的法西斯主义能够极为有效地激发和利用芸芸众生的欲望），而且还是居于我们大家的身上，存在于我们的头脑中，存在于我们日常生活的行为中的法西斯主义。这种法西斯主义导致我们去热爱权力，渴望获得那正宰制和剥削我们的东西。

我想说《反俄狄浦斯》（请作者恕我直言）是一部伦理之书，是长久以来用法语撰写的第一部伦理学著作，这或许可以解释为什么其成功并不限于特定的“读者群”：因为反俄狄浦斯已经成为一种生活方式，一种思维和生活之道。人们如何避免成为法西斯主义者，甚至（尤其是）当你相信自己是一个革命战士的时候？我们如何搜捕出我们行为中根深蒂固的法西斯主义？基督教的道德家追寻居于我们灵魂深处的肉体的踪迹。德勒兹和瓜塔里站在他们的立场上，追索着身体内部最轻微的法西斯主义的蛛丝马迹。

在此谨向圣弗朗西斯·德·塞尔斯[1]致以最谦恭的敬意，人们可以说，《反俄狄浦斯》是一部《非法西斯生活导论》。

这种反对一切形式法西斯主义（无论是已经存在的还是随时可能出现的法西斯主义）的生活艺术，具有一系列基本原则。倘若我要把这部杰作制作成为一本手册或日常生活指南，则需要将这些原则概述如下。1. 将政治行为从所有整一的和总体化的偏执狂中解放出来。2. 通过增殖、并列和分离，而不是通过次第分层和金字塔式的等级制来发展行为、思想和欲望。3. 不再效忠于否定式（法律、限制、阉割、匮乏、空隙）的陈旧范畴，西方思想长久以来把否定式范畴奉若神灵，视之为力量的形式和现实的通道。要钟爱积极和多元的事物，差异性胜于一致性，流变胜于统一，动态配置胜于静态系统。相信生产性不在于固定，而在于游牧。4. 即使

[1] 圣弗朗西斯·德·塞尔斯（Saint Francis de Sales），17世纪牧师和日内瓦大主教，以其《虔诚生活导论》（*Introduction to the Devout Life*）而著名。——译注

人们与之斗争的对象是可恶的，也不要认为想当斗士就必须得忧心忡忡。惟有欲望与现实的联系（而不是退缩到其表达形式中）才拥有革命力量。5. 不要把思想作为政治实践的真理基础；也不要怀疑政治活动，将其仅仅作为推测，作为一种思路。要把政治实践作为思想的一种强化剂，把分析作为介入政治活动的形式和领域的增倍器。6. 不要求用政治去恢复个体的“权利”，因为哲学对个体作了界说。个体是权力的产物。要通过多元化、移植变形、异质合并的方式“解个体化”。群体不必是将等级制的诸个体统一起来的有机的束缚，而应成为解个体化的永动机。7. 不要变得迷恋于权力。

可以说，德勒兹和瓜塔里很少关注权力，他们甚至一直试图将与其话语相联系的权力影响中性化。故此本书中到处都是游戏和陷阱，对它的翻译需要真正超凡的才艺。这些陷阱并不是人们所熟悉的修辞的陷阱，修辞的陷阱左右读者而不使其意识到被掌控，最终使他违背自己的意愿而取胜。《反俄狄浦斯》的陷阱是幽默的陷阱，众多的诱惑邀请你走出来，当你离开文本之际，“砰”地一声它就把门关上了。这本书常常引导你，使你相信全都是开玩笑和做游戏，而这时却出现了某种重要的东西、某种极为严肃的东西：寻觅形形色色的法西斯主义的踪迹，从围绕我们、压碎我们的那些硕大无朋的法西斯主义，到构成我们日常生活残酷痛苦的微观的法西斯主义。

（麦永雄　译）

逃逸的力量

编者按

本文选自《空间、知识、权力》（*Space, Knowledge and Power: Foucault and Geography,* ed. Jeremy W. Crampton & Stuart Elden, Aldershot: Ashgate, 2007, pp. 169-172.）原题为La force de fuir，选自《谈话与写作》（*Dits et écrits*），第二卷，第401–405页。原文最初发表于1973年3月的《镜子背后》（*Derrière le miroir*），第202期，第1–8页，配有保罗·勒贝罗尔（Paul Rebeyrolle, 1926–2005，法国著名画家）的名为《群狗》的一系列绘画。

你已进入。在这里，你被十幅画包围，它们有一间屋子那么长，并且每一扇窗都被仔细地关上。

你，反过来，不是处在监狱里，就像你看到的那些让自己一脸呆滞并使劲推着栅栏的狗？

不像来自古巴天空的《群鸟》，《群狗》既不属于一个确定的时间，也不属于一个特殊的空间。[1]它不是关于西班牙，希腊，或苏联，巴西或西贡的监狱；它是关于监狱本身。但监狱——杰克逊对此已给出了证词[2]——如今是一个政治的场所，也就是一个让力量诞生或显现的场所，一个让历史形成，让时间涌起的场所。

《群狗》不是这样一个关于形式，或关于色彩的变奏，不是像《群蛙》一样的运动。它们形成了一个不可逆转的系列，一个无法掌控的断裂。不要说：一段历史因为画布的并置而出现；而要说：一个最初在振动，随后从画布里冲出的

[1]《群鸟》《群蛙》和《游击队》都是勒贝罗尔之前的绘画系列。文中其他的标题属于《群狗》系列当中的单幅画作。

[2] 福柯指的是布鲁斯·杰克逊（Bruce Jackson），及其著作《活着：犯罪经历种种》（*In the Life: Versions of the Criminal Experience*, New York: Hotl, Rinehart & Winston, 1972）。福柯为其法语版《他们的监狱：美国囚犯与出狱囚犯的自传》（*Leurs prisons: Autobiographie de prisonniers et d'ex-détenus américains*, Paris: Plon, 1975）写了一篇序言，收录于《谈话与写作》第二卷，第687—691页。

运动，真的跨越了它的界限，为了铭刻自身，为了在随后的画布上继续自身，并让所有的画布同一个巨大的运动一起颤抖，那个运动最终逃避它们并把它们留在了你的面前。绘画的系列，而不是对已然发生之事的详述，诞生了一种力，它的历史可以被描述为其逃逸和其自由的涟漪。绘画至少在这一点上和话语一样：当它诞生一种创造历史的力的时候，它就是政治的。

观察：窗户是白色的，如此以至于禁闭获得了统治。既没有天空也没有光线：内部不能被瞥见；再也没有什么去冒险渗透它。不是一个外部，存在着一个纯粹的外部，中性的，不可通达的，没有形式的。这些白色的方块并不指示一个人可以远远地看到的一片天空和大地，它们意味着一个人在这里，而不在别处。在古典绘画中，窗户允许一个内部在一个外部世界中被置换；这些茫然的眼睛把阴影固定、铆定和锚定在原本只知道黑夜的墙上。全然无能的象征。

权力，顽固的和不动的权力，刚硬的权力：这是勒贝罗尔绘画中的木头。在画布上叠加的，被一个人能够找到的最强力的胶水粘上去的木头（“一个人若不把画布拔起就不能把它们拔起”），它们同时在绘画当中和其表面之外。在这些没有时辰的黑夜中间，在这片没有方向的黑暗里头，木棍的残片就像时钟的指针一般，但标志着高度和深度：一个垂直的计时器。当狗休息的时候，棍子直悬着；它们是《监牢》的一动不动的警卫，是沉睡的《被定罪者》的唯一的看守，是《酷刑》的尖矛；但当狗被装进去的时候，木头变长并成为一道栅栏；它是《监狱》的可怕的单独关押；《被激怒者》用力推着它的门，《囚徒》使劲挤着它的窗：仍然并且总是权力的水平的警棍。

在监狱的世界里，就像在狗的世界里（“躺下”和“直立”），垂直不是空间的一个维度，它是权力的维度。

它统治，它俯视，它威胁，它摧毁；一个巨大的建筑的金字塔，上和下；命令从高处吠叫着传来，落到底下；你被禁止在白天睡觉，在夜间清醒，你要笔直地站在看守面前，要在典狱长面前立正；因为想在看守面前睡觉，你在地牢里被打垮，或被绑到束身的床上；最终，带着清楚的良知，你吊死了自己，逃避漫长禁闭的唯一手段，站着死去的唯一方法。

窗户和棍子彼此对立，但形成了一个配对，作为权力和无能。棍子，在绘画之外，带着其悲惨的笔直，它被粘到画上，打破了黑暗和身体，直到流血。相比之下，被再现的窗户，带着绘画的有限的手段，无法向任何的空间敞开。一者的笔直压迫并突显另一者的无权：它们在栅栏中交错。并且，通过这三个元素（栅栏–窗户–棍子），这幅绘画的光辉从魅惑的审美和力量中撤出，进入了政治——力和权力的斗争。

当窗户的白色表面以一种巨大的蓝色为背景，闪耀而出的时候，这是决定性的时刻。这一突变生效的画被题为《内部》：划分发生了，内部开始向一个空间的诞生，不顾自身地，打开自身。墙从上到下裂开：可以说是被一把蓝剑劈开。曾在棍子的前景中标志着权力的垂直性，如今为自由而深挖。撑着铁丝格子的垂直的棍子没有阻止旁边的墙裂开。鼻口和爪子，带着一阵强烈的喜悦，一阵激奋的战栗，投身于对它的打开。在人的世界里，没有什么大事透过这些窗户而发生，但通过这些墙的顺利地推倒，发生的总是一切。

不管怎样，无效的窗户在随后的画布（《禁闭》）上消失了：抓住一面墙的突起部分，狗，直立着，但已经有点下蹲，后退，以便进行猛扑，它在它面前的蓝色的无限表面上向外观望，只有两根被钉住的桩子和一个破旧的铁丝网格把它和墙面分开。

一次跃起，表面回旋。内部的外部。从一个没有外部的内部到一个不留任何持立之内部的外部。视角和反拍视角。白窗被模糊了，我们面前的蓝变成了一个人留在身后的一面白墙。这一跃，这一力的打断（它没有在画布上得以再现，但在两张画布之间，在其邻近的闪电之爆发中，无言地生产着自身），足以颠覆所有的符号和价值。

垂直性的废除：自此，一切都依照快速的水平性来逃逸。在《美》（这个系列里最“抽象”的一个：因为它是纯粹的力，是从黑夜中浮现的黑夜，在日光中将自身雕琢为一个振动的形式）中，无能的棍子这一次指定了一个被强制的柱廊。从看似仍孕育着它并用它形成一个身体的黑暗里冲出，一头野兽逃逸，步伐稳健，阴茎勃立。

宏大的压轴之作展开并延伸出了一个至此从整个系列中缺席的新的空间。它是横截性的绘图；它在过去的黑色堡垒和未来的彩色云彩之间被分成两半。但横贯其整个长度的，是一道飞奔的痕迹——“逃逸的标记”。似乎真理踏着一只鸽子的脚步，轻柔地到来。力也在大地上留下了爪痕，其逃逸的签名。

在勒贝罗尔那里，有三个宏大的动物系列：首先是鳟鱼和青蛙；其次是群鸟；而这里是群狗。每个系列不仅符合一种别异的技术，而且符合一个不同的绘画行为。青蛙和鳟鱼在杂草、卵石和打旋的溪流中迂回进出。运动是通过相互的错位来实现：色彩滑过其原初的形式，并在它们旁边稍远一点的地方，建构漂移的、被释放的斑点；形式在色彩下面相互置换，并促使一种紧张地搐动或表现的线在两个固定的平面之间兴起。由此，它产生了某一绿色当中的一个跳跃，透明中间的一个抛投，透过蓝色反射的一种速度的秘密爆发。来自底下的动物，水中的动物，土里的动物，湿润的泥土当中的动物，在水和土内部形成并分解的动物（有点像亚里士多德的老鼠），青蛙和鳟鱼只能被画成和它们有关的，并且通过它们来散布的。它们自身就带着逃避它们的世界。画家在它们隐藏自身的地方捕获了它们，为的是释放它们并让它们在描摹其踪迹的运动中消失。

鸟，如同权力，来自高处。它击倒那同样来自高处的力，它想主宰力。但，在它接近这比太阳更加活跃也更加灼热的大地之力的时刻，它瓦解并坠落，它失位了。在《游击队》系列里，鸟–直升机–伞兵旋向太阳，脑袋朝下，已被死亡击中，在最后一个筋斗里，它们在它们周围把死亡缝上。在布鲁盖尔，一个被太阳击中的极小的伊卡洛斯坠落：这发生于一个劳作的日常农村的冷漠。在勒贝罗尔那里，带着绿色贝雷帽的鸟在一阵巨大的哗啦声中坠落，喙、爪子、鲜血和羽毛，都从中飞散出来。它在它哗啦落入的士兵身上纠缠着，士兵杀死了它；红色的拳头和手臂伸开。青蛙和鳟鱼将自身从中暗暗地释放出来的轮廓，在这里被再一次发现，但轮廓已成碎片，并处于一场争斗的混乱：色彩的暴力碾碎了形式。绘画的行为被击退到画布上，它将在那里琢磨好些时间。

狗，如同青蛙，是来自底下的动物。但也是狂暴的力的动物。形式，在这里，被完全地重构了；不考虑阴郁的色彩和寓意，剪影精确地刻出了自身。然而，轮廓不是由一条长度和身体差不多的线条实现的；而是由成千上万垂直的笔画，形成一种普遍直立的稻草叶片，黑夜中一种阴郁的电击一般的在场，实现的。与其说是形式的问题，不如说是能量的问题；与其说是在场的问题，不如说是强度的问题，与其说是一种运动和一个行为的问题，不如说是一种只能艰难地实现的激怒和战栗的问题。斯宾诺莎不信任语言，他害怕一个人会在“狗”一词里把“吠叫的动物”（Le Grand/Petit Chien）和“星丛”（大/小犬座）混淆起来。勒贝罗尔的狗，毅然地，既是吠叫的动物，也是星丛。

在这里，形式的绘画和力的释放一起到来。在一个独一的运动中，勒贝罗尔已经发现在绘画的振动中实现绘画之力的手段。形式再也不在其扭曲中承担力的再现；力再也不必通过和形式的撞击来实现自身。相同的力直接从画家传向画布，并且从一张画布传向另一张画布；从战栗的沮丧和被忍住的悲伤传向希望的闪烁，传向飞跃，传向这只狗的无尽的逃逸，它完全转向了你，把你独自留在你如今发现禁闭了你自己的监狱里，它热衷于这力的传递，力如今远离了你，你再也看不见它在你面前的踪迹——那“自身拯救”者的踪迹。

（尉光吉　译）

皮埃尔·布列兹，穿越屏风

编者按

本文选自*Dix ans et après: album souvenir du festival d'automne*，ed. M. Colin, J. P. Leonardini & J. Markovits, Paris: Messidor, 1982, pp. 232-236. 布列兹（1925–），法国作曲家和指挥家，也是福柯的朋友，这篇文章也是福柯为数不多的谈论音乐的文章之一。福柯还有一篇和布列兹的谈话“当代音乐与大众”，中译本见《权力的眼睛：福柯访谈录》（上海人民出版社1997年版）。

你们问我，通过偶然之友谊的特权，意外地瞥见大约三十年前音乐的些许境遇，那感觉如何。我只是一个过客，受制于情绪，受制于一定的困惑和好奇，以及一种奇怪的感受，即自己见证了某种我无法与之处于同一时代的东西。那是一次幸运的相遇：那时，音乐被外部的话语遗弃了。

在那些日子里，绘画是某种被人谈论的东西；无论如何，美学，哲学，反思，品味——还有政治，就像我回想的那样——觉得自身有权对绘画的问题说些什么，它们将自身运用于绘画，仿佛是出于一种使命：皮耶罗·德拉·弗郎西斯卡，威尼斯，塞尚，或巴洛克。沉默保护着音乐，但也维护着它的傲慢。那些反思的形式仍然没有触及20世纪艺术的一个毫无疑问的巨大转变，它们在我们周围建立了营房，让我们在那里冒险无意地学会自己的惯习。

我并不比我当时更善于谈论音乐。我只知道，在绝大多数时候，以另一个人为中介，我已把布列兹营地中发生的东西拼凑了起来，这能让我觉得，在我仍然所属的思想世界里——我在那里接受训练，并且，对我和其他许多人而言，这个世界仍然是强迫性的——我自己就像一个局外人。或许，那样情况会好些：如果我身边有理解这种经验的方法，我只会找到一个时机，为它创造一个它所不属的位置。

人们倾向于认为，一种文化更依附于它的价值而不是它的形式，形式可以被轻易地修改、抛弃、重新采纳；只有意义是根深蒂固的。这忽视了形式在瓦解或形成的时候所产生的怨恨。它同样忽视了一个事实，即人更依附于观看、言说、行动和思考的方式，而不是所见、所思、所说或所做的东西。在西方，形式的斗争和观念或价值的斗争一样艰难地，如果不是更加艰难地，进行。但在20世纪，事情发生了不寻常的转向："形式"本身，关于形式体系的严肃工作，已经成为了一个议题，成为了道德敌对、美学争论和政治碰撞的一个引人注目的对象。

在我们被传授生活体验（vécu）、肉欲（charnel）、本原经验（l'expérience originaire）、主体内容或社会意指之特权的那一段时间里，同布列兹和音乐的相遇是从一个不熟悉的角度——围绕着"形式"的长期斗争的角度——看待20世纪。那是认识到，形式的作品如何通过音乐、绘画、建筑或哲学、语言学和神话学，在苏联、德国、奥地利、中欧，挑战了古老的问题并颠覆了思维的方式。20世纪的整个形式的历史仍待完成：试着把它度量为一种转变的权力，把它作为一种革新的力量和一个思想的位址，汲取出来，超越一些人试图用来掩盖它的图像或“形式主义”。同样还要描述它同政治的艰难关系。我们不得不记住，它在斯大林主义或法西斯主义的领域内被迅速地指认为敌对的意识形态和可憎的艺术。它是学院和党派之教条主义的巨大对手。围绕着形式的斗争已经是20世纪文化的一个主要特征了。

布列兹只需一条直线，不经任何的迂回或中介，就走向了斯特凡·马拉美（Stéphane Mallarmé），保罗·克利（Paul Klee），勒内·夏尔（René Char），亨利·米肖（Henri Michaux），以及后来的e.e.卡明斯（E. E. Cummings）。通常，一个音乐家走向绘画，一个画家走向诗歌，一个剧作家走向音乐，要经过一个无所不包的形象，要经过一种普遍化的美学：浪漫主义，表现主义，等等。布列兹直接从一个点走向另一个点，从一种体验走向另一种体验；牵引他的似乎不是一种理想的亲缘关系，而是一种结合的必要性。

在其作品的一个阶段，由于他的进程把他带向了一个特定的点（那个点和那个阶段仍然完全地内在于音乐），一种偶然的相遇突然出现了，一种闪现的相邻。不用惊奇，夏尔和布列兹的两首《婚礼的面容》（Le Visage nuptial），两首《无主之锤》（Marteau sans maître）[1]，有着相同的美

[1] Rene Char, “Le Visage nuptial”, *Fureur et mystère*, Paris: Gallimard, 1948; *Le Marteau sans maître*, Paris: J. Corti, 1934, 1945.

学，相似的世界观。不止一个。从第一个这样的事件起，一部作品就紧接着另一部作品开始；音乐阐释了诗歌，而诗歌又阐释了音乐。一部作品变得更为精密，更加依赖于一种辛勤的分析，因为它不依赖于任何先在的相互关系。

这种既大胆又深思熟虑的相互关联的达成是一个反对普遍范畴的独一教导。它不是升向至高的位置，它不是通往最封闭的视点，虽然那个视点给出了最多的光。亮光从侧旁到来，它来自一个隔间的打破，一堵墙的穿透，两种被带到一起的强度，一段被同时跨越的距离。为了得出一般的意义，最好让边缘相遇，而不是选择模糊面孔的巨大的朦胧的线条和钝角。让我们把它留给任何一个那样的人，他倾向于认为，一切若没有一种共同的话语和一种全面的理论，就得不到合理的证明。在艺术如同在思想中，相遇的合理性只能由相遇所确立的新的必然性来证明。

布列兹同历史——我是说他自己的实践之历史——的关系是紧张的、好战的。对包括我在内的许多人而言，我相信，他长久以来始终是谜一般的。布列兹厌恶那种选择过去的固定模式，并试图让它在当代音乐的穿越中发生变奏的态度：一种“古典主义”的态度，就像他说的。他同样反感“仿古主义”的态度，那种态度把当下的音乐作为一个参照，并试图把伪造的过去的青春元素嫁接到它的身上。我想他的目标，在这种对历史的态度里，是让当下或过去的一切都不被固定下来。他想让过去和未来都处在一种相对于彼此的永恒运动当中。当他密切地关注一部既有的作品，以一种尽可能精妙的分解为基础，重新发现其动态的原则时，他不是试着让它成为一座纪念碑；他试着越过它，“穿越”它，用一个行动拆解它，这样，当下本身会因此而运动起来。“像穿透一面屏风一样穿透它”，他现在喜欢谈论和思考一种毁灭的行动，就像《屏风》（*Les Paravents*）里的那样[1]，而一个人就通过毁灭的行动让自己死去并穿向了死亡的另一边。

在这种同历史的关系里有某种令人困惑的东西：它所暗含的价值没有指明时间当中的一种趋向（进步或没落）；它们没有定义神圣的位置。它们标出了强度的各个点，这些点也是“要考虑”的对象。音乐分析是这种同历史的关系所采取的形式，它作为一种分析并不寻求一个标准形式的使用规则，而是试图发现多重关系的一个原则。通过这样的实践，一个人看到了一种同历史之关系的出现，这种关系无视累积

[1] Jean Genet, *Les Paravents*, Lyon: L’Arbalète, 1961.

并嘲笑整体。它的法则是运动所产生的过去和未来的同时的双重转化，通过一者对另一者的阐释，运动让一者从另一者当中分离了。

布列兹从不接受这样的观念，即任何的思想，在艺术的实践当中，如果不是关于技艺之规则或关于技艺之固有运用的反思，就不会受人欢迎。他因此对瓦莱里（Paul Valéry）而言没有太大的用处。他对思想的期望恰恰是，思想总能让他做某种不同于他正在做的事。他要求思想在他所玩的有着严格规定、极其深思熟虑的游戏中打开一个自由的新空间。我们听说，一些人指责他在技术上没有根据，另一些人则指责他理论过多。但对他而言，重要的是用内在必然性的观念来严格地看待实践，同时不让实践服从这些必然性，就好像它们是至高的要求一样。那么，在一个人所做的事情里，思想的角色又是什么，如果它既不是一种简单的诀窍，也不是纯粹的理论的话？布列兹表明了它是什么——那就是补充勇气，即勇于用实施规则的行动来打破规则。

（尉光吉　译）

反怀旧

编者按

《反怀旧》（*Anti-retro*）这篇访谈最早于1974年发表于法国《电影手册》（*Cahiers du cinéma*）杂志第251/252期，访谈人是帕斯卡尔·博尼策（Pascal Bonitzer）、塞尔日·达内（Serge Daney）和塞尔日·杜比亚纳（Serge Toubiana）。后收入《谈话与写作：第一卷》（*Dits et écrits I: 1954–1976*），巴黎伽利马出版社，2001年版，第1514页–第1528页。

《电影手册》发言人：让我们从怀旧的新闻现象开始，我们可以简单地提出一个问题：为什么《拉孔布·吕西安》（*Lacombe Lucien*, 1974）或《午夜守门人》（*Il portiere di notte*, 1974）这样的电影在今天会出现？为什么能产生巨大的反响？我们认为应该从三个层面回答这个问题：

1. 政治原因。季斯卡·德斯坦[1]已经当选总统，他创造了一种政治、历史与政治机器的新型关系，用一种对所有人来说都可见的方式明确表明戴高乐主义的灭亡。因此，应该从戴高乐主义与抵抗运动的紧密关系角度来看这一点是如何在电影中被体现的。

2. 资产阶级意识形态是怎样在正统马克思主义的缺口处展开进攻的？这种马克思主义——僵化的、经济决定论的、机械的，怎么说并不重要，在很长时间里为各种社会现象提供了唯一的阐释框架。

3. 最后，战斗主义者是电影的消费者、有时也是电影的生产者，从这个角度来看，这给战斗主义者带来了什么？

事实上，在马塞尔·奥菲尔斯[2]的《悲哀与怜悯》

[1] 季斯卡·德斯坦（Valéry Giscard d'Estaing, 1926— ），法国政治家，曾任法国总统。本篇访谈产生时，德斯坦刚在法国总统大选中击败戴高乐，当选法国总统。——译注

[2] 马塞尔·奥菲尔斯（Marcel Ophüls, 1927— ），法国纪录片导演，本文提到的纪录片《悲哀与怜悯》的导演。——译注

（*Le Chagrin et la pitié*, 1969）之后，闸门就已经打开了，一些完全被压抑、被禁止的东西迸发出来，这是为什么？

福柯：我认为这来自于这样一个事实，即战争的历史和围绕战争所发生的事情从未在官方历史中被真正记录下来。这些官方历史本质上是以戴高乐主义为中心建立起来的，一方面，戴高乐主义让这些令人肃然起敬的民族主义词汇成为书写这段历史的唯一方法，另一方面，这也是以历史人物的方式介入伟人（Grand Homme）、掌权者（l'homme de droit）、19世纪旧式民族主义人物的唯一方式。最终，法国被戴高乐所修正。另一方面， 正如我们所知，在战争期间起家的右派被戴高乐变得清白而神圣。马上，其他的右派与法兰西在这种制造历史的方式重归于好：不要忘记，民族主义是19世纪历史产生的气氛。历史从没有描述过的是1936年以来，以及从第一次世界大战结束到解放期间，发生在这个国家深处的事情。

《电影手册》发言人：所以，《悲哀与怜悯》带来的是某些真相在历史中的回归，问题在于要搞清楚这些到底是不是真相。

福柯：应该把这个问题与下述事实结合起来，即戴高乐主义的终结意味着，这个人在这个时期为右派建立的辩护走向了终点。老的贝当主义右派，也就是老的莫拉主义[1]和反动的合作右派，尽可能地伪装在戴高乐身后，他们认为现在可以重新书写自己的历史了。自塔尔迪厄[2]以来，这些老右派已经在历史上失去了信誉，现在却在政治上重新返回前台。他们很明显支持了德斯坦。他们不需要再戴着面具了，因此，他们能够书写自己的历史了。在让德斯坦获得超过半数选票的因素里，不应该忘了我们提到的这些带有作者意图的电影。所有这一切能够被呈现出来，这个事实让右派们有了某种重新组合的新形式。同样，反过来，民族主义右派和合作右派之间分歧的消除，才让这些影片成为可能。这绝对是彼此相关的。

《电影手册》发言人：所以，这段历史在电影中和电视上被同时重新书写，伴随一些像《银屏专题》（Dossiers à l'écran）这样的节目讨论，这个节目在两个月里连做了两期关于"被占时期的法国人"的专题。另一个方面，这段历史

[1] 这里指由法国诗人、记者夏尔·莫拉（Charles Maurras）为代表的复辟份子，这些人以《法兰西行动报》（*L'Action Française*）为中心，主张恢复君主政体。——译注

[2] 安德烈·塔尔迪厄（André Tardieu, 1876—1945），法国政治家，曾三次出任法国总理。——译注

的重新书写是被那些通常认为或多或少具有左派色彩的电影人所完成的。这个问题值得深入思考。

福柯：我认为事情没有这么简单。我刚才所说的非常具有概括力，让我们接着说。确实存在一场真正的战斗，但其关键是什么？就是我们可以大体上称之为大众记忆（mémoire populaire）的东西。绝对有一些人，我指的是那些没有权力写出、做出自己的书的人、那些没有权力编纂自己历史的人，这些人同样有一种方法可以纪录历史、展开回忆、依靠它生活并使用它。这个大众记忆比历史更鲜活，从某一点上看，它是从19世纪开始才较为清晰地被表现出来，比如说或者表现为口头、或者表现为文本、或者表现为歌曲的大众斗争传统。

然而，一整套装置（“大众文学”和畅销文学，也包括学校教学）已经就绪，以阻挡这场大众记忆的运动。我们可以说这个举措相对来说获得了广泛成功。工人阶级自身拥有的历史知识不停地萎缩。比如说，让我们回想一下，19世纪末的工人去了解关于他们自身的历史，这直到第一次世界大战都是工会的传统，真的非常了不起。但是它在不停地缩减。它在缩减，但没有消失。

现在，畅销文学已经不够了，还有一些更有效的方式，比如电视和电影。我认为这是一种对大众记忆再编码的方式，大众记忆存在着，但它没有任何可以自我书写的方式。因此，人们不但向这些人展现他们曾经所是的样子，而且让他们必须回忆这就是他们曾经所是的样子。

因为记忆至少是斗争的一个重大因素（它实际上是在斗争发展史中的一种意识动力机制），如果我们抓住了人民的记忆，就抓住了他们的动力，而且也就抓住了他们在过去斗争中积累的经验和知识，而不再需要知道什么是抵抗运动了……

因此，我认为应该从这一点上来理解这些电影。其主题，总体上说，是在20世纪没有发生群众斗争，这个结论是以两种方式被循序渐进地完成的。首先是二战刚刚结束之后，就简单地告诉我们："20世纪是英雄的世纪！丘吉尔、戴高乐，那些进行空投、组织海军纵队的人们。"这是用一种方式说出："没有人民斗争，真正的斗争在这儿呢！"但他没有直接说"根本就没有过人民斗争"。

另外一种方式，比较新，比较可疑或玩世不恭，正如我们想的那样，在于让这个结论变得纯粹而简单："看看实际上发生的事儿吧，你们在哪儿看到人民斗争了吗？在哪儿看到人们拿起枪杆子暴动了？"

《电影手册》发言人：可能在《悲哀与怜悯》之后出现了一个被广泛传播的说法：总体上看，法国人民没有进行抵抗，他们甚至接受了合作，所以德国人吞并了整个国家。问题在于要知道这种说法到底是想说什么，它想谈的关键问题是人民斗争，或者对这种斗争的“记忆”。

福柯：非常准确。应该占有这个记忆，规训它，支配它，告诉人们必须回忆什么。当我们看这些影片时，我们知道了我们必须回忆什么：“不要完全相信平时人们给你讲述的一切。没有英雄。如果没有英雄，就没有斗争。”这里产生了一种暧昧：一方面，“没有英雄”，是一种伯特·兰卡斯特[1]对战争英雄神话的有正面意义的松绑。这也就是说，“战争并非如此！”清除历史污垢的第一印象在于：他们最后告诉我们，他们为什么没有让我们全变成戴高乐或诺曼底海军舰队队员，如此等等。但是在这句话下面是：“英雄不存在！”这句话才提供了真正的信息：“斗争也不存在”。这种做法的意义在这里。

《电影手册》发言人：还有另外一个现象解释了为什么

[1] 伯特·兰卡斯特（Burt Lancaster, 1913—1994），美国男演员，在许多史诗片、西部片中出任主演。——译注

这些影片会畅销，是他们利用了曾经斗争过的人对没有斗争过的人的怨恨。举例来说，参与抵抗运动的人在《悲哀与怜悯》中看到了法国中心城市的公民身上的某种消极，他们也承认了这种消极。这构成了一种外在的怨恨，但那些人忘记了他们其实战斗过。

福柯：在我看来，政治上，比这部或那部电影更重要的，是在电影上发生的这种连锁现象，是被所有这些影片建构起来的这个网络，以及这些影片所占据的地位。换言之，重要的是这个问题："在此时此刻，拍摄一部关于斗争的正面电影还是否可能？"人们很快发现这不可能，他们觉得这会让人感觉好笑，很简单，因为这种电影没人看。

我很喜欢《悲哀与怜悯》，我觉这件事做得并不坏。或许我错了，但这并不重要。重要的是这些影片准确地关联于这种不可能性。这些影片中的每一部，都强化了这种不可能性，即在法国围绕战争和抵抗运动拍摄一部描写正面战斗的电影是不可能的。

《电影手册》发言人：是的，当人们攻击一部类似路易·马勒[1]这样的电影时，他们提出反对的第一件事就是这个。答案总是：“你们到底有什么？”我们确实无法回答。我们应该开始用一种左派的观点，但确实不存在四平八稳的视角。而反对者们提出了这样的问题：“怎样制造一种新型的正面英雄？”

福柯：这不是关于英雄的问题，而是关于斗争的问题。我们能不能不用英雄化这个传统程序，去拍一部战斗电影呢？这就回到一个古老问题上来：历史怎样才能把握自身的话语，把握过去发生的事情？除非通过史诗这个程序，也就是说，用一个英雄的故事来讲述。我们正是用这种方式书写了法国大革命。电影以同样的方式运作。在这一点上人们总是可以反对那种讽刺性的反诘：“不，你看，没有英雄，我们都是猪！”

《电影手册》发言人：让我们回到怀旧模式上。资产阶级，从其观念上，相对来说总是把他们的利益集中在他们最弱也是最强的历史时期。因为，一方面，在这个时期他们最容易被揭穿（因为是他们创造了纳粹的土壤和纳粹合

---

[1] 路易·马勒（Louis Malle, 1932—1995），法国导演，本文提到的《拉孔布·吕西安》的导演。——译注

作主义），而另一方面，这个时期也是他们现在正尝试辩护的时期，他们的历史态度隐藏在犬儒主义的形式之下。问题是：对我们来说，怎样改善这段历史呢？这个“我们”是指“1968一代人”。在这里是不是有这样一个突破口，用某种形式去思考一种可能的意识形态霸权？因为资产阶级在这个问题（即晚近这段历史）上确实同时是进攻者也是防御者。战略上防御，战术上进攻，因为他们找到了能打开意识形态缺口的武器？这个缺口理所当然就是抵抗运动吗？为什么不能是1789年革命或1968年学潮？

福柯：关于这个主题以及这几部影片，我想他们是不是也做不出别的事情。当我说这个“主题”时，我不是想说：展现斗争或展现没有发生的事，我是想说，在战争时期，法国大众在历史中确实产生了某种对战争的拒绝，这是千真万确的。但这源自何处？在这些影片中没有提到，既没说来自右派，因为他们试图掩盖这一点，也没有说来自左派，因为不想与任何反对“民族荣誉”的人妥协。

在第一次世界大战期间，差不多有七八百万男孩被送上战场，他们在恐惧中整整生活了四年，他们目睹了数百万人的死亡。他们1920年回来，面对他们的是什么？一个右派政权，一种彻底的经济剥削，最后是1932年大失业以及经济危机。这些被推向战壕的人，在1920年到1940年这20年中还怎么能喜欢上战争？德国人也经历这一切，但失败让他们身上的民族情感复活了，复仇的欲望征服了这种对战争的厌恶。我认为这在工人阶级中是普遍现象。到了1940年，一些家伙把自行车丢到了壕沟里，说“我要回家”。我们不能简单地说：“这就是胆小鬼”，我们也不能掩盖这一点。应该把这些事放到这些影片中。这种对民族的不拥护应该是根深蒂固的。在抵抗运动时期，与人们展现的正相反：也就是说，再政治化、再动员和斗争意志开始在工人阶级中一点一点地出现。这一点在纳粹上台后的西班牙战争中悄悄复兴。然而，这些电影展现的是相反的过程。它展现的是1939年的伟大梦想在光天化日之下被1940年偷走，人们开始放弃。这个过程存在过，但它发生在另一个更加漫长的、方向相反的过程中：在被占领时期，当他们意识到他们必须战斗时，产生了对战争的反感。在这个主题上，确实“没有英雄，只有草包！”但应该追问这来自何处及其根源是什么，难道就没有关于反抗的电影吗？

《电影手册》发言人：库布里克拍了一部《光荣之路》（*Paths of Glory*, 1957），但在法国禁映了。

福柯：我认为，这种对民族武装斗争的不拥护有一种正面的政治意义。我们在《拉孔布·吕西安》中重建了家庭的主题，这可以追溯到伊珀尔（Ypres）和杜欧蒙（Douaumont）。这始终是社会历史的目标：教导人们，能够杀人的人都是伟大的英雄主义。看看我们今天用拿破仑以及他的战争机器所做的教育吧……

《电影手册》发言人：一些影片，比如马勒和卡瓦妮的电影，抛弃了一种历史话语，或者说，一种与纳粹和法西斯现象做斗争的话语，而选择了一种别的、总体上看属于性的话语。这种话语应该怎么看？

福柯：在这个问题上，您没有发现《拉孔布·吕西安》和《午夜守门人》之间有明显差别吗？在我看来，《拉孔布·吕西安》中带有激情色彩的色情有一种很好理解的功能，那其实是一种与“反英雄”叙事进行调和的手段，表明影片并不是特别的“反对”。实际上，如果所有的权力关系都被曲解，如果让这些关系不起作用，正相反，就是发生在人们相信所有的色情关系都发挥了错误功能的时候。就这样，一种真实关系出现了，拉孔布爱上了那个女孩。一方面，有一架权力机器在慢慢训练拉孔布，从坏掉的轮胎到一些神经质的事情。另一方面，存在一架爱的机器，里面有着被曲解的时髦外观，在另外一种意义中发挥作用，到结尾时，拉孔布被塑造成一个田野中与女孩生活在一起的裸体美男子。因此，权力与爱成为一对简单的反命题。而在《午夜守门人》中，则提出了非常重要的问题：即为了权力的爱。

权力承载了色情内容，这提出了一个历史问题：纳粹是怎样从这些悲惨、可怜、清教徒式的少年和维多利亚式老女人中呈现出来的？或者不文雅地讲，今天，在法国、德国、美国以及世界各地的色情文学中，纳粹是怎么变成色情主义的参照物的？现在，所有劣等的色情想象都会带上纳粹的标签。其深处是一个严峻的问题：如何爱上权力？没有人不再爱权力。这种感性的、色情的关联，这种对权力的欲望，在我们身上发挥着作用。君主制及其仪式被呈现出来，刺激了对权力发生色情关系。斯大林还有希特勒这些重要人物都被赋予了这种色彩。但一切都会坍塌，很明显，我们不可能爱上一个恋爱中的勃列日涅夫，以及蓬皮杜或者尼克松。严格地说，我们可以爱上戴高乐，或者肯尼迪和丘吉尔。但是现在发生了什么？我们难道不是正在参与一场对权力的再色情化吗？悲惨的是，这是被色情用品店发展起来的指向欲望极限的再色情化，我们可以在美国的色情用品店找到各种纳粹符号。德斯坦的态度是：“我们将手拉手在街上尽情游行，孩子们将放假半天！”德斯坦身上含有他对手的成分，这不仅体现在身形矫健，他的优雅也体现出了某种色情化。

《电影手册》发言人：他有一张竞选海报就是这样，他的女儿转头看着他。

福柯：就是这样。他看着法国，而她看着他。这是在恢复权力的诱惑！

《电影手册》发言人：在大选期间有一件事给我们留下了深刻印象，尤其在密特朗和和德斯坦之间的电视辩论期间，密特朗像一个老派政治家，表面上看像那种老左翼，他试着用一种高尚的口吻兜售过时和陈旧的观点。但是德斯坦，兜售权力的观念就像广告商兜售奶酪。

福柯：这也是新现象，权力需要自我辩解。权力需要自我掩护并不以权力的方式呈现出来。在某一点上看，这曾经是“民主共和”这个口号的功能，就是让权力处于足够的潜伏状态，变得看不见了，以便于权力在其运作的地方不能被人们把控。现在（戴高乐扮演了一个非常重要的角色），权力不再自我隐藏，它骄傲的地出现，更有甚者，它会说：

“爱我吧，因为我是权力！”

《电影手册》发言人：可能还需要提一下马克思主义理论的某种无力，这种理论很长时间以来在清算法西斯主义。我们说，这种马克思主义以经济的、决定论的方式，历史性地清算了纳粹现象，却把纳粹意识形态最独特的东西放在一边。所以我们要问的是，像马勒这样的导演，通常被我们看作左派知识分子的导演，是怎样利用马克思主义的这种脆弱，掉进这个历史缺口中的？

福柯：马克思主义给纳粹和法西斯主义提供了这样一个定义：“资产阶级中最反动派系的开放的恐怖主义独裁”。这样一个定义完全缺少一个内容及其一系列的关联。它尤其缺少这样的事实，纳粹和法西斯主义只有在这个条件才可能出现，就是在大众内部拥有相对重要的一部分人，按照他们的意图获得诸如治安、控制、镇压等一定数量的国家功能。我认为这里面存在一种重要的纳粹现象，也就是说，深深渗透进大众内部，把权力的一部分有效地授予给大众中的某些人群。只有在这个意义上，“专政”这个词才既在总体上看是真实的，又相对来说是虚假的。当人们龃龉权力时，在纳粹体制下，只要他成为党卫军成员或入党，权力就能控制他。人们确实可以杀死自己的邻居，占有他的妻子和房子！从这一点看《拉孔布·吕西安》才值得玩味，因为这就是他最擅长表现的一面。事实是，与我们习惯上理解的专政即“一个人的权力”相反，在这个体制中，人们把权力最可恶的部分交给了一定数量的人。党卫军就是人们把杀戮、强暴的权力交给他们的人……

《电影手册》发言人：这就是正统马克思主义的失败之处。因为它要求你能掌握一种欲望的话语。

福柯：关于欲望和关于权力的话语……

《电影手册》发言人：也就是在这里像《拉孔布·吕西安》和《午夜守门人》这样的电影才相对显得“强烈”，它们掌握着关于欲望和权力的话语，并让二者看上去是相关的。

福柯：在《午夜守门人》中，我们很有意思地看到，“一个人的权力”是如何在纳粹体制下被这些人收回的。由此建立起来的假法庭非常动人。因为，一方面看，它有着集体精神治疗的风度，但实际上它有着秘密社会的权力结构。这是一间重新建起的党卫军牢房，把差异的和对立的司法权力献给了核心权力。应该思考权力在人民内部被分散的方式，应该思考纳粹在一个像德国这样的社会里进行的了不起的权力转移。如果认为纳粹是某种形式的大工业家权力那就错了，它也不是被强化的大幕僚集团的权力，纳粹只在某个层面上才符合这一点。

《电影手册》发言人：这的确是这部电影让人感兴趣的方面。但我们认为此片最值得批评的，是它似乎在说："如果你是一个党卫军，你就会这么做。可如果作为报偿你有某种消费概念，它就会提供一场色情冒险。"这部电影宣扬一种色情诱惑。

福柯：是的，《拉孔布·吕西安》就是这么做的。因为纳粹连一点黄油都没有给人们，它只给人们以权力。至少我们要问，如果纳粹体制只是一种血腥的专政，如果在这些人和权力之间不存在一种迷恋模式，那么在1945年5月3日，它怎么会让一些德国人继续为它战斗直到流尽最后一滴血呢？当然，也要考虑那些高压政策和检举揭发……

《电影手册》发言人：但如果有高压和检举揭发，也是因为有人可以揭发。因此，这些人是怎么进来的？这些人是怎样被这个受益的权力再分配所哄骗的呢?

福柯:在《拉孔布·吕西安》和《午夜守门人》中,人们交给他们的权力是在爱中被恢复的。《午夜守门人》的结尾就非常明显,在马克思的房间,在他周围,一个小型集中营被建立起来,最后他饿死在里面。所以,爱重建了权力,一种超权力,一种权力的彻底缺席。从某种意义上看,在《拉孔布·吕西安》中也出现了同样的和解,爱恢复了权力的过剩,拉孔布陷入贫瘠的乡村,远离盖世太保占领的医院,同时也远离屠宰生猪的农场。

(李洋 译)

性的教官萨德

编者按

《性的教官萨德》（*Sade, sergent du sexe*）是热拉尔·杜邦（Gérard Dupont）与福柯的对话，最早于1975年12月发表于《电影》（*Cinémathographe*）杂志第16期，第3页至第5页。后收入《谈话与写作：第一卷》（*Dits et écrits I: 1954–1976*），巴黎伽利玛出版社，2001年，第1686页至1690页。

杜邦：您去看电影时，有没有对新近电影中的虐待狂意象感到震惊，无论是出现在医院里，还是像帕索里尼[1]新片描述的那样，发生在虚构的监狱中？

福柯：至少到目前为止，最让我感到震惊的是虐待的缺席和萨德的缺席。当然，这两者不能等同，可以有“无虐待倾向的萨德”，也可以有“非萨德式的虐待”。我们不妨先把虐待狂的问题放在一边——它更棘手一点儿——先来集中谈谈萨德。在我看来，没有什么比把萨德的作品拍成电影更让人过敏的了。原因很多，首先要指出的是：萨德笔下的场景注重细节，有仪式感，形式严谨，很难加入摄影机的附加手法。一丝一毫的增减，微乎其微的修饰都让人无法忍受。没有开放的想象空间，只有精心筹划的规章，一旦有一点遗漏或叠化，所有的一切就灰飞烟灭了。充斥空白的不是欲望就是身体，没有影像的位置。

杜邦：在亚历桑德罗·佐杜洛夫斯基[2]的作品《鼹鼠》（*El Topo*, 1970）第一部中，有一个血淋淋的狂欢场

[1] 这里指意大利导演帕索里尼的《萨罗或索多玛120天》，该片于1975年11月在法国上映。——译注

[2] 亚历桑德罗·佐杜洛夫斯基（Alexandro Jodorowsky, 1929— ），智利导演，其代表作即本文提到超现实主义电影《鼹鼠》。——译注

景，赤裸裸地表现肢解人的身体。电影中的虐待首先不是一种对待演员及其身体的方式吗？尤其是电影中的女人，是否会被当作男性身体的附属物而被虐待呢？

福柯：当代电影对待身体的方式是一种比较新的方式。诚如沃纳·施罗德[1]拍摄的电影《玛利亚·玛丽布朗之死》（*Der Tod der Maria Malibran*，1972）中表现的接吻、面孔、脸颊、眉毛以及牙齿，对我来说，把这些称之为虐待是完全错误的，除非是针对局部对象、肢解的身体、锯齿形的刀痕进行含糊不清的精神分析。将对身体和身体奇观的赞美归结为虐待狂，本身就是一种十分庸俗的弗洛伊德主义。施罗德作品中呈现出的脸、颧骨、嘴唇、眼神与虐待狂毫不相关。它是某种受自主神经系统控制的身体兴奋的勃发，是某种极小部分的放大，是某种身体片断微弱的潜在价值的增加。此时的身体正在无政府化，其等级、位置、命名、器官性正逐步瓦解。对于虐待狂来说，恰恰是上述器官成为持续被关注的目标。你有一双用以观看的眼睛，我就要刺瞎它；你双唇间有和我一样用来咀嚼的舌头，我就要切掉它。这样，你的眼睛无法用来观看，你的舌头无法用来吃喝和说

[1] 沃纳·施罗德（Werner Schroeter, 1945—2010），德国导演，本文提到的影片《玛利亚·玛丽布朗之死》的导演。——译注

话。萨德笔下的身体也具有很强的器官性，依附在这个等级制度上，差别在于，萨德这里就像一些古老的寓言，这个等级制度不是由头脑统筹而是由性来组织的。

所以，在当代的一些影片中，让身体从自身中摆脱出来的方式是一种完全不同的类型。其目的在于拆解这种器官性：舌头不再是舌头，而是出自嘴里的完全不同的东西，它已然不再是嘴里的器官，而是为了满足人们快感的肮脏的东西。这是一种"无法命名"、"无法使用"的东西，独立于欲望体系之外。这是由快感提供的完全造型化的身体：有的敞开，有的紧缩，有的抽动，有的颤抖，有的呲裂。在《玛利亚·玛丽布朗之死》中，两个女人拥吻的这种方式意味着什么？连绵的沙丘，穿越沙漠的旅行队，贪婪盛开的花朵，昆虫的下颚，草丛的起伏。所有一切都是反虐待狂的。从某种残忍的欲望科学来讲，这些未成形的伪足毫无作用，只是从痛苦到快乐的缓慢运动。

杜邦：您在纽约看过"杀人电影"[1]（Snuff films）

[1] "杀人电影"，又叫"鼻烟电影"（Snuff films），是一个特殊的电影类型，最早指那种获准拍摄的真实处死、杀人和活体解剖等纪录片，这些电影不会公开发行。在1970年代，为了迎合观众的猎奇心理，美国出现了一些以"鼻烟电影"为宣传手段的伪纪录片，这种影片为了营造真实效果而采用粗劣的化妆、道具和制作，场面模糊、血腥，但亦真亦假，不时伴随色情成分。——译注

吗？就是那种女人被大卸八块的片子。

福柯：没看过，但我认为那些女人看上去确实像被活体肢解了。

杜邦：那纯粹是一种视觉冲击，没有任何台词。相对于电影这种热媒介来说，这是一种冷媒介。对身体主题没有任何文学表达：只是一具正在死亡的躯体。

福柯：那已经不是电影了，而是私人情欲展映的一部分，仅仅是激发欲望而已。就像美国人所说的，这纯粹是通过刺激来挑逗性欲，而这种刺激——尽管他是另外一种手段——虽然只来自镜像，但其效力却丝毫不亚于现实。

杜邦：您是说摄影机是把演员处理为牺牲品的主人吗？我在想玛丽莲·梦露在《热情似火》（*Some Like It Hot*，1959）中一遍遍跪倒在托尼·柯蒂斯[1]的脚下时，她必然感觉自己处于一种虐待狂场景中。

福柯：我认为，在你提到的这部电影中，摄影机和演员之间的关系仍然十分传统。我们在戏剧中也会看到：演

[1] 托尼·柯蒂斯（Tony Curtis, 1925—2010），美国电影演员，在本文提到的《热情似火》中担任主演。——译注

员甚至不惜自己的身体来表现英雄的牺牲。在我刚才谈到的影片里，看起来较有新意的是通过摄影机对身体进行探索和发现。我猜想这些电影的拍摄活动一定非常紧张，它是身体与摄影机之间的一次相遇，既存在预设性，又存在偶然性，在此种过程中，可以发现某种事物，打破某种视角、音量、曲线，跟随某种痕迹、线路，可能还有些波动。然后身体突然解体，成为一幅风景，一支沙漠车队，一场风暴和一座沙丘，等等。这些都割裂了统一性，成为虐待狂的反面。在施罗德的电影中，摄影机的工作并不是为了某种欲望而描述身体，而是使身体像面团儿一样被揉捏，从中让影像产生——快乐的影像和为了快乐而产生的影像。在摄影机（及其快乐）和身体（其自身快乐的冲动）之间不可预料的相遇点上，产生了这些影像，以及各种渠道获得的快乐。

从解剖学上看，虐待狂是有智慧的，假使它产生狂热和激情，也是在一本理性的解剖学教材内部完成的。在萨德的作品中不存在官能性癫狂。试图用精确的影像对萨德这位精益求精的解剖学家进行改编是行不通的。要么就是萨德不复存在，要么就是拍出一种老式电影（cinéma de papa）。

杜邦：一种有特定意义的老式电影，因为最近总有人打着“复古”和怀旧的旗号，把法西斯和虐待狂联系在一起。比如莉莉安娜·卡瓦尼[1]的《午夜守门人》和帕索里尼的《萨罗》（*Salo o le 120 giornate di Sodoma*, 1975）。然而它再现的不是历史。人们穿着特定时期的服装，是想让我们相信希姆莱[2]的帮凶可以与萨德文本中的公爵、主教和大人相提并论。

福柯：这完全是历史谬误。纳粹主义并不是由一群20世纪的色情狂创造的，而是由众多可以想象到的阴险的、无聊的、令人作呕的小资产阶级创造的。希姆莱是个马马虎虎的农艺师，后来娶了一个护士。我们必须要清楚，犹太集中营来自一个医院护士和一个鸡场饲养员的共同想象。医院加农场——这就是集中营背后的全部幻想。数百万人在这里被杀害，我之所以这么说并不是要减少这件事应负的罪责，而恰恰是想破除人们试图在这上面叠加的全部色情价值。

纳粹在某种意义上就是清洁女工，他们拿着扫帚和抹布试图把社会中他们认为不卫生的、满是灰尘的、肮脏的东西清除掉，梅毒病人、同性恋、犹太人、血统不纯的人、黑人

[1] 莉莉安娜·卡瓦尼（Liliana Cabani, 1933—），意大利女导演、演员，本文提到的《午夜守门人》的导演。——译注

[2] 海因里希·希姆莱（Heinrich Himmler, 1900—1945），德国著名纳粹头目，曾任内政部长、党卫军头目。——译注

以及精神病人都包括在内。正是腐朽的小资产阶级对种族卫生的幻想支撑着纳粹的梦想，其中不关色情什么事儿。

这就是说，在这种结构内部，以当地的某种方式，对峙的受害者和执行者的身体之间产生色情关系不是不可能的。这只是偶然！

问题是，我们今天为什么要通过某种色情幻想来想象纳粹？为什么诸如皮靴、军帽、鹰式勋章还如此受人迷恋，尤其是在美国？难道不是我们生活在这种对瓦解身体的巨大魔力中而变得无能，从而让我们转向小心翼翼、中规中矩、解剖学的虐待狂？难道我们只拥有一种语言，才能把身体迸发的巨大快乐转述成一个近世政治启示录的悲伤寓言吗？难道除了集中营的世界末日景象，我们就不能理解当下世界的紧张吗？看看我们的影像宝库实际上是多么匮乏！除了对“异化”的絮絮叨叨和对“景观”的骂骂咧咧，创造一种新思路是多么紧迫！

杜邦：在这些导演看来，萨德就像是侍女、更夫和保洁员。在帕索里尼电影的结尾，可以透过玻璃看见酷刑，保洁员透过玻璃看见远处古老庭院里发生的一切。

福柯：你知道，我并非想把萨德绝对神圣化。归根结底，我更愿意承认萨德制定了一套专门适应纪律社会的色情主义：一个规范的、解剖学的、等级化的社会，时间被严格分配，空间被有序分割，充满服从和监视。

是时候抛弃一切了，也包括萨德的色情主义。我们必须用身体去创造，用身体的元素、表面、体积、厚度去创造，一种没有规训的色情主义：它属于活力四射变幻不定的身体，充满偶然的相遇和毫无计算的快乐。而使我困扰的是，最近这几部电影运用一定数量的元素，通过纳粹主题唤醒某种纪律型的色情主义。这或许是萨德的色情主义。萨德在文学上的神圣化就太令人遗憾了，对萨德来说也是个遗憾：他让我们厌烦，这是一个规训者，一个性的教官，与一个傻瓜极其类同的会计师。

（谭笑晗　译）

皮埃尔·里维耶归来

编者按

《皮埃尔·里维耶归来》（*Le Retour de Pierre Rivière*）这篇访谈最早于1976年12月发表在《电影杂志》（*La Revue du Cinéma*）第312期，第37页至第42页。后收入《谈话与写作：第二卷》（*Dits et écrits II: 1976–1988*），巴黎伽利玛出版社，2001年版，第114页至第123页。

《电影杂志》：是您发现了皮埃尔·里维耶[1]，您认可勒内·阿里奥[2]电影中的这个人物吗？

福柯：我想说不存在认可不认可的问题。他在那儿，就是这样……事实上在里维耶的档案里，相对这起案件的反响来说，我更感兴趣的是这起案件在诉讼结束后不久就完全被人遗忘了。由于当时有名的医生都对他这个病例感兴趣，所以关于他的医学判例都消失了。没有人提到过，他给那个时期的医生提出一个他们中的任何人都难以解答的谜题，这些档案在当时的诉讼文件里，幸运的是，这里有里维耶自己的回忆录。出版这本书是为了在精神病学出现150年后，重新提出里维耶这个问题，随着精神分析学的创立、刑事医学和犯罪学的普及，对现在的人说：来吧，看看这到底能说明什么。我感觉阿里奥的电影，确切地说，似乎表达的就是这个

[1] 皮埃尔·里维耶（Pierre Rivière, 1815—1840），法国诺曼底地区的农民，1835年6月3日，他用柴刀杀死了他怀孕六个半月的母亲、姐姐和哥哥，案件震惊法国。1835年7月10日至21日，他在监狱里写了长篇忏悔书，解释他杀死妈妈和姐姐的原因是为了保护爸爸，而杀死哥哥的原因是因为爸爸喜欢哥哥。他被判处死刑，但被路易·菲利普国王赦免为终身监禁，1840年他在狱中上吊自杀。福柯在研究监狱历史的过程中发现了这个案例以及皮埃尔·里维耶的忏悔书，在1973年法兰西学院课程上对其进行了介绍和分析，并把这篇文章整理出版。法国导演勒内·阿里奥（René Allio）1976年把案件改编成电影《我，皮埃尔·里维耶，杀了我妈，我妹和我弟》（*Moi, Pierre Rivière, ayant égorgé ma mère, ma soeur et mon frère...*, 1976），福柯参与了影片的编剧工作。——译注

[2] 勒内·阿里奥（René Allio, 1924—1995），法国导演，代表作有《无耻的老妇人》（*La vieille dame indigne*, 1965）、《卡米扎尔人》（*Les camisards*, 1971）等。他导演了《我，皮埃尔·里维耶，杀了我妈，我妹和我弟》。——译注

问题，只不过要比出版这本书显得更加迫切和直接，凭借优秀演员克劳德·埃伯特[1]的表演，阿里奥找到的不仅是皮埃尔·里维耶，更是能够重新提出下述问题的最佳载体：皮埃尔·里维耶是谁？

《电影杂志》：一般来说，历史片主要倾向于回答问题，而不是提出问题。观众是不是迫不及待等着我们告诉他们：这才是真实的皮埃尔·里维耶？

福柯：我不认为这部电影自认为是真实的。影片没说过：看吧，这就是皮埃尔·里维耶。在阿里奥的工作中，强化历史感的不是重建"里维耶事件"，而是通过一些资料和回忆录，包括皮埃尔·里维耶、他的家人和邻居、法官等人真实说过的话，在现在，尝试着把这些谈话、问题调查和动作，通过这些非职业演员的身体和嘴巴表现出来，他们都是当地的农民，与1836年案件有着同构性。既而，我们在与当年提出这个问题最接近的地方，重新提出这个问题。重要的是，拍摄地区的人们参与了影片的工作，他们根据不同的人物、不同的阶段选择了自己的立场，他们表演了这个过程，

[1] 克劳德·埃伯特（Claude Hébert），法国演员、农民，在影片中饰演皮埃尔·里维耶。——译注

并通过自己的表演重新提出这个问题。

《电影杂志》：先拍了电影《卡米扎尔人》（*Les camisards*, 1971），然后是《皮埃尔·里维耶》，如果阿里奥拍的是真正的历史，那我们能否说他这种方式是在“制作历史”（faire de l’histoire）？

福柯：阿里奥展现历史吗？我不这么认为。从事历史研究，或多或少必须是学院或大学的人来做，这是一项学术工作。相反地，阿里奥做的是让历史“发生”（passer），与历史发生关系，或者强化我们的记忆或遗忘，这也是电影所能做到的。我们可以尝试看看阿里奥的电影是怎样让历史发生的。比如说，电影《卡米扎尔人》中让·卡瓦利耶[1]的那些台词，怎样能在今时今日被激活，把同样的词句直接说给我们这些“1968后一代人”听。阿里奥没有让人去看发生了什么，无论以想象的形式，还是以谨慎重建的形式，他都没有修改任何事件。我们把故事中的某些环节维持原样。当我们选用这些素材、提取一些元素以拍成电影时，我们把一些话放在这些人的嘴里，就是这样。

[1] 让·卡瓦利耶（Jean Cavalier, 1681—1740），卡尔扎米地区著名的清教领袖。——译注

《电影杂志》：在阿里奥的这两部历史片中，至少有两个层面的参照：一个是文学的，书写的，另一个是视觉的，写实主义绘画传统的。这两种参照能有助于更好地展现历史吗？

福柯：如果他想重建历史，那这两个层面是彼此矛盾的。只有在这样的标准下才不会发生矛盾，他一方面让历史呈现，另一方面，召集这些建构我们历史的元素，事实上，绘画，也就是我们在米勒绘画中所看到那种农民的再现体系，某种完全外在的注视，从高处捕捉那些农民，这样不会消除他们的张力，而是以某种方式让他们凝固。电影中有一种差不多与皮埃尔·里维耶那个时代相同的关注；在那个时代，一些人比如医生、法官，以某种方式咬住这个骚动和痛苦的农民世界。所有这些应该彼此接合，相互掩饰，让一些元素显现出来，以提出这个问题。在阿里奥的电影里，存在一种永恒的现在而不是历史的重复。这种永恒的现在是最转瞬即逝的，也就是最日常化的。在阿里奥的电影里有日常生活的所有问题，从布莱希特式戏剧到他现在想尝试做的、远离布莱希特的东西，这些存在一样共同的因素：日常生活的戏剧其强烈的含义是什么？这些不值得讲述的和处在所有记忆之外的微小事件，它们持久的呈现方式是什么？可这在一定层面上被铭记下来，不是我们乡村深处发生的任何一件事，都能以某种方式出现在20世纪的城市居民身上。农民世界的小元素，一个田野、森林和马厩中的小戏剧，在某个地方被记载下来，以某种方式在我们的身体上打下烙印，用一种微乎其微地方式记录下来。

《电影杂志》：您认为一个与皮埃尔·里维耶同样特殊的人物，有可能表现出历史背后的潜在力量吗？也就是布莱希特所说的“晦暗不明的力量”（force obscure）？

福柯：在某种意义上，皮埃尔·里维耶走了一条捷径，他在人们试图抓到他的地方用各种手段铺设陷阱。更确切地说，有双重陷阱，一方面是，他经过努力逃避了这一切——因为司法机关和医学机构最终都不知道他做了些什么，而且他的回忆录已经预料到这一切，摆脱了所有的案情归类和所有可能的陷阱，并且，当人们问他为什么杀死他的小弟弟时，他回答说：“为了在所有人眼中、尤其是在我父亲眼中成为令人厌恶的人，这样当我被判处死刑时，我父亲不会感觉到不幸”。另外一个他给所有人设下的巨大陷阱是妨碍人们从外部去理解他的案件以给他定罪，因此，他的死刑最后被缓刑。无疑，在这样一个清醒而完美的计划面前，尤其是在这样一篇令人赞美的文本面前，一些医生、陪审员和法官说："我们不能把他当作一个疯子，我们不能这样审判他，他是清醒、强大而理智的。"他以铺设各种陷阱的方式摆脱了陷阱，他自己也是陷阱的一部分。阿里奥的电影在文本和记忆之间的建立一种游戏，这种"画外音"（voix off）格外适合重建这个双重陷阱。一方面，它遮盖了所有剩下的声音，因而整部影片表现的是里维耶内心的声音，但是，里维耶不仅出现在电影中，影片还像胶片一样把他包裹起来，他往返于影片的外部边界；另一方面，影片让记者、法官、医生的纪录片声音也干预进来，通过设置陷阱和人们谈论他的话语方式重建了这个运动。

《电影杂志》：谈到他的影片，阿里奥最喜欢引用的你们的话是："历史中的沧海一粟"，那这一粟会不会慢慢地越来越小呢?

福柯：如果你愿意，这就是《放大》（*Close-up*, 1967）[1]的故事，讲述一种日常生活中随时可能发生的所有这类现象。当您打开报纸，您读到一个男人在争吵之后杀

[1]《放大》(*Close-up*) 是米开朗基罗·安东尼奥尼 1967 年的电影，福柯和安东尼奥尼曾讨论过他们各自的工作方法。

了他的妻子，这就是简单的日常生活，在某个时刻，在一场意外之后，在一次分歧之后，一点儿小过火，就演变成骇人听闻的事件，然后像一个气球那样很快消失。就是这样，“里维耶事件”就是这样的，影片展现的就是一种日常生活，一些围绕着田地、动产和家禽展开的争吵。这就是历史无意识，它不是一种强烈的力量，那种生命和死亡的冲动，我们的历史无意识是由数百万、数十亿的微小因素制造的，像雨滴一样一点点地冲刷我们的身体，冲刷我们的思维方式，然后偶然性让无数微小事件中的一件留下痕迹，变成一部回忆录，一本书，或者一部电影。

《电影杂志》：仅仅是一个偶然吗？

福柯：偶然听起来像是一种随机的东西，在这么多资料中，这些偶然被保存下来，在这么多罪行中，只有一些才能被人们记住，在如此多的动作、争议、愤怒、憎恨中，最后都终止于一场犯罪。总之，千丝万缕错综复杂的原因，正是里维耶这个家庭制造的偶然现象，带着他们在日常生活中的冲突，在150年后的今天，成为一部数十人或数万人都可能看到的电影。正是这种偶然性深深地吸引着我。

《电影杂志》：但是人们宁愿相信存在某种历史理性，而不是来自于偶然。

福柯：某些时候我们当然能够分析：人们为什么对这类犯罪感兴趣，为什么这些关于犯罪和疯癫的问题会变成我们文化中的持久问题，为什么我们会接受一个农民的悲剧（drame）。事件中的偶然部分为这些事件提供了审美张力。在那个时代有成百上千个像这样的问题，为什么这一事件会让凶杀发生？为什么这起凶杀在当时会引起那么多反响？为什么他后来又被忘记？被彻底地忘记？为什么像我这样喜欢尘埃的个体，有一天会被这个文本所吸引？关于这一点，我可以告诉您，我是怎样对这个文本感兴趣的。我系统整理了19世纪上半叶关于犯罪行为的所有法医鉴定档案。我认为找到了几十本档案，我沉迷于某些档案之中。这些资料让我不堪重负，所以干脆选取了其中最重要的。然后……我没有扑在那些医疗证明上，而是沉浸在这种非常特别的非医学的语言上。我在晚上阅读这些档案，我非常惊讶。也许即使不是我，也会有别人来从事这个研究，因为人们开始对这类故事感兴趣。但是您知道，还是存在一系列不可思议的巧合。无疑，如果不是当地的一个名叫瓦斯戴尔（Vastel）的医生，而且他与巴黎著名的精神科医生没有师生关系的话，这个故事是不会产生这种反响的。我们需要一系列这样小的因素。当然，这件事大部分是可以理解的，但是，从皮埃尔·里维耶、他的妈妈、他的父亲甚至到今天的我们，这个事件的走向是一系列偶然的结果，也给重提“里维耶案”带来更多张力。

《电影杂志》：阿里奥经常让小故事与大历史对立起来，换句话说，就是日常生活与例外事件的对立。但人们对小故事感兴趣，却感觉参与了大历史。最终，皮埃尔·里维耶在今天要比1836年那个时代的人更有价值，更有名。

福柯：当然。这是现在发生的最有意思的事情之一：一本关于历史的书在近几个月获得了最大的成功，这就是艾曼纽尔·勒华·拉杜里写的关于蒙塔尤村（Montaillou）的书[1]，其中的人物在法国历史文献中现在有了与米拉波[2]（Mirabeau）或拉法叶特侯爵[3]同样的重要性。从此以

[1] 艾曼纽尔·勒华·拉杜里（Emmanuel Le Roy Ladurie, 1929—），法国年鉴学派历史学家，布罗代尔的学生，福柯在本文中提到的关于蒙塔尤的书是《蒙塔尤：一个奥克语村庄的历史（1294年至1324年）》（*Montaillou, village occitan de 1294 à 1324*），巴黎伽利玛出版社出，1975年版。——译注

[2] 奥诺雷·米拉波（Honoré-Gabriel Riqueti de Mirabeau, 1749—1791），法国革命家、作家、政治记者。——译注

[3] 拉法耶特侯爵（Gilbert du Motier de La Fayette, 1757—1834），法国将军、政治家，参与过美国革命与法国革命。——译注

后，人们就对日常生活产生了兴趣。然而，历史学家很久以前就对日常生活感兴趣了，对感性和情感的历史、对组织日常生活的物质文明的历史感兴趣，但使用的是相对广义的术语。最近几年来，这些关于普通日常生活的研究又突然重新出现：关于生活习性（habitat）、父母与孩子的关系、关于无名人士的研究著作。每个个体都变成某种意义上的历史人物。这是新的事物，阿里奥的电影就完全处在这个潮流中。

《电影杂志》：我们总说阿里奥对那些正在变化中的人感兴趣，很明显皮埃尔·里维耶就是这样的人。在电影中，我们也能察觉到历史变化的迹象、一个变化中的时代吗？

福柯：里维耶那个时期，封建制度异常陈旧的古老形式下的农民阶层所面对的是，在1789年和帝国之后，新的法律体系出现了。《民法》正进入乡村，带来新的财产关系，在司法实例中，人们与法律的关系既是尴尬的（法律文本不被大众熟知），也是紧张和贪婪的，因为财富、财产、产业和生活的基本条件，所有这些都悬而未决，在讨论中。这是一个法律问题！当我们记起那些经典悲剧都是法律的悲剧时（希腊悲剧永远是关于法律的故事），我们可以这样说，这些悲剧与乡下的故事是相同的，这很平常，至少在开始有着与悲剧相同的张力：讲人与法律的关系。

《电影杂志》：是不是也是在这个时期，您在别的场合描述过的禁闭与监视的关系问题进入您的研究视野？

福柯：是的，当然。但是，在“里维耶事件”中，我们不能直接感受到这个问题。这个监视系统是被警察、法院、医院等机构所支撑的，这些机构同时也属于分析、理解人们及其行为并使其合乎理性的体系，当时在很遥远的乡村还没有被普及，所以很难去分析。有趣的是，在影片里，人们看到了预审法官是如何提问的，还有人们是怎样回答问题的，他们一会儿完全站在一边，一会儿就只是重复预审法官的问题，不知道接下来该怎样继续扮演角色，其实这些表演应该给罪犯展开一定数量的心理意义上的审判。

《电影杂志》：对于里维耶的流浪，人们的记载改变了吗？

福柯：让我非常高兴的是，在影片的建构过程中，这种流浪被放在结尾，放在审判之后。影片的结尾是杜撰的，当里维耶被审判时，影片重新回到他被逮捕之前的流浪场景。影片在此处展现了一个维度，即里维耶从法医学这个陷阱中逃脱审判的事实，他走了，他逃脱了，他逃离了这一切，变成一个逍遥法外、在社会之外的漂浮不定的人物，奔跑着、悬浮着。实际上，影片建构了一个错误假象，让里维耶在历史和真实之外显现出来。

《电影杂志》：不考虑具体的声誉如何，电影是不是在表现梦游方面要比表现追忆历史方面更成功？

福柯：我们不能对电影提出知识的问题，那将是它完全失败的部分。我们可以对电影提出其他问题。电影允许拥有一种与历史的关系，创建一种历史的存在模式，电影的历史效果与我们通过记载所了解的历史是完全不同的。举个例子，莫阿蒂[1]的电影《黑色面包》（*Le Pain noir*, 1974）。如果说这套影片曾有过成功，它的重要性是因为比小说更多地与历史建立了一种关系，而这段历史在所有人的共同记忆中只占很小的一部分，即祖母辈的生活。我们的祖母经历过这段历史，这不属于我们知晓的那部分，而属于我们身体的一部分，属于我们行动、创造、思考、做梦的方式的一部分，突然地，这些谜一样的小石子被我们从沙中筛拣出来。

[1] 塞尔日·莫阿蒂（Serge Moatti, 1946— ），法国记者、导演、演员，福柯在文中提到的《黑色面包》（*Le Pain noir*, 1974）是他导演的八集电视剧，该剧1974年12月20日至1975年2月3日播出，讲述一个法国青年农民在1880年到1936年间的故事。——译注

在书出版之后，我难以想象得到，我们在诺曼底的一座小城里重新找到一位85岁的老妇人，她出生在“里维耶案”的那个乡村，她能记起在小时候，人们还用皮埃尔·里维耶来吓她。我们在这里找到了某种直接的连续性，她真的听说过这件事。对于别人来说，这是另外一种记忆，但它的确存在。

《电影杂志》：《皮埃尔·里维耶》是不是一部以书为依据的电影？或者更确切地说，把一本书作为来源材料？

福柯：正相反，是这部电影打动了我。当然，影片使用了书中的一些资料，这些资料就是为了这个而整理的，但这不能说是一部来自于书的电影，而是完全不同的东西。在这本书中，我们想要重提里维耶的问题，搜集了当时和之后的关于里维耶的所有说法。比如说歌曲，是之后出现的，一般来说，当罪行刚刚被惩罚，一些出版手稿（feuilles volantes）的印刷厂主就匆忙地编辑出版一些与其他犯罪相关的故事。这些歌曲最初被传唱，但是在19世纪，它不再是一种空泛的文化形式，而且也成为对一些不受政府欢迎的手稿的出版的辩护，因为人们在其中夹带一些政治文章。人们在结尾插入一首小的道德歌曲作为弥补，有点像宣扬丑闻的小报。编撰这些内容与我们出版的这本丰富的书是相同的，这本书是我们给精神科医生、精神分析学家的，给所有对这些问题感兴趣的人的，但是至少在法国，没有一个案件能够重建“里维耶事件”提出的挑战。这件事曾经被封存，这至少表明他们的意识有局限。相反，在戏剧层面却有爆发性的影响。

《电影杂志》：您在学术界已经做过交流，但真正的对象却设定为艺术界，能问一下为什么吗？

福柯：这种处在知识与艺术之间的巨大裂缝正在消失。人们谈到许多关于知识的“去资格化”（disqualification），而我觉得正相反，是知识的“再资格化”（requalification）。人们只是淘汰（disqualifiait）了知识中某些僵化和沉闷的形式，因为目前真的存在一种对知识的贪婪。所以，对于一本渊博的书以这种方式传播，我并不觉得惊讶，因为很多问题是被体制内的知识占有者提来出的，他们不能回答这些问题，因为这涉及一些人和一些观点。今天，人们与疯癫的基本关系及其存在方式是至关重要的，对知识分子话语来说也如此。1830年以来，关于精神疾病的精神病学知识创立之后，一种对疯癫的认知持续地支撑和维持它的发展。近十五年来，这种与疯癫的关系在让一些精神科医生发生变化之前，已经在一些人那里发生了改变，是因为科学很少干预这些问题。现在，关于疯癫的知识话语不可能是相同的，并且，从这种角度看，哪怕没有任何一个精神科医生再提起“里维耶案”，这个案件给医生们带来的张力这个事实也会让他们引起重视。可以肯定的是，当面对某个相似的罪犯时，哪怕他们不了解情况，也会开始重视这个案件。里维耶之谜一定不会被遗忘，但是，它仍然是个谜，它不是完全没有意义的，也不会没有结果。

《电影杂志》：每一次里维耶的生活在戏剧或电影中展现，您是否都会感到某种忧虑？

福柯：作为规则，我们以及那些像我一样研究历史档案的人，都会全身心投入到档案研究中，但这个文本不属于我们。我们做的所有工作，既是心甘情愿的，又是某种晦涩沉重的工作，可是我们没有干预这些资料的使用。当阿里奥对我提起这件事的时候，我确实很高兴，因为我认为，在通过电影提出历史问题的人之中，阿里奥和他的《卡米扎尔人》是最近几年做得比较好的之一。现在，影片已经结束，但谈论它总让我感到为难，因为我不认为我能很好的观看它，我有我的方式，我通过书和一些资料来观看影片，因此我完全有曲解的感觉。从另一个角度看，我是这部影片制作工作的见证人，这也是我第一次这样近距离观察一部电影，因而对我来说这也是一次真正的启蒙。通过这个制作过程、这本书以及我的一点点激动与狂热，我现在看到了作为结果的影片，我不想质疑影片的质量，但我非常想有那么几分钟时间，变成那些还没看过这本书的人，他们不了解这段故事，他们直接面对这些陌生的声音和非职业演员……

（肖熹　译）

声名狼藉者的生活

编者按

福柯搜集了总医院和巴士底狱的囚禁者档案，并将它们编选为一个文集，这是他为这个文集所写的前言。这篇文章发表于1977年。福柯将这些关于囚禁者的文字称作“黑暗传奇”。关注那些沉默的平凡人的命运，关注那些声名狼藉者的生活，使他们划破理性的黑夜，是福柯自《疯癫与文明》以来的一个特殊的历史偏好。福柯在这里特别强调的是，这些声名狼藉者正是因为同权力的触碰而得以在历史中存活下来。权力就此深入到日常生活的最微观层面，并将这些日常生活镌刻成纪念碑文。就此，权力不仅暴露了其压制的一面，也暴露了其生产的一面。同时，福柯也分析了日常生活是在怎样的背景下纳入到叙事和话语体制之中的。同文学时期的诗意的玄妙相比，这篇文章体现了福柯70年代典型的写作风格：明晰、老辣和激情。德勒兹称这篇文章为“如此绝妙”的杰作。他甚至推测，作一名声名狼藉者是福柯的一个梦想。

这并非一本历史书。由于最初相遇时的感受已经消失，书中各种文本的选择完全取决于我的个人口味、意愿、情感、欢乐与诧异，某种恐惧或其他感觉，这些感觉的程度我可能难以辨析清楚了。

这是一本关于存在的文选。其中讲述的各种生活，有的短短数行，有的寥寥几页，多少不为人知的苦难和艰辛包含在只言片语之间。这些短暂的生活偶然出现在书籍或文献中。可以把它们看作说教性的范例（Exempla），但又与先贤们在阅读过程中搜集的道德范例不同，与其说它们传达了值得深思的经验教训，不如说它们具有短暂的影响，其影响力又在瞬间褪去。依我之见，用“新闻事件”（news）一词来界定这些文本再合适不过了，借此突出它们的双重指涉：快节奏的叙事和叙述的真实事件本身。正因为这些文本的叙述极其紧凑，人们才无法判断，它们所具有的强度究竟是源自文字的生动逼真，还是源自文字言说的事实的暴烈。这些奇特的生存状况，历经不为人知的跌宕起伏之后，变成了不同寻常的诗篇，因此我决定以标本集的方式将它们收集起来。

我记得，有一天我在国家图书馆读到一份18世纪初的拘留记录，就在那时，这个想法浮上心头。如果我没有记错的话，这一想法出现时，我读的是以下两条记录：

> 马图林·米兰（Mathurin Milan），1707年8月31日被送入夏朗东精神病院："他向家人隐瞒他的疯癫，在乡间过着一种遮遮掩掩的生活，频频卷入官司和纠纷，毫无担保地放高利贷，把他脆弱的精神引入未知的道路，相信自己有能力开创最伟大的事业。"
>
> 让·安托万·图扎尔（Jean Antoine Touzard），1701年4月21日被送入比赛特收容所："煽风点火的叛教者，极可能成为恶贯满盈的罪犯，鸡奸者，随时有可能成为一个无神论者；他是一个十足的恶魔，必须加以惩治，以免任其逍遥法外。"

我很难准确描述阅读这些片断以及许多其他类似文字时的内心感受。毫无疑问，在这些感受中，有一种可以称作"感同身受"，我这么说，好像除此之外还会有其他什么感受似的。我必须承认，这些"小故事"历经两个半世纪的沉寂之后，突然出现在我面前，比通常所谓的"文学"更能触动我。我至今都无法弄清，触动我心弦的是短短几句就展现人物悲惨生活的古典风格的美，还是这些故事中的暴行。这些暴行混杂着一种阴险的顽固和恶意，在卵石般圆滑的文字之后，可以感觉到这些生命的迷乱惶惑与奔涌的活力。

很久以前，我曾经利用类似的文献写了一本书。毫无疑问，写那本书完全是出于邂逅这些卑微生命时的共鸣，这种共鸣如今我仍感受如新，而这些微不足道的生命已经在那些粉碎它们的只言片语中化成了灰烬。我希望通过一种分析来恢复这些生命原本强烈的力量。但由于缺乏必需的天资，我对这种分析方法斟酌了很久。我仔细研究了这些枯燥的文本，力求弄清楚它们存在的原因，它们关系到哪些权力机构和政治实践；我想探求为何在一个跟我们差不多的社会中，“处置”（stifle，正如人们忍住一声叫喊，扑灭一场大火或扼杀一只动物）一个声名狼藉的修道士或一个性格乖僻、无关紧要的高利贷者，居然会如此重要。我也想弄明白，为何人们如此热衷于防止那些意志薄弱者步入未知道路。但是，这仍然没有涉及那些最初激发我的强烈情感。既然这些情感没有机会进入理性的秩序中，我的话语也无法恰到好处地表达它们，让它们保留最初打动我时的样子不是更好吗？

自从有了编纂这部文集的想法开始，一有机会我便着手做一些工作。我编纂这本文集既不慌不忙也无明确意图。我一度打算把它系统化，并且添加一些初步的解释，以求显示出哪怕是微乎其微的历史意义。最后我还是推翻了这一想法，原因将在下文提及。我决定只是按照我所认为的强度，简单地选编部分文本，其后附加了一些初步的评论。采取这样的编排方式就是为了尽量保持每篇文本的效果。

因此，这本书不会符合历史学家的意图，更不消说获得其他人的青睐了。难道这本书纯属主观情绪之作？我宁可说，这本书遵循一定准则，同时又不乏些许自成体系的怪异想法（也许有人会说，我这种解释仍然无济于事）。我认为，那位言行古怪的高利贷者或是犯了鸡奸罪的修道士的生活之诗始终都是一种典型。正是为了再现类似这样一闪即逝的生命，那些诗样的生活，我给自己确立了一些简单规则：

涉及的人必须真实存在过；

他们的存在既默默无闻又命途多舛；

记载他们的故事越短越好，只有几页或几句话；

这些陈述不仅仅是怪异悲惨的故事，还以这样或那样的方式（因为这些叙述都是控告、谴责、命令或者报告）构成了他们无足轻重的生存史的一部分，也成为他们不幸、狂暴和令人疑惑的疯癫的一部分；

这些文字所具有的震撼力应该仍然能够给我们带来

一种美与恐惧交织的效果。

但是，这些规则可能显得有些随意，我应该详加解释。

我希望书中的事都确实存在过，这样就可以确定事件的地点和时间。在这些不再言说的名字背后，在这些极有可能包含着错误、虚假、不公、言过其实的短暂叙述背后，有那么一群人，他们曾经活过又死去，一生与苦难、卑贱、猜忌与喧哗为伴。因此，我排除了所有虚构或文学性的东西。文学创造出来的邪恶英雄们，没有一个能像这些文本中的鞋匠、逃兵、衣商、掮客或云游修道士那样震撼人心，他们疯狂、可耻又可怜，这无疑是由于人们知道他们生存过。同样，我也排除了所有那些疑似传记、回忆录、描述一类的文本，这类文本也叙述一定的现实，但却是出于观察、记忆、好奇或者消遣，与现实保持着一定距离。我坚持认为，这些文本应该与现实保持某种关系，或者最好与之保持尽可能多的关系——它们不仅涉及现实，甚至能在现实中起作用；应该成为真实戏剧中的一部分；成为复仇的工具，仇恨的武器，战斗的插曲，表达绝望、妒忌、乞求或命令的手势。我没有把那些最写实的文本囊括进来，尽管从再现现实的价值角度来考虑，它们理应入选。但是我所选的这些文本在它们传达的现实中发挥了作用，因此，不管它们有多不准确、多么夸张或者虚假，现实总是贯穿其中——话语的断片便是它们所处现实的残片。人们在此看到的并非人物形象的文字汇集，而是圈套、武器、叫喊、姿势、态度、诡计和阴谋，文字就是表达它们的工具。真正的生命过程就在寥寥数语中“上演”（jouées）——我并不是说它们得以再现，而是说这些生命的自由、不幸和死亡，还有他们的命运，实际上都是或至少部分由此决定。这些话语确实贯穿了他们的一生；事实上，正是在这些话语中，他们的存在岌岌可危并且荡然无存。

我的另一项要求是，书中涉及的人物本身应该是默默无闻的，没有什么能够让他们落下恶名，他们也没有被赋予任何稳固的、公认的高贵品质，没有家世、财富、圣行、英雄品质或天赋；他们应该属于那些注定要消失得无影无踪的芸芸众生的一部分；无论在他们的厄运与激情还是爱与恨中，他们的生活都是黯淡无光、平庸无常的，这一点与他们那些被认为值得记录的事情形成了对比；但是，他们也会被某种暴行、某种力量所驱使，被一种过度的恶意、卑鄙、低贱、执拗或厄运所刺激，于是，在他们同辈的眼中，就他们碌碌无为的生活而言，这些能给他们带来一种令人震惊或者令人同情的辉煌。我一直在寻找这些蕴含着某种能量的粒子，正因为其微不足道、难以察觉，方显能量之巨大。

不过，如果我们要想触及一些这样的事情，就必须要有一束光，至少曾有片刻照亮过他们。这束光源自别处。这些生命本来能够、而且应当处于无名的黑暗之中，然而，与权力的一次偶然相遇，却把他们从黑暗之中拖拽出来；如果没有这样的冲突，绝不可能留下只言片语来记录他们转瞬即逝的一生。权力监视着这些生命，追踪着他们，密切注视着他们的抗议和不法行为，片刻也不放过；它的利爪还会划伤他们，在他们身上留下持久的印记。正是这样一种权力，产生了这些评述他们的寥寥数语，从中我们得以知晓这些生命。这些文字的存在，或是因为有人想借助权力来告发、控诉、乞求或者恳请，又或是因为他选择利用权力进行干预，用些许文字来实现裁断和判决。所有这些生命，本来注定一世不为文字记录，甚至未被提及就了无踪迹，只有在刹那间与权力接触时，他们才留下了自己存在的痕迹，而且是那样短暂、激烈，谜团一般。因此，毫无疑问，要把握他们处于“自由状态”时的本来面目是不可能的，他们根本不可能从权力游戏和权力关系预设的雄辩说辞、处心积虑的偏见或者弥天大谎中分离出来。

人们可能会跟我说：“这多么像你，一直不能越过这条界线，走到另一边，倾听并且转达来自别处或下面的语言；总是同样选择在权力这边，听着权力的话语或是权力影响之下的话语。这些生命正用自己的声音说话，为什么不去聆听？”不过归根结底，如果他们不曾在某刻与权力不期而遇并激起自身的力量，除了他们的狂热行为和不可思议的不幸以外，难道还会留下别的什么吗？命运的形式在与权力产生关系中形成，要么与权力共盟，要么与权力对抗，这难道不是我们社会的一个根本特征吗？的确，生命中的最强点，它全部能量聚集之处，就是它与权力正面冲突的地方——与权力抗衡、利用权力的力量、逃离权力的陷阱。那些简短而矛盾的文字，往来于权力和这些无关紧要的生命之间，对于后者来说，无疑已经变成了赐予他们的唯一一座纪念碑——正是这样的纪念碑，赋予这些生命些许的辉煌和片刻的光彩，使之流传下来，让我们得以窥见其中的生命。

简而言之，我是要搜集一些残存的事例，用这些话语组成一部关于无名者的传奇，而这些话语正是这些生命在悲伤或愤怒中与权力交换所得。

之所以把它称为一部“传奇”，是因为这些文字跟所有传奇一样，兼具虚构与真实的成分，两者之间的区分不甚明确，但它模棱两可的原因与一般传奇正好相反。无论传奇中现实的核心是什么，它最终只是关于现实的诸般说法的总和。传奇称颂其主人公的荣耀，却并不关心他们是否真实存在过，是否确有其人。即使他们真的存在过，传奇又赋予他们诸多奇闻轶事，用很多不可能之事美化他们，结果最后他们几乎显得不曾存在过。但是，如果他们纯属虚构，传奇又将诸多广为流传的说辞加诸其身，从而使他们呈现出只有真实存在过的人才具有的历史厚度。下文中，这些男男女女的存在，只有通过那些关于他们的简短叙述才能为人所知——除了零星几句话以外，没有什么能补充说明他们是怎样的人，还做过怎样的事。正因为寥寥片语而非冗长的叙述，才使真实与虚构相互等同。他们在历史长河中籍籍无名，不曾在人事之中叱咤风云，不曾留下引人瞩目的痕迹，在这些文字提供的不牢靠的居所之外，他们没有也不会再有任何栖身之地。通过这些评论文字，他们走近了我们，他们身上所带的现实印记，并不比把他们假想为《金色传奇》[1]或一部探险小说中的人物时所具有的现实性更显

[1] *La Légende dorée*,《金色笔记》(二卷本)(Paris : Garnier-Flammarion, nos. 132-133, 1967), 18世纪多米尼加人雅克·德·沃拉吉纳所编纂的圣人传记。——编者注

著。纯粹的文字把这些孤独悲惨的恶棍们变成了半虚构的存在物。这些生命本来几乎要灰飞烟灭，但不知道算是幸运还是不幸，由于偶然的机会，这些档案重见天日，于是那些零星的评价文字或他们自己的言论得以残存下来。这是一部黑暗的传奇，更是一部枯燥的传奇，它被缩减为某日人们的言论，留存到今天，与我们不期而遇。

这部黑暗传奇还有另外一个特征。它流传至今，并非由于某种深刻的必然性，也没有历经连绵不断的途径。从本质上看，它被剥夺了传统，只是通过间断、擦抹、湮没、重组和再现之后，它才流传到我们这里。从一开始，它就受到偶然的支配。首先，必须要有种种出乎意料的机缘巧合，让权力的焦点和怒火集中在最不起眼的个人及其平庸生活之上，哪怕只是他身上最不起眼的缺点。由于一次偶然的不幸，官员们或权力机构的警钟突然被敲响，他们决意镇压一切捣乱分子，于是，他们拘留了这个，放过了那个，比如羁押了可耻的修道士、受虐的妇女、狂暴的酒鬼、吵闹的商人，而不是别的什么人，尽管那些人闯下的祸跟他们相比只多不少。然后，在那许多散佚的档案中，唯独只有这份流传到我们手上，被我们重新发现和阅读。因此，在这些无足轻重的人与同样无足轻重的我们之间，没有任何必然的联系。没有什么东西可能让他们，而不是其他人，伴着他们的生活和不幸从阴影中显现出来。如果我们愿意，我们可以在这些文本中看到他们的复仇，并为此感到快慰——偶然因素让这些平凡之人从那些死去的千千万万人中间凸显出来，让他们再度展露自己的姿态，表达自己的愤怒和苦难、或者他们无法遏制的作恶之心——这或许可以弥补一下权力的霹雳给他们造成的不幸，尽管他们籍籍无名、庸庸碌碌。

这些生命似乎从来不曾存在过，只是在与权力发生冲撞后才得以幸存，而权力原本想要毁灭他们，或者至少抹去他们存在的痕迹。只是通过许多偶然的造化，这些生命才重现于我们这个时代。所有这些声名狼藉的行为，我都想把它们作为遗迹收集起来。有一种假的恶名，比如说，吉勒·德·雷（Gilles de Rais）、吉耶里（Guillery）或卡图什（Cartouche）、萨德（Sade）和拉色内尔（Lacenaire）[1]这些令人既怕又恨的人就有幸获得了这样的名声。表面上他们声名狼藉，但正因为他们给人们留下了糟糕的记忆，滔天罪行归咎其身，而恐惧之下人们对他们尊

[1] 吉勒·德·雷（Gilles de Rais），是一个连环杀妻者（他杀死了六个妻子，被第七个妻子告发）；卡图什（Cartouche），是有名的拦路抢劫的强盗；萨德侯爵（Sade Marquis de），“虐待狂”（sadism）一词就由他而来；拉色内尔（Lacenaire），是一个连环杀人犯，路易·波拿巴在任时将他判处死刑，他还写下一部臭名昭著的传记来回忆自己的所作所为。——编者注

崇有加，因此，他们实际上是辉煌传奇的主角，尽管他们名声的由来与那些应当成就伟大之人的原因完全相反。他们的臭名，只是一种普遍的名声（fama）的某种形态。但是，那个叛教的修士，那些迷失在未知路途上的脆弱精神，他们才是严格意义上的声名狼藉者——他们只能依赖那些注定将他们贬得一文不值的可怕言辞，才能把自身的存在维持到今天。而且偶然的机会也决定了，留存下来的是这类文字，而且只能是这类文字。他们重返现实的方式，与他们当初被逐出这个世界的方式竟出奇地一致。试图为他们寻找另外一副面孔，或者在他们身上臆想另一种卓越，都会徒劳无功；他们不过是那些旨在摧毁他们的力量在文字上的体现——不多也不少，仅此而已。这就是严格意义上的声名狼藉，没有掺杂模棱两可的丑闻或是难以言明的崇拜，与任何形式的荣耀也无半点关系。

与那种收集了各个时期和地区的声名狼藉者的鸿篇巨制相比，我清楚地意识到，我这本选集中的文本会显得微不足道、范围狭窄，甚至有些单调乏味。它包括的文献资料，几乎仅限于1670年至1770年这一百年的时间，而且来源相同：基本上都来自拘留所和警察局的档案，向国王呈递的请愿书以及国王手谕（lettres de cachet）。所以，姑且让我们假设，到目前为止这只算是第一卷，以后《声名狼藉者的生活》将会涉及其他的历史时期和地域。

我之所以选择这一时期和这一类文本，是因为我对它们已经非常熟悉。如果说我对这些文本的偏爱至今未减，如今又再次着手研究它们，原因在于我认为它们标志着一种开端，或者至少是一个重要事件，政治机制与话语作用在此紧密交织。

这些17到18世纪的文本，尤其是跟后来那些单调乏味的行政档案和警局档案相比，展现出一道夺目的光辉，显示出措词的巨大效用，一种猛烈的力量，但至少在我们看来，这种效用或者力量，把这些微不足道之事或者背后卑鄙可耻的企图都一并掩去。这些卑微可怜的生命经由诅咒和反复的强调描述出来，而这些话语似乎很适合描述悲惨生活。这无疑传达出一种喜剧效果：这些文本在遣词造句上无所不用其极，企图借此诉诸居天地之大的王权，使他们注意微不足道的逾矩行为或是那些寻常的不幸——这样的举动多么愚蠢。“臣杜辛（Duschene）身陷困厄之中，深感重负，故心怀谦恭崇敬之情，伏乞圣断，恭请殿下判决这个罪大恶极的妇人……臣之不幸，实非一般，耗尽万般途径，循循劝导，谆谆告诫，以求这不知虔诚、名誉、正直、人性为何物的妇人悬崖勒马，履行其身为人妻之职责，然而前功尽弃，举目无依，如今唯有诉诸殿下。臣之惨状至此，是以斗胆进言，唯愿臣之哀声见闻于殿下。”或者，又有被遗弃的乳母为四个孩子请求逮捕其夫，“这些孩子除了从他们父亲那获得品行不端的坏榜样以外，不会再有别的好处。陛下，您的公平正义必然能使他们免遭这种不良教育的戕害，使我及我的家庭免遭耻辱和骂名，使这个作恶多端的不法公民再也无法危害社会”。看到这里我们也许会觉得可笑，但我们必须牢牢记住：这种修辞之所以显得拿腔拿调、夸大其词，只是因为它被用来描述那些微乎其微、不足挂齿的事情；而权力对这种修辞做出的反应，也是同样的夸大其实。不同之处在于，这些文字传出一道光芒，让我们窥见权力将会如何决策，并且显现这些决策的庄严，如果不是出于所惩之事的重要性，那便是刑罚的严酷。如果一个仙婆被拘留，那就是因为“她胡作非为，罪行累累。多年以来，她一直诈取公众钱财，愚弄他们，蛊惑人心，却没有受到相应的惩罚。因此，替公众除去这样一个危险至极的妇人，既体现仁慈，又彰显正义”。又有一则关于一个头脑糊涂、轻浮浪荡的年轻人，“他是一个放浪不羁、毫无信仰的恶魔……几乎坏事干尽：狡猾无赖、大逆不道、鲁莽冲动、狂躁凶暴，甚至连蓄意谋害生父这种事情都能干得出来……总是跟一些最可耻的妓女鬼混在一起。不管人们怎么指责他荒淫无度，他都无动于衷，仅报之以恶棍般的狞笑，这表明他早已麻木不仁，人们不能不相信，他已无可救药”。只是因为微乎其微的小罪过，一个人就被归入十恶不赦之列，或者至少被谩骂和诅咒淹没。跟尼禄或罗多赓相比，这些荡妇和浪子几乎毫不逊色。古典时代的权力话语，跟那些向权力陈辞的话语一样，制造了恶魔。可是为什么这出日常生活的戏剧却被如此强化？

基督教曾经在很大程度上组织了权力在日常事务中的运作，它提出的义务是利用语言之磨来维持寻常世界中琐碎事务的正常运转，揭露常见的错误、甚至是难以觉察的过失，一直到内心深处种种模糊不清、相互作用的思想、意图和欲望。通过忏悔仪式，自白者同时变成了被言说的对象；通过言说一件事来消解这件事，但同时也增强了自白本身。自白必须保密，除了忏悔和悔罪行为之外，不能留下其他任何痕迹。基督教影响下的西方文明，发明了如此令人惊骇的约束，并把它强加到每个人头上，要求他们说出一切，以便消解一切，要他们用持续不断、絮絮叨叨的低语来叙述哪怕只是微不足道的过失，事无巨细、无一遗漏，但是这种低语甚至连片刻也无法持续，一旦说出、瞬间即逝。然而，对许多世纪以来的千百万人来说，必须以第一人称通过强制性且片刻即逝的轻声细语来倾诉罪恶。

但是，从17世纪末期开始，这种机制被另一种运转方式迥异的机制所包围和超越。这是一种行政管理机制，而不再是一种基于宗教的机制；是一种记录性的机制，而不是一种赦免性的机制。但是，它们指向的对象却是相同的，至少在某种程度上是一样的——把日常生活纳入话语体系，调查充斥着无关紧要的违法行为和骚乱的微小领域。在这一系统里，忏悔不再扮演基督教曾经给它留出的显赫角色。为了实现对社会的监察和控制，长久以来所采用的程序被沿袭下来，还有过去仅在局部运用的手段：告发、投诉、调查、报告、密探、审讯。一切以这种方式言说的东西，都经由书写的方式记录并积累下来，整理成卷宗和档案。悔罪时的声音是单一的，持续片刻之后，不留半点痕迹，在消解自身的同时也消解了罪恶。取而代之的是多重声音，这些声音存放在庞大的档案堆中，并经由时间的推移不断增长，记录下世界上所有的苦难。由不幸和违规行为所致的微小困扰，不再通过忏悔中几乎难以听见的低声吐露向上传至天堂，而是通过书写的痕迹在尘世间积聚起来。这样，在权力、话语和日常生活之间，一种完全不同的关系建立起来，形成一种全然不同的控制和阐述日常生活的方式。于是，就日常生活而言，一场全新的演出诞生了。

我们已经熟悉了这些相当古老且相当复杂的工具：它们包括请愿信、国王手谕或国王颁布的法令、各种形式的拘禁、警方报告和裁决。我无意重溯这些众所周知的事情，我将只考察其中某些方面，它们或许能解释这些描摹不幸者的草图为何能够产生奇妙的震撼并且具有一种美感，对于我们这些远观者来说，这种美套着声名狼藉的外衣。国王手谕、监禁、无处不在的警察，所有这些只让人想起一种绝对君主统治下的独裁专制。但人们不得不看到，这种“恣意专断”也是履行公共服务的一种形式。只有在极其罕见的情况下，“国王的法令”才会作为君主愤怒的征兆无端从天而降。很多情况下，这些法令是应某人圈内人的要求，针对此人发出的，这些请求者包括他的父母、亲戚、家人、子女以及邻居，有时是教区牧师或某个名人；人们请求对此人施以惩戒，好像他犯下了什么滔天大罪，应该得到君主的严厉处罚，但实际上他们要求处理的，只不过是一些无关痛痒的家庭纠纷：虐待配偶、挥霍财产、利益冲突、儿孙不孝、无赖欺诈或狂饮寻乐，以及所有那些无关大局的逾矩行为。国王手谕，虽然代表着君主拘捕某个臣民的特别意愿，也不遵循正规的法律渠道，但实际上只不过是对下层请愿的回应。不过，国王通缉令不能轻易授给请愿者：在发出通缉令以前，必须进行一项调查，目的在于证实请愿书中声称的事件是否属实；至于确定是否该监禁这个纵情声色之徒或那个狂饮作乐的酒鬼，是否要惩罚这种暴力行为或是那种放荡举动，在什么条件下拘捕，监禁他们多长时间——这就是警方的事了。警方要为此搜集证词，派探子打听消息，调查个人周围充满疑团的流言蜚语。

国王手谕和监禁的形成相当短暂，仅仅持续了不到一个世纪，而且仅限于法国。但是，对于权力机制的历史来说，它的作用非常重要。它没有让王权的恣意专断以不请自来的方式侵入日常生活的方方面面。相反，它确保权力通过复杂渠道以及请愿与回应之网得到分配。那么，这是一种绝对主义的权力滥用吗？可能是，但这并不是指专制君主单纯地滥用他自己的权力，而是指每个人都可以让强大的君权为他所用，满足自己的目的，反对别人；只要一个人足够聪明，知道如何利用它，就能随意将君权机制操控于股掌之间，创造机会使其效用符合自己的利益。由此也产生了一些后果：政治主权深入到社会机体最基本的层面，在传统的权威与服从构成的武器之外，这种绝对主义政治权力的资源可以在臣民之间的关系中发生作用，有时甚至在社会地位最低微的人之间，比如说，家庭关系、邻里关系、利益关系、同行关系、对手关系以及爱憎关系。只要一个人知道如何玩这个游戏，那么对另一个人来说，他就会变成一个令人毛骨悚然的、无法无天的统治者：辖制他人的人（homo homini rex）。整个政治网络与日常生活的结构交织在一起。但仍有必要挪用这种权力，哪怕只是片刻，引导它、捕捉它、转向自己需要的方向；倘若一个人要对它加以利用，就有必要“引诱”它。它既是人们贪求的对象，也是人们引诱的对象；它之所以令人向往不已，是因为它同时也令人望而生畏。因此，这种无限制的政治权力对日常关系的干预，不仅为人们所认可、所习见，而且为人们深深地包容，正因为如此，它也成为一种普遍恐惧的主题。这种倾向逐渐开启了传统上把家庭与行政和政治控制相联系的从属或依附关系，对此人们已经习以为常。同样不足为奇的是，国王无限制的权力，无论是因为一时的激情或盛怒，还是出于痛苦或胡闹而起作用，都能够成为受诅咒的对象——尽管它很有效，或者受到诅咒也正是因为它有效。一些人寄希望于国王手谕，国王也授予他们手谕，由于这种合谋关系，两者都堕入难以摆脱的困境之中：前者不断地丧失他们在行政上的传统特权。至于君主，他每天干预那么多的仇恨和阴谋诡计，也变得面目可憎。我记得，肖利厄公爵（Duke de Chaulieu）在《新婚夫妇的回忆录》（*Mémoires de deux jeune maries*）中说过，法国大革命，不仅斩下了国王的首级，也砍下了所有作为一家之主的男人的头。[1]

现在，我要针对其中的一点进一步说明：围绕这种由请愿、国王手谕、拘捕、警察构成的机器，产生了无穷无尽的话语，它们遍布于日常生活的各个方面，处理着那些微不足道的生命犯下的细枝末节的过错，但它们采用的方式跟忏悔完全不同。邻里间的口角、父母与子女的争吵、夫妻间的误会、过度的饮酒纵欲、公众场合的争论、许多暗藏的欲望，所有这些，经由相当复杂的渠道，落入权力的网络之中。有一种巨大的、无处不在的呼吁，要求把所有这些不法行为和琐碎痛苦都加工处理成话语。可以听见一种无休无止的嗡嗡低响，这就是话语的声音，它把个人的不端行为、耻辱和秘密都送交到权力的股掌之中。普通的事情不再归于沉默，不再属于蜚短流长的谣言或是转瞬即逝的忏悔。平常不过的东

[1] 这是间接引用肖利厄公爵（Duke de Chaulieu）的话。见巴尔扎克《新婚夫妇的回忆录》*Mémoires de deux jeune maries*（Paris：Librairie nouvelle, 1856）中 Lettre de Mademoiselle de Chaulieu à Madame de L'Estorade, p.59。——编者注

西、无关紧要的细节、隐匿的事情、普通的日子、寻常的生活，所有这些，都能够而且必须被讲述，如果能够记录下来就更好了。它们之所以可以被描述、被记录，正是因为它们被一种政治权力机制所渗透。长期以来，只有伟人的言行才值得用严肃的口气来讲述：只有血统、家世和功业才能授予一个人留名青史的权利。如果说，有时一些地位微贱的人也能碰巧获得某种殊荣，那就是凭借了某种不同寻常的事情，这件事情不是至圣至善，就是罪大恶极。只有当权力空洞的凝视停留在那些小打小闹上时，人们才意识到，日常生活的秩序中也潜藏着有待发现的秘密；在某个方面，那些无足轻重的事情也能变得至关重要。

因此，话语的一种巨大可能性就诞生了。某种关于日常生活的知识是它的起源之一，同时西方世界正在力图把我们的行为、存在方式和行事方式纳入一种可理解的格局。然而，话语的诞生也依赖于君主的无处不在，不管他的存在是真实的，还是虚拟的；人们欲向君主乞求帮助或保护，就应当先设想他对所有那些不幸都仿佛感同身受，对那些最无关宏旨的逾矩行为也保持密切关注；他必须具备无所不在的特点。就其基本形式而言，这种关于日常生活的话语是完全面向君主的，它对君主讲话，而且只能滑入权力的隆重仪式中，采纳这些仪式的形式，打上它们的标记。这些平凡无奇的东西，只有在君主凭借其实权或强力阴影所控制的权力关系中，才能被讲述、被形容、被评价、被分类、被编目。由此产生了话语的奇特形式：它要求使用一种装饰性的、带诅咒或祈愿色彩的语言。所有那些日常的琐屑争端，都必须用一种值得君主关注的罕见事件的夸张口吻加以强调，必须用浮夸的修辞来装点那些无关紧要的细枝末节。后来，无论在沉闷的治安管理报告还是在医药或精神病的案例记录里，都没能再现这种语言效果。有时，一座豪华的文字大厦只不过是为了说明一种潜藏的恶意或是不重要的阴谋；有时，寥寥几句就把一个可怜的人打倒，将他投入黑暗之中；或者是带着祈求和谦卑的口气，讲述一段漫长的辛酸史。但是，那些充满陈词滥调的政治话语就只能是庄严郑重的。

这些文本还表现出一种不一致的效果。拘留某人的请求通常是由地位微贱的文盲或半文盲发出的；他们要么缺乏知识、文笔拙劣，要么请些不合格的代笔者捉刀，于是，在向君主或高级官员上书时，这些人会无所不用其极地拼凑一些他们认为必不可少的套话和措辞，其间还夹杂着笨拙粗俗的词语，并且以为这会使他们的请愿书更有说服力、更显真实。就这样，在那些貌似严肃却语无伦次的句子和胡说八道的文字中间，会突然出现一堆粗糙、拙劣、不和谐的表述；在那些非说不可的、仪式性的语言里，会穿插进焦躁、愤懑、怒火、激情、憎恨和反叛。这种矫揉造作的话语规则被一种震动颠覆了，那是用自己的方式叙事的野性的激情。在一个文本中，尼古拉·比安费的妻子说道，她要“斗胆向大人诚惶诚恐地进言，马车夫尼古拉·比安费是一个荒淫放荡的人，他对我拳脚相向，几乎把家产都败光了，还害死过两个妻子，第一个妻子死的时候肚子里还怀着孩子；挥霍完第二个妻子的钱财以后，他虐待她，让她伤心致死，甚至在她奄奄一息的时候还试图掐死她……他还想把第三个妻子的心烤来吃掉，更不必说他犯下的其他杀人勾当了。大人，我向您磕头，求您开恩，大发慈悲，为我伸张正义，因为我的生命危在旦夕，我会一直向上帝祷告，保佑您长寿安康……”

我在这里编入的文本都属于同一类型，它们也很可能显得单调乏味。不过，它们之间的差异也在起作用：所述之事跟叙事方式之间的差异；控诉者跟支配者之间的差异；所述问题的微小秩序与发生作用的巨大权力之间的差异；仪式和权力的语言跟充满狂怒与无奈的语言之间的差异。这些文本很有拉辛（Racine）、波舒埃（Bossuet）和克雷比永（C. Crébillon）等人的风格，但它们反映出一系列民众的骚动、不幸、暴乱和所谓的“卑劣”，在那个时代，几乎没有任何一种文学形式能够容纳它们。这些文本让流浪汉、穷苦人或者庸庸碌碌之徒在一个奇怪的舞台上亮相，他们在那里装腔作势、高谈阔论、慷慨激昂地发表长篇演说；他们必须身着各式各样的行头演出，好让自己在权力的剧场中引人注意。有时候，他们使人想起一群可怜又滑稽的耍把戏的人，临时往身上套些过时又俗丽的服饰，在那些从他们身上找乐子的贵族观众面前表演。他们把整个生活都赌在这场演出上：因为他们是在那些能够决定他们命运的权贵面前表演。他们就像塞利纳刻画的小说角色，一心想让身居凡尔赛宫的王室听闻其声。

有一天，所有这些不一致将会被一扫而空。在日常生活层面上施加影响的权力将不再属于那个时远时近、无所不能但又反复无常的君主，他是一切正义的来源，也是各种诱惑的对象，既代表着一种政治原则，也体现着一种魔法般的权威；权力将由一种精细的、有差别的、连续的网络构成，其中各种各样的司法、治安、医疗机构和精神病治疗机构密切关联、共同运作。在这种情况下形成的话语，将不再像以前那样矫揉造作、粗陋而又夸张，而是在一种自称基于观察和中立立场的语言中发展。那些普通平凡的事情，将会交由富有效率但是毫无特色的行政管理机构、新闻机构和科研机构来分析处理，除非人们想走得远一些，他们才会在文学领域中找出这些事情的光辉之处。即使是在17、18世纪，人们仍然处于粗俗野蛮的时代，所有这些仲裁机构尚不存在：那些不幸者的身体几乎直接触及国王的身体，他们的骚动几乎直接与国王的典礼仪式相联系。双方甚至没有一种共同语言，恰恰相反，只有呼叫跟仪式之间的冲突，被告发的不法行为跟必须遵循的程式之间的冲突。对我们这些远观者来说，看到的是日常生活首次出现在政治法则中，形成一道奇特的闪光，绚丽夺目，但只要这些人和事转变成“事件”、事端或案件，这些闪光就会转瞬即逝。

于是就出现了一个重要时刻：一个社会将各种字眼、措辞、句子、语言程式出借给无名大众，好让他们能够讲述自身，公开地讲述自身。这种讲述具有三重条件：他们的话语是在一个界定完善的权力机制内发出并流通的；它揭示了先前几乎不为人所察觉的底层社会的存在；通过盛怒和利益导致的小冲突，它为权力提供了君主干预的可能性。跟这种话语相比，狄奥尼修斯的耳朵不过是一种微不足道的、原始落后的机器罢了。如果权力所做的一切只是去观察、刺探、侦查、禁止和惩罚，那么要摧毁权力无疑是一件轻而易举的事情；但是权力同时还在煽动、挑拨和生产，它不仅是眼睛和耳朵，它还促使人们言说和行动。

这种机制对于新知识（savoir）的构成来说无疑相当重要。它与整个新的文学机制也并非全无关系。我并不是要说国王手谕标志着新的文学形式的出现，而是要表明，在17世纪末18世纪初，话语、权力、日常生活和真理之间的关系已经以一种新的方式结合在一起，而文学也卷入其中。

寓言（fable）从它的本意上看，是值得用言语或文字讲述的东西。在西方社会，长期以来，日常生活只有经历传奇化的过程，并且经此改头换面以后，才有可能进入话语。一定会有英雄举动、丰功伟绩、冒险行为、天意或神恩，可能还有十恶不赦的罪行，才使得日常生活脱离自身。日常生活必须被打上不可能之事的印记，才可以被讲述。对常人来说，日常生活变得难以企及，正因为如此，它才能作为教训和榜样发挥作用。叙述越是显得非同寻常，它的支配力就越强，说服力就越大。因此，这场由寓言似的榜样构成的戏，最基本的特点就在于对真假毫不在乎。如果偶然有人谈到现实生活中不光彩的一面，那大抵也只是为了造成某种喜剧效果：仅仅这种讲述行为本身就引人发笑。

自17世纪以来，西方世界目睹了一整套关于无名生活的“寓言”的兴起，但这种寓言排除了难以置信的元素。不可能性或荒唐无稽不再成为平常之事被讲述的条件。一种语言艺术诞生了，其任务不再是描述不大可能发生的事情，而是要使那些没有出现的、不可能出现和不应该出现的事情进入我们的视线范围——它要讲述现实生活中最基本、最细微的部分。一种机制建立起来，迫使人们讲述那些“卑贱者”（l'infime）——那些没有被讲述、不配拥有荣誉、因而只能是“声名狼藉”的人，于是一种绝对的命令就逐渐形成了，它构成了一种西方文学话语中被称为“内在伦理”（immanent ethic）的东西。它的仪式功能将逐渐消失；它的任务将不再是真实地显示力量、恩典、英雄行为或强力的显而易见的光辉，而是探求那些最难察觉、隐藏最深、最难以讲述和表现、最可耻的、被严令禁止的事情。一种力图探寻生活中最隐秘但又最寻常的元素（尽管它有时也揭示命运的庄重形象）的号令规划了17世纪以后文学的发展趋势，自此而始，这种话语开始成为现代意义上的文学。因此，它不仅是一种特定的形式，也不仅是一种与形式的本质性联系，它是一种规约——我称之为“原则”（principle）——正是这种规约构成文学的典型特征，并将它自身的无限运动传递给我们，要求我们把讲述最平常的秘密作为义务。文学本身并不足以代表这个大方向，这种庞大的话语伦理；当然也不能将文学局限于话语伦理的范围；但正是在话语伦理中，文学找到了它的位置，它的存在条件。

由此，这种话语就与真理和权力产生了双重关系。那些非凡离奇的寓言传说只能在真假悬而未决的情况下发挥作用，然而，文学却在一种非真理的确定性的基础上确立了自身：它明确地以虚构的面目展现自身，但同时又力图制造出人们都能认可的真实效果。在古典时代，自然不做作的风格和模仿被赋予至高无上的重要性，这无疑是文学阐释“真理”功用的最早方式之一。从那时开始，虚构的故事取代了寓言和传奇，小说挣脱了传奇幻想风格的束缚，并且只有摆脱这种风格才能得到更完善的发展。因此，文学也属于西方社会强制日常生活进入话语层面的庞大规约系统的一部分，但是，它在这种系统中占据了一个特殊的位置：它决意探求日常生活中最隐匿的部分，越过种种界限，无情又阴险地将我们的秘密昭告天下，将各种规则和法典取而代之，强迫人们讲述难以启齿的事情，因此文学往往置身于法律之外，或者只在最低限度上承担起散布丑闻、逾越道德界限或鼓动反抗等责任。跟任何其他的语言形式相比，它始终是讲述“声名狼藉”的话语：它的职责就是要诉说那些拒绝被讲述的东西：最恶劣的、最私密的、最无可忍受的、最寡廉鲜耻的东西。长期以来，精神分析与文学之间相互吸引，从这一点看来，两者之间的彼此偏爱绝非偶然。但我们也不应该忘记这样一点，文学的独特位置只是在某种权力系统配置（dispositif）之下产生的一种结果；在西方，这种权力配置渗透了整个的话语系统和各种展现真理的策略。

开篇时我说过，这些文本可以被当作许多“小故事”来读。这无疑说得有些过了，因为这些文本根本不可能与契诃夫、莫泊桑或詹姆斯他们最不重要的故事相提并论。它们既不算“准文学”，也不是“亚文学”，甚至连一种文学类型的初始轮廓都算不上；它体现的是在动乱、喧哗和痛苦中权力运作对人们生活的影响，以及由此产生的话语。《曼侬·莱斯科》[1]就讲述了这样一个故事。

（唐薇　译/曹雷雨　校）

---

[1] A. F. 普雷沃，*Les Aventures du chevalier Des Grieux et de Manon Lescaut*（Amsterdam, 1733）。

危险的个体

编者按

这是福柯1978年在多伦多约克大学举办的“法律与精神病学”研讨会上所作的发言。本文最初的英译本为卡罗尔·布朗（Carol Brown）翻译的《关于19世纪法律精神病学中的危险的个体概念》，载《国际法律与精神病学杂志》第1期（1978）。福柯这篇论文勾勒了司法的一个历史性变化：法律处罚的对象从犯罪行为转到了罪犯本身。罪犯本身被精神病学建构为一个危险的个体，一个天生的罪犯，他们对社会构成了或明或暗的风险，从而需要法律的惩罚。精神病学就此和法律发生了关系。在这里，福柯还是同他的生命政治中的“保卫社会”的思路一致：在19世纪，整个西方社会将生命和人口的保护作为重要的目标，为达到这一目标，一切危险都将被司法—道德的目光所警戒。因此，法律不仅是去惩罚已经实施的罪行，而且是去监控可能的犯罪风险——即危险的个体本身。在某种意义上，可以将这篇论文看做是《规训与惩罚》的一个续篇，在后者那里，法律是对犯罪分子的矫正和规训，这无论如何还是以犯罪行为作为法律的审判依据的，而在今天，法律则变成了对以偏执狂为代表的潜在的犯罪分子的监控。因此，福柯说：“这可能会产生一个令人恐怖的社会。”

我想从不久前发生在巴黎刑事法庭上的一段简短对话开始我的演讲。有个男人正在接受审判，他被控在1975年2月至6月间犯有五次强奸罪和六次强奸未遂。在整个审判过程中，被告几乎一言不发。

主审法官问道："你开始反省你的罪行了吗？"

——沉默。

"你才22岁，为什么会让这么野蛮的冲动支配了你？你必须反省你自己。对于你自己的行为，你是最清楚的。你必须作出解释。"

——沉默。

"你为什么会一而再、再而三地实施这种暴力行为呢？"

——沉默。

一个陪审员于是忍不住了，大声说："看在老天的分上，为你自己辩护吧！"

这样一种对话，或者说，这样一种讯问式的独白并不少见。无疑，这样的对话在许多国家的许多法庭上都可以听到。但是，换一种角度来看，它只能激起历史学家的惊奇。

这里，我们所拥有的是这样一种司法制度，它可以判定轻罪、判定犯罪主体，并通过法律所规定的刑罚来制裁这些犯罪行为。在这个案例中，我们拥有事实确凿的罪行，以及对这些罪行供认不讳的犯罪个体，而他也接受应得的惩罚。所有这一切在司法界可能是再好不过的情况了。立法者，也就是18世纪末、19世纪初这些法典的创立者们，可能也没有梦想过比这更清晰的司法状况了。然而现在，司法机器却出了故障，引擎失灵了。为什么呢？因为被告保持沉默。对什么保持沉默呢？对犯罪事实？案情？案件所发生的方式？事件的直接原因？都不是。被告回避了一个问题，这一问题在现代法庭看来是一个基本问题，而它在150年前听起来就会显得非常奇怪："你是谁？"

我刚引用的这段对话表明，被告仅仅这样来回答问题是不够的："我是所有这些罪行的实施者。该怎么审理就怎么审理吧，该怎么判就怎么判吧！"司法对他有更多的期待。除了承认罪行，他还必须招供，必须反省，必须为自己辩解，必须揭露自己。刑事机器不能再仅靠一部法律、一种触犯法律的行为、一个相关当事人正常运作。它还需要其他东西，一种补充性的材料。如果缺少另一种类型的话语，也就是被告通过他的招供、回忆、暴露隐私等给出的对自己的或促成他人作出的对自己的描述，审判官、陪审团、律师和公诉人都无法履行他们的职责。假如没有这一话语，审判长就会紧紧追问，陪审团也会很不适应。他们要求被告，迫使被告，但对方就是不配合。他和那些被拖往断头台和电椅的死刑犯没有什么区别。这些死刑犯要是确实接受对他们的处决的话，就应该自己走着去。同样，被告确实应该作出陈述，假如他们想受到审判的话。一个法国律师最近在一起绑架、杀害一名儿童的案例中的论述清晰地表明，没有这一附加因素，司法程序就无法进行，没有用这种或那种方式提供的这一材料，任何审判和定罪都不可能。

出于多种原因，这一案件激起了很大的波澜，这并不仅仅是因为案情重大，同时也是因为死刑的存废在这一案件中成了一个关键问题。在律师的辩护中，他更多的是为反对死刑而不是为被告辩护。他强调指出，我们对被告几乎一无所知，在庭审和心理检查中，我们对被告的本性也几乎一无所知。他说出了这样一句惊人的话（原意大概是这样）：“我们是否可以判处一个我们一无所知的人死刑？”

这可能只是揭露了一个大家都熟知的事实，也就是所谓的第三因素法则或加罗法洛（Garofalo）原则，因为加罗法洛最清晰地阐述了这一原则：“刑法只知道两个要素，即犯罪行为和惩罚。而新犯罪学（criminology）却认识到存在三个要素，即罪行、罪犯和惩罚手段。”在很大程度上，这种进化，如果不是说司法制度，至少是许多国家的日常司法实践的进化，取决于19世纪以来这一附加因素的逐渐显现。在最开始，它只是一个苍白的幽灵，用来校正法官对犯罪做出的惩处，后来这一因素越来越实体化，越来越重要，直至最后，罪行似乎成了萦绕在罪犯身边的一个阴影，一个为了揭示现在唯一重要的要素——罪犯，而必须被拨开的阴影。

今天，司法正义既关注罪犯也关注罪行。或更准确地说，如果说很长时间以来，罪犯只不过是罪行的主体以及因此而受到惩罚的人，那么在今天，罪行就变得只是揭示社会肌体中存在的危险因素——也就是说，或多或少的危险因素——的一个事件。

在这一发展的最初，把罪犯置于犯罪行为之上是基于以下两种考虑：在司法实践中引入更多的理性，调整一般的法律条文和法律符码使之与社会现实更紧密地联系在一起。至少在一开始，人们可能完全没有料到，把危险人物的心理症候学概念引入刑法，这不仅打开了一个完全陌生的区域，同时也逐渐发展出一套自中世纪宗教裁判所制度逐渐发展而来的法律体系。可以说，18世纪伟大的法律改革家们并没有把之前的法律进化成果彻底地、系统地用符码固定下来，也没有充分发展其可能性，一种新的危机开始在法律惩处条例和法则中显现出来。“什么行为应该被惩处，如何惩处？”这一问题的合理回答被认为最终找到了；现在，一个更深的问题出现了，它使情形更为复杂：“你认为你在惩处的是什么人？”

在这一发展过程中，精神病学、精神病学家以及“危险”概念扮演了一个持久的角色。我想请大家注意可以称作犯罪危险的精神病学化这一过程的两个阶段。

精神病学在法律中的引入始于19世纪初，它和发生在1800—1835年之间的一系列相同模式的案例有关。

梅茨格（Metzger）提供的案例：一位独居的退休官员开始迷恋上房东太太的孩子。一天，“没有任何动机，也没有愤怒、傲慢或复仇任何一种情绪”，他袭击了这个孩子，用铁锤砸了他两下，尽管没有致命。

塞莱斯塔（Selestat）的案例：在阿尔萨斯，在1817年的寒冬，当时饥荒肆虐，一个农妇乘她丈夫出外劳作之机，杀死了他们的小女儿，并砍下她的腿来熬汤。

1827年在巴黎，亨里埃塔·科尔尼耶（Henriette Cornier），一个仆人，来到她的雇主的邻居家，请求邻居把她的女儿留在她那儿玩会，邻居犹豫了一下同意了。然而，当邻居来接孩子时，亨里埃塔·科尔尼耶已经把小女孩杀害了，她割下了小女孩的头颅，并把它扔到了窗外。

在维也纳，凯瑟琳·齐格勒（Catherine Ziegler）杀死了她的私生子。在被告席上，她解释说，她的行为是一种无法抗拒的力量的结果。她由于精神失常被赦免无罪，并从监狱里释放了出来。但她宣称她最好留在监狱里，因为她还会犯同样的错误。10个月后，她又生下了一个孩子，并立即杀死了他。在审判席上，她宣称自己怀孕的唯一目的就是杀死自己的孩子。她被判处死刑并立即执行了。

在苏格兰，一个叫约翰·豪伊森（John Howison）的人闯入了一所住宅，杀死了一个陌生的老太太，走的时候没有偷任何东西，事后也没有畏罪潜逃。被捕后，在证据确凿的情况下，他拒绝承认自己的罪行；但是辩护律师认为，由于缺乏现实的动机，这一犯罪行为的主体是疯子。豪伊森被判处死刑，在刑场，他对执行官说，他想要杀了他，这后来被当成他是疯子的补充性证据。

在新英格兰，在空旷的野外，亚伯拉罕·普雷斯科特（Abraham Prescott）杀死了一直和他处得不错的养母。回到家中，当他的养父问他时，他开始痛哭。普雷斯科特自动坦白了自己的罪行。他后来解释道，他被一阵突发的剧烈的牙疼袭击了，什么都不记得了。后来的调查显示，他曾在夜间袭击过他的养父母，只是这一行为被当成是梦游症了。普雷斯科特后来被判处死刑，虽然陪审团建议减刑，但他后来仍然被执行了死刑。

（这一时期的精神病学家，梅茨格［Metziger］、霍夫鲍尔［Hoffbauer］、埃斯基罗尔［Esquirol］和乔吉特［Georget］、威廉·埃利斯［William Ellis］、安德鲁·孔布［Andrew Combe］不停地引用这些案例和其他类似的案例。）

在所有罪行中，为什么这些特定的罪行看起来这么重要呢？为什么它们会成为医生和陪审团争论的焦点呢？首先，必须注意到，它们提供了一幅和迄今为止的处理精神失常的罪犯的法学完全不同的画面。概括地说，直到18世纪末，只有同样在民法和教会法规中造成了问题时，疯狂的问题才在刑法中出现，也就是说当它以痴呆（dementia）或低能的形式出现，或者以狂暴（furor）的形式出现。在以上两种情况中，不管是一种持久的状态还是一种突然的爆发，疯狂都通过许多易于辨认的迹象显示出来，以至于人们开始争论是否真的有必要请医生来作鉴定。重要的是，犯罪精神病学并不是从对传统的痴呆问题的细致的再界定（例如，通过讨论其渐进的发展，其整体或局部的特征，其与个体的先天智障之间的关系）发展而来的，也不是通过对狂暴症状（症状的减轻、再度复发、症状的节奏）的仔细分析而发展起来的。所有这些问题以及多年以来伴随着它们的讨论，都被一个新的问题取代了，也就是说，罪犯在犯罪之前、犯罪过程中和事后都不具有传统的、已知的、可见的疯狂的任何症状。每一个案例都强调没有前史，在思想和行为中都没有早期的困扰，没有精神错乱；也没有任何的情绪波动，没有狂暴情形中明显的精神紊乱；实际上，犯罪可以说是在一种零度疯狂状态中出现的。

第二个共同特征再明显不过了。所涉及的罪行都不是小的过失而是严重犯罪，它们几乎都是谋杀，有时手段特别残忍（塞莱斯塔的案例中那个妇女的吃人行为）。重要的是要注意到，犯罪行为的精神病学化在某种意义上是“自上而下”发生的，这也是对之前的法学基本倾向的一种偏离。之前，案情越是严重，通常就越不会考虑疯狂问题（很长时期以来，包括亵渎圣物罪和冒犯君主罪都不会考虑疯狂问题）。但是在情节较轻的案例中（较轻的暴力行为、流浪），疯狂与违法行为之间的相当程度的重叠比较容易得到承认，至少在某些国家，例如法国，它们被用拘留这样暧昧的手段来处理。但是，精神病学并不是通过日常的没有得到很好界定的违法事件，而是通过处理极为罕见的严重暴力犯罪事件，才得以全面进入司法正义领域的。

这些残忍的谋杀的另一个共同特征是它们都发生在家庭场景中。它们是家族犯罪、家庭犯罪以及至多是邻里犯罪——父母杀死了他们的后代，儿女杀死了他们的父母或监护人，仆人杀死了他们雇主家的孩子或雇主邻居家的孩子，等等。我们可以看到，这些犯罪行为中的双方不是同一代人，儿童-成年人或少年-成年人这样的组合是非常常见的。在那个年代，年龄、地域或亲缘这些关系被看做是最神圣、最自然、也是最纯洁的关系。在所有各种关系中，它们应该是最不掺杂任何物质的动机和偏好的。和那些反抗社会及其规则的犯罪不同，这些犯罪反抗的是自然天性，反抗的是那些被认为直接铭刻于人类内心、联结家庭和代际的法则。在19世纪初，使疯狂问题得以提出的犯罪类型正是这种反抗自然天性的犯罪。把疯狂与犯罪用这样一种方式结合起来的犯罪个体使专家开始讨论疯狂与犯罪之间的关系问题，不是关于日常生活中轻微违法的个体，关于在法律和正常的边缘游走的苍白的轮廓，而是关于不同寻常的恶魔。犯罪精神病学最初宣称自己是关于恶魔的病理学。

最后，所有这些犯罪的实施都没有理由，我的意思是没有利益，没有激情，没有动机，甚至也不基于紊乱的幻觉。在我提到的所有这些案例中，精神病学家认为自己介入这些案件的理由是，案件中的罪犯和被害人之间不存在可以使罪行得到合理解释的关系。在亨里埃塔·科尔尼耶割下邻居家小姑娘的头的那个案例中，各种证据充分显示她并不是那个小姑娘父亲的情人，她的行为也不是出于报复。在塞莱斯塔提供的农妇煮食自己女儿的腿的那个案例中，法庭辩论的关键是，“当时是不是存在饥荒？被告是否贫困？是否处于饥荒中？”公诉人说：“假如她是富人，她可以被认为是精神失常了，但是她非常贫困；处于饥饿状态。把女儿的腿和卷心菜一起烹煮是一种利益行为；因此她并没有精神失常。”

当新的精神病学刚刚开始建立，刑法改革的原则在欧洲和北美被普遍接受时，这种不同寻常的可怕的谋杀（没有原因，没有征兆，不符合自然的东西在自然中的突然爆发）是犯罪性精神失常或病理学犯罪所采取的奇特的矛盾的形式。我说矛盾是因为，我们试图掌握的这种精神失常只在犯罪的那一刻和在犯罪的伪装下呈现自身，这种精神失常除了犯罪行为本身没有其他任何症状，而且一旦犯罪行为实施，精神失常也随之消失。因此，反过来说，它包括要对那些原因、主体（也就是所谓的“法律上的责任主体”）超出其责任能力之外的犯罪行为作出界定，也就是说，在那些犯罪行为中，疯狂隐藏于犯罪者内心，他甚至无法控制它，因为他通常根本无法觉察到它。19世纪的精神病学发明了一个完全虚构的实体，一种同时是疯狂的犯罪，这种犯罪仅仅体现为疯狂，而这种疯狂也仅仅体现为犯罪。半个多世纪以来，这一实体被称作杀人狂（homocidal monomania）。我并不想仔细考察这一概念的理论背景，也不想追溯这一概念在法律人士和医生、律师和法官之间引发的无数争论。我只想指出这一奇怪的事实，那就是精神病学家非常顽固地试图在法律机器中寻找他们的一席之地。他们不是通过找出伴随着这些异乎寻常的犯罪的无数可见的疯狂的小迹象，来证明他们介入的权利，而是通过强调这样一种观点——一种荒谬的姿态，即，存在这一类型的疯狂，它只通过残暴的罪行而不是其他形式呈现自身。我也想指出另外一个事实，那个年代的法官们尽管对接受杀人狂这一概念有所保留，他们最终还是接受了对犯罪行为所进行的精神病学分析，他们这样做同样基于杀人狂概念，这一概念对他们来说是如此陌生和无法令人接受。

为什么杀人狂这一巨大的虚构在犯罪精神病学的最初

历史中成为一个关键概念呢？首先可以提出的也许是以下一系列问题：在19世纪初，当精神病学的任务是在医学领域界定自己的特征，并确保自己的科学特征被其他医学实践所承认时，也就是说，当精神病学把自身构建为一个专门的医学领域时（之前，它只是医学的一个方面而不是一个专门领域），它为什么要介入一个如此陌生的领域呢？医生为什么如此迫切地把那些罪犯身份的人描述为所谓的疯子，并且认为这毫无疑问？为什么精神病医生在各个国家都涌现出来，他们谴责法官和陪审团在医学上的无知，要求宽恕某些罪犯或减轻对他们的惩罚，要求法庭给予自己作为专家发言的权利，他们发表了成百上千份报告和研究来表明这个或那个罪犯是疯子？为什么这一改革运动提倡犯罪行为的“病理学化”，并以杀人狂问题为标志？更为矛盾的是，在18世纪晚期或之前不久，疯狂研究的第一批学者们（尤其是皮内尔）提出了抗议，反对许多拘留中心把罪犯和精神病人关在一起的做法。他们为什么想要重新建立一种自己努力要破除的关系系统呢？

诉诸精神病学家的某种扩张野心，认为他们试图为自己寻找一个新的领域，或者诉诸医学知识的内在动力，认为其试图征服疯狂和犯罪混合在一起的模糊地带，这些都不充分。对精神病学家来说，犯罪之所以在这时成为了一个重要的问题，是因为它涉及的与其说是一个有待征服的知识领域，不如说是一种有待获取并加以证明的权力模式。精神病学在19世纪变得如此重要，并不仅仅是因为它运用了一套新的医疗合理性来处理精神和行为的失常，同时也是因为它发挥了一种公共卫生学的作用。

在18世纪，人口统计学、城市结构和工业劳动问题的发展，已经在生物学和医学领域提出了"人口"问题，涉及生存条件、居住和营养状况、出生率和死亡率、病理现象（流行病、地方病、婴儿死亡率）。社会"肌体"不再仅仅是一种司法–政治隐喻（像《利维坦》中那样），而成了一种生物现实，成为医学介入的一个领域。因此，医生必须成为这一社会肌体的技师，医学成了一种公共卫生学。在19世纪初，精神病学成为一门独立的学科并取得了显赫的声望，正是因为它在医学框架内部作为对社会肌体内部存在的危险的反应而发展起来。这一时期的精神病学家可能对精神疾病的器质的和心理的根源进行了广泛的探讨；可能也提出了各种物理的或心理的治疗方法。尽管这些精神病学家可能各不相同，但他们都认为他们在对付一种社会"危险"，在他们看来，这既是因为疯狂和生活条件联系在一起（人口的过度增长、过度拥挤，城市生活，酗酒，纵情声色），也是因为疯狂被看做一种危险的源头，对个体自身，对他人，对同时代人来说都构成了威胁，并且会通过遗传威胁到子孙后代。19世纪的精神病学无论是对社会肌体还是对个体精神来说都是一门医学。

我们可以看到，为什么对精神病学家来说，证明杀人狂这样异乎寻常的事物的存在如此重要。我们也可以看到，半个多世纪以来，为什么一直有这样的努力试图使杀人狂这一概念有效运作起来，尽管其科学合理性微乎其微。实际上，假如杀人狂存在，它意味着：

首先，在某些纯粹的、极端的、强烈的表现形式中，疯狂不是别的，完全是犯罪——也就是说，至少在疯狂的最边缘处，存在的是犯罪。

其次，疯狂产生的不仅仅是行为的紊乱，也包括绝对的犯罪行为，这种犯罪违背了一切自然法则和社会法则。

第三，即使这种疯狂可能是异常强烈的，它也只有在爆发的时刻才表现出来；因此没有人能预测它，除非是很有经验的人，接受过专门的训练。总之，只有专家才能辨识出这种偏执狂。这里的矛盾是很明显的，当精神病学家最终把这种偏执狂界定为一种只在犯罪行为中显现的疾病时，同时他们又认为自己保有这样的权利，可以知道如何确定其早期的症状和诱因。

因此，杀人狂是疯狂所带来的危险中最有害的一种形式；后果最严重，预警却最少。后果最严重而几乎没有什么先兆。杀人狂因此使精神病学的介入成为必须，它不仅必须注意疯狂的明显迹象，也必须注意几乎难以觉察的痕迹，这些痕迹看上去很随意，几乎难以预料，但却预示了最可怕的爆发。我认为，这样一种对“没有原因”的严重犯罪的兴趣，并不意味着精神病学家企图接管犯罪领域，只是反映了他们试图证明自己的作用的愿望：对隐藏于人类行为中的危险进行控制。在杀人狂这一大问题中，关键的是精神病学的作用。我们不应该忘记，在大多数西方国家中，精神病学这时正试图获取一种权力，给精神病患者强加一种治疗性的管制。毕竟，它必须表明，从本质上说，疯狂（包括其最不常见的形式）都萦绕着绝对的危险——死亡。现代精神病学的作用就和疯狂、死亡之间的亲缘关系连接起来了，疯狂与死亡之间的这种亲缘关系并不是科学地建立起来的，而是通过杀人狂这一形象符号性地表现出来的。

然而，还必须从法官和司法机器的角度提出一个问题。如果说他们没有接受偏执狂这一概念，为什么他们事实上至少接受了这一概念所包含的问题？人们也许会说，大多数的法官拒绝接受这一概念，这一概念有可能把罪犯转化成疯子，后者的唯一病症就是实施了犯罪。法官们相当顽强，并且也可以说是非常敏锐，他们做了各种努力来抵御医生们向他们提出的、律师在为他们的当事人辩护时经常自发使用的这一概念。然而，通过对恶魔般的罪行、对“没有原因”的罪行的这种争论，在疯狂和犯罪之间可能存在某种亲缘关系的说法开始流传开来，甚至在司法机构内部也生了根。为什么会出现这种状况？而且相对来说还这么容易？换句话说，没有医学介入一样正常运转了好几个世纪的司法制度，除了少数几个明显的案例外无需考虑疯狂问题就能作出审判和处罚的这一司法制度，为什么19世纪20年代以来如此急切地求助于医疗知识呢？当然，不能否认的事实是，当时英国、德国、意大利和法国的法官们经常拒绝接受医生们给出的结论。他们拒绝了医生们向他们提出的很多概念。毕竟，医生们不能强迫他们。他们根据从一个国家到另一个国家有所不同的法律、法规和法学原理，参考了精神病学家恰当表述的建议，尤其是和“没有原因”的著名案例联系在一起的那些建议。为什么呢？难道是因为19世纪初撰写和使用的这些新法典把精神病学家的意见纳入了考虑范围？或重新强调了病理学上的免责问题？根本不是。令人感到意外的是这些新的法律完全没有对之前的制度进行任何的修改。基于拿破仑法典的大多数律法吸收了旧原则，认为精神上的失常状态和法律上的责任是不相容的，因此精神病人可以豁免通常的法律后果。大多数的律法也吸收了旧法律系统中传统的痴呆和狂暴概念。不管是贝卡利亚（Beccaria）、边沁（Bentham）这样伟大的理论家，还是那些年代撰写这些新的刑法条文的人，都没有详细阐述这些传统概念，也没有在惩罚和犯罪医学之间建立一种新的联系，只是笼统地提出司法正义必须治愈这种社会疾病，也就是犯罪。精神病医学并不是"自上而下"，也就是说通过法律条文和法学原理进入司法系统的。相反，它是"自下而上"通过惩罚机制及其阐释进入司法系统的。在控制和改造个体的各种新技术中，惩罚已经成为一种被用来改造违法者的程序系统。在权力的实施意味着把一种理性的技术运用于个体的社会中，可怕的酷刑或流放这样的先例已经不再能满足需要了。18世纪晚期所有的改革者和19世纪早期所有的立法者所提倡的各种惩罚形式，包括监禁、强迫劳动、长期监控、部分或整体隔离、道德改造，所有这些都意味着惩罚是作用于罪犯自身而不是犯罪行为的，也就是说，更多地涉及使他成为罪犯的那些因素，他的理性、动机、内在意志、倾向和本能。在旧的系统中，惩罚的恐怖程度必须反映出罪行的严重程度；而现在的努力是使惩罚的模式适应罪犯的本性。

在这些形势下，我们就可以明白，为什么那些极端的没有动机的犯罪给法官们提出了一个难题。在过去，为了给某一犯罪行为施加惩罚，人们只需找出这一犯罪行为的主体，这个主体承认罪行，他当时不处于痴呆或狂暴的状态中，这就足够了。但是，如何惩罚那些犯罪原因尚不清楚，在法官面前保持沉默，但又承认犯罪事实，并承认完全清楚自己干了什么的罪犯呢？当亨里埃塔·科尔尼耶那样的女人出现在法庭上时，应该如何处置她呢？她杀死了一个陌生的小姑娘，一个她既不爱也不恨的人的女儿，她割下了小姑娘的头，却无法对自己的行为给出任何解释，她一刻也没有想要掩盖她的罪行，而且她显然为她的罪恶行为作了事先的准备，她选择了时机，设法获得了一把刀，急切地寻找和被害人独处的机会。因此，在一个没有任何疯癫迹象的女人身上出现了一种行为，它既是自发的、有意识的和理性的——也就是说，根据法律条文这些都是定罪所必需的——同时又没有原因，没有动机，没有邪恶的倾向，什么都没有，而没有这些，人们就很难确定应该惩罚这个有罪的女人身上什么东西。很显然应当对她进行惩罚，但也很难让人理解为什么必须对她进行惩罚，除了那个表面但不够充分的理由，为了设立一个典型案例。既然犯罪的原因成了进行惩罚的理由，那么，要是罪行没有原因，又该如何进行惩罚呢？为了进行惩罚，人们必须知道罪犯的本质，他的冷酷无情，他的邪恶程度，他的兴趣和倾向。但是如果我们有的只是犯罪行为和犯罪主体两个要素，那么纯粹的、单一的司法责任形式上授权可以进行惩罚，但又让人无法理解。

现在我们可以明白，这些极端的没有动机的犯罪，精神病学家竭力强调的犯罪，为什么对司法机器来说也同样非常重要，当然后者是出于非常不同的理由。公诉人固执地征引法律条文：没有痴呆，没有狂暴，没有可见的精神错乱的证据；相反，是精心设计的行为；因此，必须依法惩处。但是不管他们多么努力，都无法回避动机问题，因为他们非常清楚，从那个时候起，法官会在实践中把惩罚和动机的判定至少是部分地联系起来。也许亨里埃塔·科尔尼耶曾是被害小姑娘父亲的情人，她在寻求报复；也许她曾经被迫抛弃自己的孩子，所以对邻居家幸福的家庭生活心存嫉妒。所有的指控表明，为了让惩罚机制正常运作，仅仅有犯罪事实和犯罪主体是不够的；犯罪动机也必须搞清楚，也就是说，在犯罪行为和犯罪主体之间必须建立起一种心理上可以理解的联系。在塞莱斯塔的案例中，那个吃人的妇女最后被判处死刑，因为她可能是出于饥饿才实施了犯罪，这个案例对我来说非常有意义。

通常只是被叫来对涉及痴呆或狂暴的案件作出鉴定的医生，现在被当成了“动机专家”请来；他们不仅需要对犯罪主体的理性进行评估，还要对行为的合理性以及把犯罪行为和犯罪主体的利益、计划、性格特征、倾向和习惯联结起来的整个关系系统进行评估。尽管法官们通常不大愿意接受医生们对罪犯作出的偏执狂诊断，但他们也不得不接受这一概念带来的一系列问题；用更现代的术语来说，那就是把犯罪行为整合进犯罪主体的整个活动中去。这种整合越是清晰可见，犯罪主体就越应该受到惩罚。这种整合越是模糊，这种犯罪行为就越像是在犯罪主体中突然爆发的，像一种突然的无法抑制的机制，那么责任方看上去就越不应该受到惩罚。于是法官会同意，由于犯人精神不正常，这个案子无法审理，将把他移交给精神病学监管部门。

从中可以得出以下结论：

首先，19世纪刑法系统中精神病学的介入，既不是关于痴呆或狂暴的传统无责任能力理论的结果，也不是对这一理论的简单发展。

其次，它是对新出现的两种现象进行管理的结果，其一来源于医学发挥了公共卫生学的作用，其二来源于法律惩罚作为一种技术发挥了改造个体的作用。

第三，这两种新要求都跟18世纪以来工业社会中权力机制的转型有关，这种转型是为了实施对社会肌体的控制。尽管它们有着共同的起源，但医学介入犯罪学领域的理由和司法公正诉诸精神病学的理由是完全不同的。

第四，既违反自然本性也违背理性的极端的犯罪是一个交汇点，在这里，医学上的证据（疯狂最终总是危险的）和法庭的无力（没有犯罪动机，法庭就无法对罪犯作出裁决）交汇在一起。杀人狂的怪异的症状学正是在这两种机制的交汇点被设计出来的。

第五，因此，危险的个体这一主题是铭刻于精神病学和司法制度之内的。在19、20世纪，司法实践以及司法理论越来越具有这样的倾向，即把危险的个体视作刑罚干预的主要目标。慢慢地，19世纪的精神病学也开始出现了这样一种倾向，即捕捉标志着危险的个体的病理学特征：道德错乱、生理错乱和退化。危险的个体这一主题一方面发展出了意大利学派的犯罪人类学，另一方面发展出了最早以比利时学派为代表的社会防卫理论。

第六，另一个重要的后果是刑事责任能力这一传统概念发生了相当大的变化。至少在某些方面，这一概念仍然跟民法很接近。例如，判处某人有罪的前提是，判定这个人是自由的、意识清醒的，不是痴呆，也没有被精神疯狂的危机所困扰。现在责任能力不再仅仅局限于意识这一形式，也跟犯罪行为与它所涉及的犯罪个体的举止、性格特征、征兆之间的关系的明晰程度有关。一个行为越是被判定在心理上成立，其主体就越是容易被判定在法律上负有责任。或者说，一个行为越是偶然，越是无法确定，就越有可能免责。于是出现了这样一个悖论：一个主体在法律上的自由是由这一事实确认的，即其行为被认为是必然的、确定的；其责任能力的缺失是根据其行为不是必然的这一事实认定的。由于偏执狂和极端行为这一站不住脚的悖论，精神病学和司法正义走入了一个我们至今无法摆脱的不确定阶段；刑事责任能力和心理学决定论之间的博弈成为法律思想和医学思想之间的十字路口。

现在，我想回到对精神病学和刑法之间的关系发展尤为重要的另一历史时刻：那是19世纪末最后几年和20世纪初的那几年，从第一次犯罪人类学大会（1885）到普林兹（Prinz）《社会防卫》（*Social Defence*）一书的出版（1910）。

在我之前提到的那段时期和我现在要讲的这段时期之间，发生了什么呢？首先，在1870年之前不久，在严格意义上的精神病学这一学科领域内，偏执狂概念被抛弃了，当然不是完全没有犹豫和反复。抛弃这一概念出于以下两个原因：首先是因为局部疯狂这一基本否定性的概念（只在某一方面表现，只在某些时候爆发出来）逐渐地被另一概念取代了，那就是精神疾病并不必然是对思想和意识的侵害，它也可以侵袭情感、本能、自发行为领域，而同时使思维形式保持完整。（那就是所谓的道德错乱、生理错乱、变态乃至倒错，根据这一阐述，性变态是19世纪40年代以来这一理论的最佳例证。）抛弃偏执狂概念还有另外一个原因，那就是精神疾病这一概念。精神疾病的发展进化是复杂的、多形态的，在其发展的不同阶段会表现出不同的症状，不仅在个体的层面是这样，在代际的层面也是这样；总之，就是退化（degeneration）的观点。

因为事实上大的进化分支可以被确定，就没有必要再在极端的、神秘的犯罪和小过失之间作出区分，前者可归因于无法理解的疯狂的暴力，而后者则因为太经常和太为人熟悉而被认为没必要诉诸病理学。从那时起，不管是处理令人震惊的大屠杀还是小过失（与财产或性有关），人们可能都会怀疑是不是存在或多或少的生理上的混乱，或是不是处于一个完整过程的某一发展阶段。因此，在法学精神病学领域出现了许多新概念，比如1840年前后出现了恋尸癖概念，1860年前后出现了盗窃癖概念，1876年前后出现了暴露狂概念，法学精神病学也日益把鸡奸行为和虐待狂联系在一起。现在，至少在原则上，精神病学和犯罪学之间出现了一个交集，它可以允许人们在司法等级的任何一个层面提出医学问题。精神病学问题不再局限于那些极端的犯罪案例；在违法行为的整个领域都可以提出这一问题，即使它不得不得到一个否定性的回答。

现在，这对于法律责任能力理论具有重要意义。在偏执狂概念中，病理学猜疑得以出现正是因为犯罪行为没有动机；疯狂被视作行为的原因，而行为本身不具有任何意义，由于这一矛盾，法律上的无责任能力就这样确立了。但是通过对本能和情感的这种新分析，就有可能对各种行为进行一种因果分析，不管其是否违法，也不管其犯罪程度如何。因此，关于犯罪的法学和精神病学问题发现自己身处一个无限的迷宫中。如果一个行为取决于一个因果链条，它能够被认为是自由的行为么？它没有暗含着责任能力问题么？为了能够对某人进行惩处，其必要条件是不是其行为的因果联系不能被重新建构？

现在，作为这一新的提问方式的背景，我不得不提到几个转折，它们至少部分地使这一新的提问方式成为可能。首先是监控网络的高速发展，它绘制了新的城市空间地图，并对城市空间进行了更近距离的监控，也对轻微违法行为进行了更为系统和有效的监管。必须补充的是，社会冲突、阶级斗争和政治对抗、武装叛乱——从19世纪初的捣毁机器者到19世纪末最后几年的无政府主义者，包括武装罢工、1848年革命和1870年的巴黎公社——都促使那些当权者像对待普通罪犯一样对待政治犯，从而贬低其声誉。一种社会公敌的形象逐渐树立起来了，它可以是革命者同样也可以是杀人犯，因为革命者有时的确也杀人。与此相应的是，在19世纪整个下半叶，一种“犯罪文学”发展起来了，我是在最宽泛的意义上使用这一概念的，它包括各种各样混杂的新闻报道（甚至包括通俗报纸）、侦探小说，以及围绕犯罪发展起来的各种浪漫化的书写——把罪犯描写成英雄，但同样也许还有这样的信念，那就是把经常出现的犯罪行为看作对整个社会肌体的持续威胁。对犯罪的集体恐慌，对这一危险的迷惑（作为社会本身不可分割的一部分），于是就永久地铭刻在了每个个体的意识中。

在提到欧洲大陆（不包括俄罗斯）每年记录在案的9000宗谋杀案时，加罗法洛在他的《犯罪学》一书第一版（1887）的序言中说："谁是毁坏了这片土地的敌人？它是一个历史上从未出现过的神秘敌人；它的名字就是：罪犯。"

还必须补充另外一点：那就是监狱制度的不断失败，这经常见诸报端。监禁，只要是合理指导的，就可以作为一种真正的刑事治疗法起作用，18世纪的改革者和之后年代的慈善家们都是这样梦想的。结果就是对犯人的改造。不过大家很快就明白过来，监狱恰好起到了相反的作用，它整个成了犯罪的学堂，并且更为精细的监控体系和司法机器不仅没有更好地预防犯罪，反而通过监狱自身这个中介，强化了犯罪环境。

由于各种原因，出现了非常强烈的要求对犯罪行为作出反应和遏止犯罪的社会呼声和政治呼声。这一呼声必须面对这样一种犯罪，它整体上必须被放在司法和医学的术语中来考量，然而中世纪以来刑法制度的核心概念——司法责任能力，在界定这一宽泛的、密集的医学-司法犯罪领域时，似乎完全不够用。

大约在19世纪90年代前后，这种不足在所谓的犯罪人类学派和国际刑法协会之间的冲突中变得越来越明显，这既体现在概念层面，也体现在制度层面。为了处理犯罪立法中的传统原则问题，意大利学派（犯罪人类学家们）提倡，通过建立完全不同于传统法典的一套机制，彻底把合法性问题放在一边——一种对犯罪的真正的“去刑罚化”。

对这些犯罪人类学家来说，这意味着彻底抛弃责任能力这一司法概念，把个体对社会构成的危险程度而不是个体的自由程度当成基本问题。此外，这意味着他们注意到，法律认定因病和神志不清而无须承担责任的被告，那个无法抵御冲动的受害者，正是最可怕、最直接的危险分子。犯罪人类学家强调，所谓的“刑罚”并不一定是一种惩罚，它也可以是保卫社会的一种机制，并因而提出，重要的差别不在于法定有责任能力的主体被判处有罪，而法定无责任能力的个体被释放，而在于一些主体具有绝对的、明显的威胁性，而另外一些主体因为得到了适当的治疗而不再具威胁性。他们得出的结论是，应当采取三种类型的社会反应来应对犯罪或罪犯构成的威胁：彻底清除（通过死刑或监禁在某个机构中）、暂时性清除（通过治疗），以及或多或少相对的和局部的清除（通过绝育和阉割）。

人们可以看到人类学学派所要求的一系列变化：从犯罪行为到罪犯；从确实实施的行为到个体中潜在的危险；从对有罪方的调节性惩罚到对其他人的绝对保护。所有这些变化表明，它已经远离了那个围绕行为建立起来的刑法世界，在这一世界中，行为是否有罪取决于法理上的主体，后者的法律责任和对这一行为的适当的惩罚由法律来界定。不管是个体的“罪行”、其危险指数、其潜在的或将来的行为，还是保卫社会整体避免这些可能的危险，这些都不是古典意义上的司法概念，也不可能成为古典意义上的司法概念。它们只有在一种技术性的知识体系中才能以一种合理的方式发挥作用，这一知识体系可以在个体内部及其行为表象下发现犯罪特征；可以衡量个体表现出来的危险指数；可以面对这样的危险采取必要的保护措施。于是，这样一种观念出现了，即辨别犯罪行为不应当是法官的责任，而应当是精神病学、犯罪学、心理学等领域的专家们的责任。这一极端的结论在现实生活中往往不会用这么清晰、这么极端的方式表达出来，这显然是出于实践上的审慎。但它无疑可以从犯罪人类学的所有论题中推导出来。在国际刑法协会的第二次会议（1889）上，普列塞（Pugliese）直截了当地表达了这一点。他说，我们必须把“法官是专家中的专家”这句旧的格言扭转过来；现在专家才是法官中的法官。“判决应当递交医学专家委员会，而医学专家委员会不应仅仅局限于表达自己的愿望；相反，它应当作出真正的决定。”

可以说这里出现了一种断裂。从旧有的偏执狂概念发展而来、与刑法保持着一种通常是虚构关系的犯罪学，由于过于激进而面临着被刑法排斥的危险。这将导致和最初的情形类似的一种情形；一种和法律不相容的技术知识体系从外面攻击法律，同时又无法使别人倾听自己。由于偏执狂概念可以被用来给没有明显原因的犯罪披上疯狂的外衣，因此在一定程度上，退化概念（degeneration）就有可能把最轻微的犯罪和一种病理学层面的危险联系起来，后者对社会甚至最终是整个人类构成了威胁。整个违法领域都可以用危险或者采取防卫措施的名义连成一体。法律只好闭嘴，或者堵住自己的双耳，拒绝聆听。

犯罪人类学的基本命题通常被认为很快就失效了，原因有以下几个方面：因为它们和某种形式的科学至上主义联系在一起，和20 世纪的科学发展努力要使自己摆脱的某种实证主义幼稚联系在一起；因为它们和很快就丧失声誉的历史进化论和社会进化论联系在一起；因为它们求助于一种神经学和精神分析学都很快就抛弃的神经精神病学退化理论；也因为它们在刑事立法过程和法律实践中不具有可操作性。犯罪人类学的时代和它的极端幼稚言论都随着19世纪的结束而烟消云散了；一种更细致、更容易为刑法所接受的犯罪心理社会学似乎已经接手了这场战斗。

在我看来，至少就其大致的要点来说，犯罪人类学并没有像有些人说的那样已经彻底消失，它的许多最基本的命题，尤其是那些对传统律法来说最为陌生的命题，已经逐渐地在刑事思想和实践中扎下了根。但之所以出现这样的情况并不完全是因为这一关于犯罪的精神病学理论的真实性，也不是因为它具有说服力。事实上是法律内部出现了重要的转变。当我说"法律内部"时，我也许说得太过了，因为除了少数几个例外（如挪威法典，但它主要是为一个新国家编撰的）和某些弃置不用的方案外（例如瑞士的刑法典计划），刑事立法基本上是保持不变的。在法国立法中几经迟疑做出的修改主要涉及和缓刑、累犯和减刑相关的法律。这并不是我所见到的最重要的转变，但它同时和一个既是理论性的也是本质性的要素联系在一起，也就是说和责任能力概念联系在一起。责任能力概念之所以得到修改，与其说是因为某种内部冲突的压力，不如说主要是因为这一时期民法领域中出现了相当大的转变。我的假设是，正是民法而非犯罪学为刑事思想在两三个主要观点上的转变提供了可能。正是民法为把这一时期犯罪学命题的基本要素嫁接到刑法中提供了可能。如果没有首先发生在民法中的这种重新阐述，法理学家们可能会对犯罪人类学的基本命题置之不理，或至少永远不会找到把它们整合进法律系统的恰当工具。正是民法用一种乍看起来有点奇怪的方式，为刑法中法律符码和科学的结合提供了可能。

民法中的这种转型是围绕意外事故概念和法律责任能力概念发展起来的。这里有必要用一种广泛的方式强调意外事故问题具有的重要意义，尤其是在19世纪下半叶，这不仅是对法律而言，对经济学和政治学来说也是如此。有人可能会提出反对意见，认为16世纪以来保险计划表明风险思想已经变得多么重要。但是，一方面，保险处理的多少只是个体性的风险，另一方面，它完全不考虑当事各方的法律责任能力问题。19世纪，工资收入、工业技术、机械化、交通和城市结构的发展带来了两大重要问题。首先是由第三方导致的风险（雇主使其雇员暴露在与工作相关的意外事故中；交通运输公司不仅使其乘客同时也使碰巧在场的行人暴露于意外事故中）。其次是这样一个事实，即这些意外事故经常可以和某种过错——但却是轻微的过失（走神、缺乏警惕、大意）

联系在一起，在更多的情况下，造成这一意外的人无法为此承担民事责任，也无力赔偿损失。因此，问题就是要在法律中确立无过错责任能力概念。这正是西方民事立法者尤其是德国法理学家做出的努力，后者受到俾斯麦式的社会中各项要求的影响，这一社会不仅以纪律也以安全意识为特征。在探究无过错责任能力的过程中，民事立法者们强调了以下几个重要的原则：

首先，这一责任能力必须通过因果链而不是所造成的一系列失误来确定。责任是由原因来确定的，而不是由过错来决定的。这就是德国法理学家们所说的起因责任（Causahaftung）。

其次，这些原因可以分为两种，它们之间并不是相互排斥的：一是精确的、个别的事实链，每一个事实都是由前一个引起的；二是内在于某一类型的行为、设施和企业中的风险。

第三，应当承认，我们应该用最系统、最严格的可能方式来降低这些风险。但它们显然不会彻底消失；现代社会中的代表性事业也不可能不伴随着风险。正像萨莱耶（Saleilles）说过的，“那些看似冒险的行为本身不是无规律的，也不违背现代生活习惯，它只是不屑于过分谨慎，那有可能一事无成，和这一非常实际的行为相联系的某种因果联系与今天那些被视为势在必行的、从而拒绝敌意并接受风险的行为是合拍的，这就是今日生活的法则，这就是普遍规律，法律的制定就是为了反映当代的这种精神思想及其持续的演变过程”。

第四，既然这一无过错责任能力是与某种永远无法彻底清除的风险联系在一起的，那么赔偿就不意味着是接受某种惩罚作为制裁，而是为了弥补其后果，同时也是用一种渐进的方式试图最终降低其风险。通过清除责任系统中的错误因素，民事立法者在法律中引入了因果可能性概念和风险概念，并提出了制裁思想，其功能是抵御、防护并压制无法避免的风险。

民事责任的这种去刑罚化立足于犯罪人类学提出的基本命题，它用一种相当怪异的方式为刑法构建了一个模型。毕竟，什么是“天生的罪犯”、退化分子或犯罪人格呢？如果不是根据某一难以复原的因果链具有很高的犯罪可能性、本身就具有犯罪风险的人，又会是什么人呢？就像人们无需根据过错，而只需依据所造成的风险和应对这种风险所必须采取的防护措施（尽管并不能因此彻底消除风险）来确定民事责任一样，人们也可以判定一个人必须承担法律责任，而无需确定他的行动是否自由，是否存在过失，只需把这一行为和由其人格构成的犯罪风险联系起来。他必须承担法律责任，因为就其存在来说他是风险的制造者，即使他没有过错，因为他不是出于自己的自由意志没有选择善而选择了恶。因此，这种制裁的目的不是为了惩罚出于自己的意愿而违法的法律主体；而是为了尽可能地降低我们所谈论的个体所代表的犯罪风险，这可以通过清除、排斥或各种限制性措施，也可以通过治疗手段来实现。

20世纪初普林兹在《社会防卫》一书中提出的总的观点是通过将新民法中固有的表述转移到刑事司法领域发展而来的。世纪之交的犯罪人类学学会和刑法学会的历史，实证主义学者和传统法理学家们之间的长期冲突，这种冲突在李斯特（Liszt）、萨莱耶、普林兹时代出现的突然的缓和，以及之后意大利学派的迅速衰落，此外还有法理学家们对犯罪心理学方法的抗拒的减弱，围绕可以被法律接受的犯罪学而建立起来的一种相对的共识，以及一种涵盖了犯罪学知识的制裁制度的建立——所有这些实际上都表明，这一时期人们所需要的“转换按钮”已经被找到了。这一“按钮”就是风险这一关键概念，它是法律从无过错责任思想中汲取的，也是人类学、心理学、精神病学从无自由亦可归罪（imputability without freedom）思想中可以汲取的。而“危险的存在”

这一核心概念可能是普林兹在刑法国际联盟（International Union of Penal Law）1905年9月的会议上提出的。

在这里，我不想列举世界各地刑事机构中难以数计的法律条文、原则和备忘录用这种或那种方式把个体的危险状态（dangerous state）这一概念付诸实施的情况。我只想强调以下两点。

首先，自19世纪早期那些没有原因的重大犯罪事件发生以来，围绕它们产生的争论事实上并不以自由为中心，即使这一问题一直存在。真正贯穿始终的问题是危险的个体问题。存在天生就危险的个体吗？通过什么迹象来识别他们呢？人们应该对他们的存在作出什么样的反应呢？在过去的一个世纪中，刑法并没有从自由伦理学发展为一种心理决定论科学；相反，从罕见的恶魔般的杀人狂到日常生活中退化的、反常的、人格失衡的、未成年的等等个体，它放大了对危险的个体的猜疑，使其条理化和符号化，并使对这一个体的定位确定下来。

同时必须注意的是，这一转型并不仅仅是从医学领域向法学领域的发展，是理性知识向旧的描述性系统施加了压力；它也是通过医学或者说心理学知识和司法制度之间一种永久性的传唤和相互作用机制起作用的，并不是后者自行产生的。在它们的交界处并通过它们的相互作用，一系列对象和概念就产生了。

这就是我想强调的观点，因为好像大多数这样形成的概念对法医学或刑事问题中的精神病学专家来说都是适用的。但是除了在法律中引入一种范式的知识的不确定性外，难道没有引入更多的东西么，即另一种法律的雏形？因为现代制裁制度，尤其是贝卡利亚以来，仅仅根据个人的所作所为，赋予社会相对于个人的一种权利。只有那些被法律界定为违法的行为才会导致制裁，当然制裁会根据具体情况和行为的意图而有所变化。但是，不仅把罪犯当作行为主体，同时也日渐把危险的个体当作行为的潜在源头而推向前台，这难道不是基于个体而是什么赋予了社会高于个体的权利？当然，这不再基于个体在法律上是什么（像在古代体制的社会中所发生的情况那样），而是基于他的天然本性，基于他的体质、性格特征或病理学倾向。一种司法形式将根据个体是什么而发挥作用，当我们想到18世纪改革家们所梦想的刑法，想到它力图用一种彻底公平的方式去制裁由法律事先清晰界定的违法行为时，现在的这种司法形式简直令人无法容忍。

有人可能会提出反对意见，认为和这一总的原则相反，甚至在19世纪，惩罚权就已经不仅基于人们的所作所为，而且基于他们是什么，甚至基于他们被假定的情况而适用，并有所变化。当人们通过立法，例如通过对减轻案情、累犯、有条件释放的法律的立法，力图来稀释现代法典时，可以说伟大的现代法典尚未完全建立。它是一个考量已经实施的行为背后的主体的问题。对法律判决进行的完整的、比较性的研究无疑很容易就可以表明，违法者至少是和他们的违法行为一起出现在刑事舞台上的。一种仅仅适用于人们的行为的司法形式可能完全是乌托邦式的，也无法令人满意。但至少18世纪以来，它已经成为了一种指导性原则，成为统领现代制裁制度的司法–道德原则。因此，不可能突然把它抛在一边置之不理，也不可能出现这一问题。只有通过不易觉察的、缓慢的、自下而上的、片断化的方式，一种以个体是什么为基础的制裁制度才能成形。"危险的个体"这一概念，最早潜在地出现于精神病医生提出的偏执狂概念中，大概过了一百多年才被司法思想所接受。一百多年后，尽管这一概念可能已经在精神病学专业中成为了一个核心主题（在法国，被任命为专家的精神病学家谈论得更多的是个体的危险性而不是其责任能力），但法律和法律条文似乎不大愿意给予它一席之地。目前在法国进行的刑法典的修订，只是勉强地用明辨和控制的概念来取代了旧的痴呆概念（它使行为的主体免除了相应的责任），而明辨和控制概念实际上只是痴呆概念的另一个版本，一点也没有变得更现代。这也许预示了授权法律根据个体是什么而进行干预所固有的一种极其危险的前景，这可能会产生一个令人恐怖的社会。

然而，在操作层面，法官们越来越需要相信自己是根据一个人本身和他是什么来对其作出审判的。我在一开始描述的场景证实了这一点。如果一个犯人出现在法官面前除了罪行其他什么也不清楚，当他除了“这是我干的”之外什么也不肯说，对自己的情况什么也不肯说，不肯帮忙向法庭透露关于他自身的秘密时，司法机器就停止运转了。

（黄晓武　译）

友谊作为生活方式

编者按

本文是R. 德切卡蒂（R. de Ceccaty）、J. 达内特（J. Danet）和J. 勒比托科斯（J. Le Bitoux）代表法刊《性吟步履》（*Le Gai Pied*）向福柯所作的访谈稿，最早发表于该刊1981年4月号。福柯在此提出，同性恋应该发明出一种特殊的友谊，一种适合双方的“生活方式”，而不是对别的制度关系的模仿或遵循。

问：您已经50多岁了，作为《性吟步履》（*Le Gai Pied*）这本创刊近两年的杂志的读者，您在上面找到了那种您认为具有积极意义的话语了吗？

答：杂志的存在本身就是一件积极而重要的事。至于你的问题，我只能说我并不需要通过阅读这本杂志来显示我的年龄。我想向你们提出的要求是，在读你们杂志时，我不需要想到我的年龄。但现在读这本杂志时……

问：问题可能出于这本杂志的撰稿人和读者的年龄层，他们大都是25−35岁之间的年轻人。

答：当然，有更多的年轻人为它撰稿，它就会更多地关注年轻人的问题。但问题不是为一个又一个年龄层制造空间，而是在年轻人中的同性恋和爱之间的准认同关系问题上有所作为。

另一个让人怀疑的趋势是把同性恋问题和“我是谁”、“我的欲望的秘密是什么”之类的问题联系起来。也许更好的问题应该是问自己，“通过同性恋，什么样的关系可以被建立起来，被发明，被多样化并得以改变？”问题不是要在自身内部发现关于自己的性的真理，而是相反，通过自己的性达到一种对关系的多样化。无疑，这就是为什么同性恋不是欲望的一种形式，而是欲望的某种结果。因此，我们必须努力去成为同性恋，而不是拘泥于我们是同性恋这样的认识。同性恋问题的发展目标是成为一种友谊。

问：您是在20多岁的时候就这样想的呢，还是在很多年之后才达到这样的认识的呢？

答：就我的记忆而言，想要男孩子们（garsons）就是想要和他们发展某种关系。这对我来说一直就非常重要。不一定是以配偶的形式，而是作为一种生活方式：男人和男人如何才能在一起呢？如何生活在一起，共同分享他们的时间、食物、房间，共同分享他们的闲暇、忧伤、知识和自信？在制度性的关系、家庭、职业和应尽的同伴友情外，男人之间如何“赤裸”相对呢？那是一种欲望，一种不安，一种很多人都有的不安的欲望（desire-in-uneasiness）。

问：您认为，那种欲望和快感，以及人们之间可以具有的那种关系，是随着年龄而来的吗？

答：是的，但也非常复杂。在一个男人和一个年轻女人之间，婚姻制度使它变得较为容易：她接受了它，并使它正常运转下去。但是，对于两个年龄悬殊的男人来说——什么样的符码可以允许他们实现相互交流呢？他们面对面，却没有合适的语词进行交流，他们走到了一起，却没有什么能保障他们这一行为的意义。从字母A到字母Z，他们必须发明一种现在仍未成形的关系，那就是友谊：也就是说，可以给予对方欢乐的一切事物的总和。

我们向其他人承认的同性恋形象绝不应该是一种直接的快感，是两个男青年在街头相遇，用眼神相互挑逗，互相摸屁股，然后在一刻钟内分道扬镳。这种鲜明的同性恋形象不可能给人们带来任何困扰，原因有二：首先，它是对美的原则的一种确认；其次，它取消了任何会给爱、温存、友谊、忠诚、同志和同伴之情带来困扰的事物，那些都是我们所谓的理性社会不容许存在的事物，由于担心它们会形成新的联盟，担心那些不可预见的力量阵线会联合起来。我想那就是同性恋使人"困扰"的地方：不是性行为本身，而是同性恋生活方式。想象一种不合乎法律或自然法则的性行为并不使人困扰，但是那些人开始相爱——那才是问题。制度现在陷入了矛盾；爱的强度穿越了它，它使这一制度继续运行，同时又动摇了它。看看部队，那里男人之间的同性恋一直备受争议和为人不耻。制度性的符码不能有效地说明这些关系，它们有着多种强度、多变的色彩、不易感知的运动和变化的形式。在被认为只存在法律、法则或习惯的地方，这些关系闯进来造成了短路，并引入了爱。

问：您不久前说过："不是对着褪去的快感哭泣，我感兴趣的是我们自己可以做什么。"您能更详细地解释一下这句话的意思吗?

答：禁欲主义作为对快感的弃绝有着不好的含义，但禁欲是另外一回事：它是人施于自身，为了改变自身，或使自身显得愉悦（一种从未有过的愉悦）的行为。禁欲可以成为我们今天的问题吗？我们已经使自身远离了禁欲主义。现在是我们提倡一种同性恋式的禁欲的时候了，它将使我们修养自身，去发明——我不是说去发现——一种现在仍然不可能的存在方式。

问：那意味着年轻的同性恋者在对待同性恋形象方面必须非常谨慎；他还必须致力于其他方面吗?

答：在我看来，我们必须致力于的，与其说是释放我们的欲望，不如说是使我们自身时刻对快感保持警惕。我们自己必须避免单纯的性的交往和恋人之间的身份融合这两种简单的形式，同时也帮助其他人避免这样的情形。

问：在美国，由于城市里性悲剧问题似乎已经得到了有效控制，人们能看到强有力的建构性关系的第一批成果吗？

答：在我看来，在美国，即使性悲剧的基础仍然存在，人们对友谊的兴趣显然已经越来越重要了；人们加入一种关系，并不仅仅是为了实现性的交往，那是非常容易的。但是对于友谊，人们的态度出现了两极分化。一种关系系统如何能够通过性行为形成呢？有可能创造一种同性恋生活方式吗？

生活方式这一概念对我来说非常重要。它是否要求引入一种新的多样性，不同于社会阶级所包含的多样性，在职业和文化上具有差异，这种多样性同时也将成为关系的一种形式，成为一种"生活方式"？生活方式可以被不同年龄、不同地位和不同社会行为的个体所共享。它可以产生牢固的关系，后者不同于制度性的关系。在我看来，一种生活方式可以产生一种文化和一种伦理。我认为，成为"同性恋"，不是去认同某种精神特征和可见的同性恋表象，而是尽力去界定和发展一种生活方式。

问：下面这种说法是不是一种神话呢？就是说，我们正在享受不同阶级、不同年龄、不同国家之间社会化的第一批成果？

答：是的，这就像一个伟大的神话：在同性恋和异性恋之间将不再有任何差别。我认为这也是同性恋在今天成为一个问题的原因之一。许多性解放运动提倡的理念是，“把你自己从束缚你的各种陈腐的条条框框中解放出来”。然而，对于一个男人来说，成为同性恋意味着要爱上另一个男人——对这种生活方式的追求是和60年代性解放运动的意识形态完全相反的。正是在这个意义上，满脸胡须的“克隆人”具有重要意义。它是一种回答：“没有什么好怕的；一个人越是解放，就越不会爱上女人，就越不会沉湎于那种两性差别已经完全消失的多元性取向（polysexuality）。”这完全不是一种关于共同体融合的伟大想法。

同性恋提供了一个历史机遇，重新打开了爱和关系的虚拟性，这不是通过同性恋内在的某些性质达到的，而是由于其“倾斜的”立场。由于这一立场，它就能在社会肌体上划出一条斜线，使这些虚拟性呈现在大家面前。

问：女性可能会提出反对意见：和一个男人和一个女人之间或两个女人之间的关系相比，两个男人要想在一起的话必须克服什么困难呢？

答：美国刚出了一本关于女性之间的友谊的书[1]，详细记录了女性之间的爱和激情。在序言中，作者写道，她开始是想揭示女性之间的同性恋关系，但感觉到，不仅这样的关系总是不易觉察，而且人们对之也不感兴趣，不管这种关系被称作“同性恋”还是别的什么。但当用文字或姿态使这些关系呈现自身时，其他一些非常基本的东西也随之出现了：强烈的、美好的、轰轰烈烈的恋爱和情感故事，或非常阴暗的、令人悲伤的恋爱故事。这本书显示了女性身体在其中扮演的重要角色，以及女性之间身体接触的重要性：她们相互打理头发，相互梳洗打扮。女性确实有机会接触其他女性的身体；她们相互拥抱、接吻。男性之间的身体接触被更严格地禁止了。如果说女性之间的同性恋生活确实得到了容忍，那么男性之间的同性恋生活只是在特定的历史阶段才得到了容忍，19世纪以来男性之间的同性恋生活不仅得到了容忍，并且还成为了严格意义上的必须：很简单，那是在战争时期。

（这样的情形也同样出现于监狱中。）士兵和年轻军官们好几个月甚至长年待在一起。在“一战”期间，男人

[1] Lilian Faderman, *Surpassing the Love of Man* (New York: Morrow, 1980).

们完全生活在一起，一个挨着一个，对他们来说，这不算什么，因为死亡是如此地临近，最终生与死的游戏默认了他们之间的相互奉献和为国家所作出的服务。除了对同伴之情和兄弟义气的一些评论和非常有限的一些观察，我们对那个年代中这类情感上的波涛和风暴又知道多少呢？人们只能猜想，在这些荒谬和古怪的战争和可憎的大屠杀中，这些男人们是如何不顾一切地坚持下来的。无疑，他们需要借助一些情感上的支撑。我并不是说，他们是为各自的爱人而战；但是荣誉、勇气、面子、奉献、军功章——所有这一切都意味着一种非常强烈的情感纽带。这不是说："啊，那里有同性恋！"我厌恶这种推理。但那里显然具备某一可以允许同性恋产生的条件（当然不是唯一的条件），在那里，年轻人长时间在泥水中跋涉，在尸体中穿行，忍饥挨饿，被黎明的号角惊醒。

最后，我要说的是，像你们这样审慎而有志于此的杂志应该促成一种同性恋文化，也就是说，促成多形态的、变化的、个人之间关系调整的机制的形成。但是任何关于建议方案的想法都是危险的。方案一旦形成，就会成为法则，就会成为阻碍创新的条条框框。应当提倡一种适应我们的形势和那些情感的创新机制，这就需要美国人所说的"出柜"

（coming out），也就是说，展示你自己。方案必须是极其开放的。我们必须挖得更深，从而揭露事物在历史中的偶然性，它们因为这样或那样的原因被我们认知，但这一情形并非必然。我们必须在一个空白的背景上使这一认知过程重新显现出来，拒绝其必然性。我们必须思考，事物的存在远不止于用来填充所有可能的空间。一个真正无法回避的挑战性问题是：可以做什么？

（黄晓武　译）